DIGITAL QUANTUM LEAP

STRATEGIES AND TACTICS OF DIGITAL TRANSFORMATION

数字跃迁

数字化变革的战略与战术

[以] 拉兹·海飞门（RAZ HEIFERMAN）
[以] 习移山（YESHA SIVAN） 著

张晓泉 译

机械工业出版社
China Machine Press

图书在版编目（CIP）数据

数字跃迁：数字化变革的战略与战术 /（以）拉兹·海飞门（Raz Heiferman），（以）习移山（Yesha Sivan），张晓泉著 . —北京：机械工业出版社，2020.7（2023.1 重印）

ISBN 978-7-111-65960-0

I. 数… II. ① 拉… ② 习… ③ 张… III. 商业经营 – 数字化 – 研究 IV. F713-39

中国版本图书馆 CIP 数据核字（2020）第 117892 号

本书对数字化转型理论及其如何应用到商业组织中做了详细的阐述。数字化转型不是机器与人的竞争，也不是项目投资报酬率的计算，它如同微观量子世界中的量子跃迁，能把信息技术与商业运作完善地结合，为组织注入跳跃式发展的能量。本书从思维、理论和实践三个角度提供了对数字化转型的解读，并从战略和战术层面指出企业与个人如何应对这次变革。本书是关于数字化转型的系统化入门之作，可以帮助读者理解数字化转型的方方面面，从较宏观和系统化的视角理解数字化转型。

数字跃迁：数字化变革的战略与战术

出版发行：机械工业出版社（北京市西城区百万庄大街 22 号　邮政编码：100037）			
责任编辑：刘新艳		责任校对：殷　虹	
印　　刷：固安县铭成印刷有限公司		版　　次：2023 年 1 月第 1 版第 8 次印刷	
开　　本：170mm×230mm　1/16		印　　张：21.25	
书　　号：ISBN 978-7-111-65960-0		定　　价：89.00 元	

客服电话：(010) 88361066　68326294

版权所有·侵权必究
封底无防伪标均为盗版

CONTENTS 目录

赞誉
推荐序一
推荐序二
推荐序三
推荐序四
前言　善于管理变革者，制之而不受制于之
章节简介

01 第一篇　思维篇

第1章　数字化变革简介　1
第2章　数字化技术：历史回顾　40
第3章　数字化的终极目标：敏捷的组织　56
第4章　领导数字化变革的六种方式　69
第5章　数字化商业模式　80

02 第二篇　理论篇

第6章　数据：数字化时代的石油　101
第7章　人与机器的角逐：从图灵、费曼到冯·诺伊曼　127
第8章　数字化时代下的商业创新　135

第 9 章　技术推动创新的五个角度　165

第 10 章　数字化旋涡　177

第 11 章　数字化成熟度　195

第 12 章　IT 不再重要吗　211

03 第三篇　实践篇

第 13 章　如何实施数字化变革　235

第 14 章　数字化领导力　248

第 15 章　数字化变革案例研究　270

第 16 章　数字化旅程启航前：提示和风险　293

结语　融合高端战略和底层战术所带来的挑战　305

致谢　307

图表资料来源　309

创新一直需要领导力、创造力和运气等多种因素。张晓泉教授、习移山教授和海飞门先生合著的《数字跃迁》这本书突出了"数字化"这一因素,数字变革既是创新的原因也是它的推动器。

丹尼尔·舍特曼(Dan Shechtman)
2011年诺贝尔化学奖得主,以色列理工学院荣誉退休教授

互联网的发明让人类接近了数字世界,智能手机的出现则让现实世界和数字世界完全合为一体。在数字化时代,人们的每一项活动(交流、购物、饮食、求医、娱乐、理财、学习,甚至思考)都深深地打上了数字的烙印。企业如果在数字世界里没有存在感,那么它在现实世界里的日子也屈指可数了。如果你的企业还在数字世界之外,那就不要再徘徊,从本书丰富的理论和案例中汲取能量,让作者带领你完成从现实世界到数字世界的穿越!

周林
香港中文大学商学院院长

数字化对商业模式造成巨大的冲击,数字化给很多领域带来创新,同时颠覆着传统行业。处于这个时代,企业要想免于被淘汰,必须具备数字化能力,拥有数字化思维,突破传统企业框架,创造新的商业生态。本书探讨数字战略变革,分析企业面对数字变革要考虑的各种场景,及如何以数字化思维解决种种问题。作者引领我们走入数字之旅,带来无限想象,令人雀跃。

陈家乐
香港中文大学伟伦金融讲座教授、香港中文大学商学院前院长

《数字跃迁》是思想与实践结合的范例:它是思想者对数字化历史大势的梳理以及对数字化终极目标的反思,也是创新实践者对数字化领导力的再定

义。本书作者提出的一系列新观点，例如人工智能是人类和工具的结合，像橄榄一样越嚼越有味儿。我也很欣赏本书作者在工作中品味美、追求不断变化的美好未来的生活态度。这是一本值得读者细读的好书。

徐心

清华大学经管学院副院长

2020年肆虐全球的新冠肺炎疫情加速了各行业数字化变革的步伐，张晓泉与人合著的这本《数字跃迁》论述了数字化变革的战略思维和战术方法，恰逢其时。正如书中所言，在不确定性激增的时代，你能拥有的唯一可持续优势就是敏捷性。本书是各类组织向数字化跃迁的行动宝典。

路江涌

北京大学光华管理学院教授、《共演战略》作者

本书直击数字化时代最关键的一大问题，即如何看待信息技术创新和商业管理之间的连接，深入、详尽而又十分有趣，为我们应对数字化时代的挑战带来了一场"及时雨"。

刘明康

中国银监会前主席，曾任中国银行董事长、行长，

中国光大（集团）总公司董事长

本书提出一个非常重要的观点：数字化时代的战略目标是动态变化的。"跃迁"这个词意味着组织需要思考如何通过数字化变革跳入全新的跑道。数字之旅实际上是一个与时俱进、没有预设目的地的旅程。随着环境变化而不断学习、不断跃迁，是每一个领导者都要具备的能力。

何东

国际货币基金组织（IMF）货币及资本市场部副主任

这是一个企业做决策依赖的数据量暴增的时代。如何快速创新，以适应环境的变化？如何用小数据牵引大数据？如何真正实现数字化变革？本书从理论到实践，让我们重新审视在数字化时代企业变革与创新的模式、路径、

速度和决策力，非常值得阅读！

李日学

奢侈品服务平台寺库董事长兼首席执行官

  数字化变革的大潮正在席卷全世界，我们该如何理解这场巨变并迎接这场变革带来的各种挑战？作者基于深刻的理论洞察和丰富的实践经验为我们带来了精彩的阐述：基于流程改善的六西格玛管理在上个世纪曾是商业管理的一个核心战略，而在数字化时代，我们更需要敏捷的组织来不断创新；数字化时代人工智能在学界和工业界都大放异彩，超越今天的人工智能，将其与经济学因果分析方法结合可能是一条通往未来之路；数字化创新将为企业和社会的发展提供核心动力，但如何解决"创新者窘境"问题，让成熟公司不断找到成长的第二曲线，又如何在实践中用领导力推动这场变革，是值得我们深思的。本书不仅提供了实践指导，更会给你带来启迪并促使你深思，帮助你去寻找和探索自己的数字化之路。

漆远

蚂蚁金服副总裁、首席 AI 科学家、达摩院金融智能实验室负责人

  当前，人工智能在飞速发展中，也面临如何落地的考验。其中一个重要的议题是，很多企业的人工智能化并没有做足数字化的准备，而如何将一个传统企业数字化、智能化，是企业普遍面临的难题。《数字跃迁》这本书，为我们打开了一个思索这个问题的独特视角。本书告诉我们，企业的数字化绝不是建立一个 IT 部门就了事的，而要进行完整的"蜕变"，会经历一段曲折的过程。书中总结的三个阶段是：流程的计算机化、产品和客户关系的数字化，及数字化带来的量子飞跃。在企业的数字化过程中，有一个好的商业战略是极其重要的。本书案例翔实、观点鲜明。我相信，学生、学者和企业家都会受益于本书。我强力推荐给关心未来企业的数字化趋势的人。

杨强

微众银行首席人工智能官、香港科技大学讲座教授、

国际人工智能联合会前理事长

敏捷组织、智慧经营、精准把控，是数字经济时代产业界孜孜以求的新"护城河"，这部由张晓泉教授与以色列著名学者合作的著作，带领我们在数字的星系里翱翔，帮助我们在组织及个人的跃升中，在"护城河"的建设中，规划好战略路径，设计好战术打法，重塑领导力。

盛瑞生
中国平安集团董事会秘书兼品牌总监

当下，数字变革对传统制造企业有着强烈的诱惑。企业在这个技术高速更新、需求快速迭代的时代中，搭上潮流完成自我的组织、流程和人才的成功升级，面临巨大的挑战与风险。《数字跃迁》一书从数字变革的永久动态本质之始，到数字变革的敏捷组织之终，阐述了数字思维的转变、数字理论的演化，以及数字实践的鲜活案例，对于企业的管理者规划其数字转型之路、规避长期风险有很大助力。

蔡力挺
云智汇科技公司首席执行官、富士康副总经理

读到本书时，我和同事正在如火如荼地优化、提升团队的研发效能，虽然我们是一直身处互联网战场的团队，但在优化、提效的过程中碰到很多困难，我们深刻体会到"敏捷"二字的不易，也从书中捕获不少灵感。张晓泉教授和以色列著名学者合作的这本书，深入浅出地阐释了敏捷的组织和能力在越来越短平快的商业战争中的关键性。书中讲述的系统架构云化、小项目拆解思路、人工智能在创新产品中的应用等，无论是对于企业调整、优化组织活力应对市场竞争，还是对于初创团队快速试错皆有很强的借鉴意义。

何毅进
腾讯视频产品技术负责人

数字化给我们的现实生活带来了各种变化，也终将彻底改变我们工作的模式，数字化转型是我们无法回避的。组织变革从来都不是自然发生的，变革会带来威胁和挑战，而且很少能让员工从中看到对他们自己有什么好处。

本书作者的指导使我们的管理和销售团队深受启发，让我们迈出了数字化转型的第一步。作为一家跨国公司中国业务的管理者，我很容易看到中国的市场和工作方式与全球需求和管理模式之间的文化鸿沟。正如《数字跃迁》所述，数字流程能够填补许多文化间的差别，并最终改善我们的工作体验和运营效率。

文乐（Ram Weingarten）

以色列伯尔梅特（Bermad）中国公司总经理

组织在完成基础数字化建设之后，将面临更加困难的部分——实现业务和员工的真正转型，我们称之为后数字化时代。《数字跃迁》一书提供了大量的理论和实践模式，可以帮助组织完成这个转型。

西蒙·艾尔卡贝兹（Shimon Elkabetz）

埃森哲（以色列）首席执行官

当公司考虑全球业务的长期增长战略时，我们认识到公司的未来与数字化转型有很强的关系。数字化转型的实施是一个漫长的过程，需要花费数年时间，而由于数字化的本质，数字化转型的策略建设将会是公司的常态。作者在《数字跃迁》中阐述的思想为我们提供了非常有成效的指导。

米彦·达甘（Miyan Dagan）

Filtersafe 首席执行官

推荐序一 FOREWORD

我非常高兴受到张晓泉教授的邀请为本书作序。我们是长期的研究合作伙伴，一起合作发表了不少学术论文。对于张教授和两位以色列的合著者能把对数字化变革的理论和实践的心得写下来并分享给读者，我感到非常开心。

收到本书的时候，我正好在家里工作。受到新冠肺炎疫情的影响，一周前我的学校——哈佛大学，决定让学生和老师都回家，开始网络教学。我在家里虽然也需要上课，但事情还是少了不少，正好有时间可以读一下本书。本书主要讲的是数字战略的变革，这也是我教学和研究的方向。这次疫情让我更深刻地感受到数字化技术带来的好处和它的重要性。几年前我一直不认为哈佛商学院的案例教学模式可以搬到网上，但是现在八九十个学生可以从世界各地通过视频连接进入同一个网络空间进行一个 80 分钟的实时案例讨论。数字化的发展使这样的网上教学成为可能。可以预见的是，那些运营模式更数字化的公司受新冠肺炎疫情的影响会相对小一点。等新冠肺炎疫情的风波过去之后，也会有更多的企业加速它们的数字化变革。本书包含了学界和业界对数字化变革的最新思考。它对任何想要进行数字化转型和创新的企业都有借鉴和指导意义。比起其他讲数字化技术的书，我尤其喜欢本书的三个亮点。

第一，本书注重通过探讨数字技术背后的理论框架，帮助企业提高动态竞争能力。数字技术在不断演变，以音乐市场为例，数字化的第一步是从磁带转变成 CD，从模拟的信息转变成数字的信息；CD 接着又转变成了 MP3，从物理形式变成了全数字化的形式，使音乐可以在网上被广泛传播；然后又有了音乐平台，比如 QQ 音乐，它把所有音乐聚集在一起，还能够根据用户的行为进行个性化的推荐。在每一次演变中，数字化都给企业带来了不同的机遇和挑战。可以想象的是，今后我们接触音乐的方式会继续改变。因此，只有掌握了理论和思维框架，企业才可以在新的技术出现时很好地预见这些技术可能带来的变化，以更好地把握机遇。

第二，今天能够成功进行数字化转型的企业，往往需要对企业的组织架构、文化、人力资源以及领导力重新进行构建。这与20世纪90年代我们刚刚有计算机和网络的时候很不一样，那个时候企业往往可以通过组建一个单独的IT部门来提供企业所需的技术支持。今天，企业的数字化战略和企业的商业战略密不可分。这对很多传统企业来说，将会是一个相当大的挑战。本书系统地介绍了企业数字化的步骤，指导企业衡量自己的数字化程度。

第三，数字技术除了可以让企业的运营模式效率更高、成本更低，也会为企业带来创新的机会。比如WeatherChannel，一家提供天气信息的公司，利用数据挖掘技术，根据天气情况给零售商提供推销产品的建议，现在它已经转型为一家大数据公司。本书提供了很多具体的案例来讲解企业如何利用数字技术进行商业模式创新，以及各种创新的模式。这些案例以及讲解会对很多企业大有启发。

对政府、企业、各类机构和个人来说，未来数字化变革的步伐是不可阻挡的。对于如何在变革的浪潮中找到正确的方法论，展开富有成效的跃迁，并进入全新的轨道，本书提供了一个既有理论高度又具实践意义的指南，我把它推荐给每一位正在认真思考未来组织战略的管理者。

朱峰
哈佛大学商学院教授

推荐序二 FOREWORD

读好书是愉快的。好友张晓泉教授邀请我给他的新书《数字跃迁》写序，我欣然答应了。

此时正值世界人民被年初的一场突如其来的疫情所困，人们不得不改变生活行为的轨迹，适应新的线上工作、学习方式。一方面，"宅生活""云工作"给传统商业的获客及管理提出了挑战，更凸显了数字化变革和数字化经营能力的重要性；另一方面，宏观经济下行和外部冲击的双重叠加，让我们面临一个全新的充满不确定性的环境，而这种不确定性很可能成为我们未来需要应对的新常态。

在这样的背景下阅读本书特别具有现实借鉴意义。

当今时代人工智能、物联网、云计算、移动技术以及许多其他技术创新相互作用、不断融合，深刻地影响着我们。数字化在冲击和改变每个行业，区别只在于规模和速度。本书的三位作者从数字化变革的背景出发，帮助我们梳理了"为什么"（思维篇），又对下一步数字化"做什么"（理论篇）和实践中该"怎么做"（实践篇）进行了系统的说明。就我个人在国内服务企业及在企业运营管理过程中的一些经验和观察而言，数字化变革不仅仅关乎技术和IT，更需要与之匹配的理念、架构、方法和工具，是一套比较复杂的体系。对于一些传统企业来说，它甚至关乎企业的整体转型，需要重新定义客户价值，改变员工的思维和工作方式，创建新的企业文化。这些正是书中帮助读者构建"数字化经营能力"的部分。张晓泉教授善于总结，把这一能力深入浅出、多维度、多案例地展现给读者，相信能帮助企业和个人更有信心地去拥抱变革。

我们当前处在一个动荡、复杂、模糊、充满不确定性的环境，我们要比以往更习惯于应对"黑天鹅"事件。在写序的这段时间里，美股熔断了四次。不管是"黑天鹅"，还是"灰犀牛"，我们都要学会把不确定性当作常态来应对。那么，在数字化的时代我们该怎么做呢？本书第3章明确提到数字化的终极目标是敏捷的组织；敏捷组织的概念较早就有了，但把敏捷组织作为终极目标的提法旗帜鲜明，说明作者对此的认可，让人耳目一新。在我看来，向敏捷组织的转型是应对数字化时代竞争和挑战的必经之路。书中分享的六个步骤提供了一个很好的执行框架，并对多方作用力的影响进行了诠释。

最后，不得不提的是书中的多幅手绘插图，熟悉张晓泉教授的人都知道他的钢笔手绘图堪称一流，这些图画栩栩如生，又轻松活泼，是阅读本书最好的"甜点"。希望读者也能像我一样喜欢它，从中获取目标和信心，拥抱数字化的变革。

葛新
度小满金融首席财务官

推荐序三 FOREWORD

这些年业界流行发明新词，以显示技术或理念的先进性，但本书的作者反其道而行之，把关注点集中在了一个看似简单，却非常基本的要点上，这就是"数字化"。

以我个人对中国社会数字化进程的观察与体验来看，这样的立意非常精确地切中了时代的命脉。尤其是在过去这几个月，随着一场突如其来的疫情，全国上下，无论是企业还是政府部门，无论是医院还是学校，无论是单位还是个人，都主动或被动地进入一种需要依靠数字化技术来支撑的工作与生活方式，使这场疫情有意无意地成了一个非常真实的数字化转型"投入产出比"的试金石，其结果大概只能用"冷暖自知"来形容了。

当读到本书时，我马上就被其平实的文风与深厚的行业积淀所吸引，并且产生了认真向读者介绍一下本书的动力。依我看来，本书不是一本高高在上、向读者宣讲神奇理念的时髦图书。本书的最大特点恰恰是抓住了在这个巨变时代转型的本源——帮助政府、企业与个人提高数字化的能力。

本书思想先行，再以理论介绍跟进，最后从实践的角度向读者介绍为什么以及如何实现数字化转型。正在经历数字化转型的人都应该有深刻的体会，数字化转型绝对没有所谓百搭的"灵丹妙药"，也没有一蹴而就的方法，更没有"面子工程"。它需要复杂的系统方法，需要因地、因时、因事、因人、因势制宜。我个人尤其喜欢本书关于"数字化成熟度"的章节，以我的实际体会，国内有很多数字化转型项目，其立意不可谓不宏大，其目标不可谓不高远，其决心不可谓不坚定，但在实施过程中，却常常因为对相关的政府部门、企业、员工以及社会与民众的数字化成熟度判断偏差，造成转型力度与步骤选择的失误，使明明正确的转型方案产生令人失望的结果。

本书的另一个特点是，三位作者都兼具科研与实践的背景，因此本书既不是一本教科书，也不是纯粹的经验之谈，它同时涵盖了理论与实践。另外，我想也可能是由于作者的学术背景，让他们有时间和精力广泛汲取各类前沿学术期刊和作品的养分，并将他们的理解总结成不同的框架向读者分享。他们利用自己的知识和经验，让读者通过本书接触到整个业界关于数字化转型及其相关理念与技术的研究成果，使本书能够进一步帮助读者构建具备自身特点的数字化转型计划与实施能力。

以我个人在国内的数字化实践经历而言，我的一个非常深刻的体会就是，市场上新名词的发明常常快过数字化转型的实际落地步伐。有时人们会误以名词的进步来代替实际技术与实践的进步。本书使用的都是读者常见的词汇，但谈的全是跟数字化转型相关的深刻话题。它的深度和广度不是靠堆砌词汇，而是靠洞察与实践。我曾经跟我的很多朋友交流过，这么一个巨变的时代，从不缺新名词和新理念，缺的是脚踏实地的实践。评判一部好作品，很重要的一点就是看这部作品是以新名词取胜还是以新的洞察力取胜。我很高兴看到本书的作者正是以这种富有洞察力的风格在向读者介绍数字化转型旅程中的各种风景、挑战、机遇和陷阱。

经过这次疫情的洗礼，越来越多的企业与个人认识到数字化转型再也不能只是停留在 PPT 的层面，具备真正的数字化能力，成为数字化时代的"原住民"，将是未来企业和个人生存与发展的基本保障。在这个时候，能够有这么一本书将数字化转型的前因后果娓娓道来，不夸张、不修饰，也不弱化，一步一步地把数字化转型的方法、步骤、力度、次序介绍出来，对每一位真正想在数字化转型道路上前进的政府官员、企业主管或者个人，都有莫大的好处。当然，就像这个世上不会有包治百病的神药一样，本书也不可能解答每一个人的每一个数字化转型问题。能够为读者打开一扇新的窗，指出一条读者原来没有看到的道路，帮助读者在本书的基础上继续深入地学习和探索，我相信这就是本书作者的初衷吧。

韦青

微软（中国）首席技术官

推荐序四 FOREWORD

张晓泉教授（他的朋友都因为他的英文名字 Michael 而称呼他为麦教授）和我是在清华读书时认识的，这些年来，他一直在做非常顶尖的数字化相关的研究，我非常开心可以给他的书写序言。

我推荐麦教授合著的这本书，因为它带给我对数字经济的深刻认知，启发了我如下关于直播电商（也就是书中所述的那些数字化"原住民"）的探讨。

（1）最新兴起的带货主播的发展将延续流量为王、内容为王、文化为王的三个阶段。

（2）直播电商的内容是以供应链优势为基础的综合艺术。

（3）抖音、快手、拼多多会轮番登上直播电商成交总额（GMV）的王座，因为：抖音，是"游牧"文明；快手，是"农耕"文明；拼多多，是"工业"文明。

抖音目前是流量为王的赢家。快手，作为不急功近利做内容收获"铁粉"的高度去中心化的生态网络，将是内容为王的赢家。拼多多改进供应链，将来甚至可以通过生产现场直播促进生产过程升级改造、提升"颜值"，这个能量是更加巨大的。

（4）终极赢家将是 B 站（哔哩哔哩），因为它从二次元的理想主义和网游的集体主义精神开始，成为"95 后"和"00 后"心中唯一能代表他们"精神文明"内核的平台，将是文化为王的赢家。

（5）以短视频信息流吸引的十数倍于图文电商的日活，加上直播电商数倍于图文电商的销售转化率，将创造几十万亿元的电商 GMV 增量，因为这是一个个全新的数字商业综合体，首次实现了"逛"的个性化体验，刺激消费，创造财富，还会带动消费金融和商业空间的升级改造。

（6）直播电商才是 5G 最大的应用场景，因为可以对商品和场景多线路、多角度同时直播，用户无缝切换、自由交互。手机的超距拍摄能力，给围观直播的用户提供了"毫米级"观察商品细节的能力，这让电商首次超越了实体店的看货体验，意义非同小可！

书中对于非数字化"原住民"也给出了非常多的理论框架和实践指导，如果你的行业还没有完全数字化，每天看到新兴的商业模式只有"吃瓜"的份，那么你需要仔细学习书中的战略和战术，从而颠覆你的行业现有的格局，成为未来的终极赢家。

慕岩
脱单大学校长、百合网联合创始人

前言 PREFACE

善于管理变革者，制之而不受制于之

　　凡战者，以正合，以奇胜。故善出奇者，无穷如天地，不竭如江海。终而复始，日月是也。

——《孙子兵法》

技术创新很多时候是跳跃式的，电灯的发明不是从对油灯的优化而来，对马车的优化也很难带来汽车的发明。同样地，组织在渐进发展的基础上必然也需要有跳跃式的改变才能进入全新的轨道。

21世纪给人类带来了新的变化速度。新的力量正在全球范围内扩散，塑造人类文化，改变我们之前熟悉的方法、趋势和观点。这些力量以数字力量为首，定下了一个时代的基调。我们发现组织的跳跃式发展和量子跃迁（quantum leap）有诸多相通之处。在微观的量子世界里，电子在固定的轨道上绕着原子旋转，当接收到光子带来的能量之后，电子会跃迁到更高的轨道上。在宏观的人类世界里，给组织带来能量的就是数字力量。通过数字化转型，组织可以跃迁到新的轨道上进而实现伟大的变革。

这股数字力量让很多传统组织成功跃迁为时代的宠儿，同时让很多国家和企业前途未卜。以ABCD（A代表人工智能（artificial intelligence，AI）；B代表区块链（blockchain）；C代表云计算（cloud computing）；D代表数据分析（data analytics））为首字母的数字化在各种组织中扩张，并改变和征服了我们生活中的各个领域。

数字化给人们带来了无穷的想象空间。无论是组织还是个人，都想在这个浪潮中跃迁进入新的轨道。随之而来，每个人都需要面对的是如何找到令组织和个人跃迁的能量。本书提供了对这一重要商业变革的一种解读，并从战略和战术层面给组织与个人指出如何应对这场变革。当下的每个人都是这条变革道路上的漫游者，必须自己掌控命运的车轮。在此背景下，在个人、组织和国家层面上，人们到底如何展开自己的数字旅程呢？

我们三个作者在很早以前便开始了在数字星系的个人旅程。我们每个人都在计算机、信息技术、经济管理学等不同的领域中学习、工作、研究和教学：拉兹·海飞门担任Optrotech、Bezeq、Direct Insurance和以色列政府信息通信技术管理局等组织的IT部门经理；习移山教授是特拉维夫大学、以色列理工学院、香港中文大学的研究员和教授以及i8 Ventures的创始人和首席执行官；张晓泉教授在美国和中国都有创业经历，是香港中文大学商学院的终身教授和副院长，是麻省理工学院数字经济研究中心和欧洲经济研究中心的研究员，是北京大学光华管理学院的特聘教授，并担任招商证券的顾问和寺库公司的独立董事。

商业战略、创新和数字技术之间日益紧密的联系令我们心驰神往，促成了我们富有成效和令人愉快的长期合作。我们共同开发了一门商学院的课程——"创新技术的战略价值"（Strategic Value of Innovation Technology，SVIT）。我们在以色列、中国的许多高等院校给 EMBA、MBA、金融财务工商管理硕士和高管研习班开设了这门课程，包括巴伊兰大学工商管理研究生院、以色列理工学院工业工程与管理学院、特拉维夫大学管理学院、Ruppin 学术中心、Ono 学院、香港中文大学、香港科技大学、清华大学经管学院、上海高级金融学院、深圳高等金融研究院等。

我们希望和读者一起来探讨"数字战略变革"这一令人着迷的现象。我们总结了组织和个人在面临数字化变革时应该考虑的各种场景，并给出了最新的思维范式用以指导和解决在数字化过程中面临的种种问题。管理者如何能跟得上技术的发展而不落后？当他们了解了竞争对手怎么使用人工智能的时候，他们如何知道自己是不是也需要在类似技术上投资？即便他们投入了资源，又如何知道他们的技术革新明天不会过时呢？本书总结了一些行之有效的能够指导实践的行动框架，集中探讨了学术界和业界最新的思考与实践。虽然技术层出不穷，让人眼花缭乱，但是管理者其实可以有一套非常强大的理论和实践体系来应变。管理者首先要熟悉数字力量，然后学习如何控制它。通过这种方式，管理者可以帮助他们所在的组织在其独特的数字化旅程中选择正确的步骤而实现数字跃迁（digital quantum leap）。在我们看来，实现数字战略变革的正确途径是将其视为一段旅程，旅程的目标是让组织的基因适应数字化时代。在这段旅程中，组织将利用数字技术来实现以下各方面的目标：完善业务流程和决策过程，改变经营方式和管理客户关系的方式，在相关渠道提升客户体验，实施创新的商业模式，过渡到灵活和敏捷的工作方法，最终战胜竞争对手。

在撰写本书的过程中，我们有一个基本洞察：在一个不断变化的时代，目标本身是动态的。因此，数字之旅实际上是一个不断变化、学习和与时俱进的旅程，是一个没有预设目的地的旅程。通过不断的数字跃迁，在经历了一段段硕果累累的旅程之后，你个人和你所在的组织也会拥有一个迷人的、充满活力的、不断变化的美好未来。

拉兹·海飞门

习移山教授

张晓泉教授

2020 年 1 月完稿于特拉维夫和香港

* 本书所有图片均为张晓泉教授手绘。更多相关内容可参看张晓泉教授的微信公众号"麦教授随笔"。

章节简介 BRIEF INTRODUCTION

01 第一篇 思维篇

本篇有五章，它们共同提供理解数字化变革所需的背景知识。

第1章 数字化变革简介

本章解释了数字化技术的广泛影响，尤其是数字化变革的复杂背景。尽管之前业界对数字化变革已有广泛的讨论，但是大家对该术语的基本定义尚未达成共识。所以，我们在这里定义了基本概念，为本书的其余部分奠定了基础。本章讨论的主要概念和事件包括数字化时代的达尔文主义、数字化变革的产生及加速、数字化变革的九个影响领域、战略拐点、数字化组织的主要特征以及数字化变革对政府的影响。

第2章 数字化技术：历史回顾

本章简要地回顾了数字化时代的三个时期，特别是推动当代数字世界的创新数字化技术。这些技术构成了数字化变革的重要组成部分。

第3章 数字化的终极目标：敏捷的组织

本章涉及现代化数字业务中最重要的管理主题之一——敏捷的组织。由于数字化技术的发展，商业环境变得混乱而活跃。不久前，组织还在做年度战略计划并确定未来五年的预期竞争优势，但现代化商业环境使其对五年规划周期的预测几乎成为不可能。组织必须经历基础性变革并且需要变得敏捷。本章描述了组织在敏捷化过程中应采取的几个步骤。

第 4 章　领导数字化变革的六种方式

本章介绍了六种类型的数字化变革。在我们看来，数字化的领导者和管理者都应该理解并掌握这些方式，以便在数字化时代成功地指导他们的组织。六种变革中的三种是外部的，即从原子到比特、从实体空间到虚拟空间以及从产品到服务；另外三种是内部的，涉及商业战略、组织的商业模式以及应该采用的创新流程。这六种变革不应该是独立的技术或商业模式，而应该被视为一个数字化技术和商业战略的结合体。

第 5 章　数字化商业模式

本章回顾了商业模式的概念，并强调了它在数字化时代的重要性。数字化变革是推动商业模式创新与改变所有行业和商业领域游戏规则的强大力量之一。组织中的每个利益相关者（董事会成员、高级管理层和数字化领导者）都应该理解现有的商业模式，并且学习如何为数字化时代构建新的商业模式。

02　第二篇　理论篇

本篇介绍了几种模式和理论，以便为理解和开启数字化旅程奠定基础。本篇的七章定义了数字世界的支柱，并引导读者对其阶段和概念融会贯通。

第 6 章　数据：数字化时代的石油

本章专注于数据。数据一直是一项重要的组织资源，也是任何信息系统的关键要素。在数字化时代里，数据已经成为组织中最有价值的资产之一，几乎与其核心的产品或服务一样重要。所有数字化应用程序都毫无例外地在处理和管理着数据，很难想象一个没有数据分析组件的数字化应用程序。

第 7 章 人与机器的角逐：从图灵、费曼到冯·诺伊曼

因果关系和过度拟合是人工智能目前面临的两大挑战。我们通过三个故事来回顾过去 100 年间人与机器展开的多次角逐，计算机科学家在机器学习方面对模型的预测能力做出了巨大贡献，与此同时，经济学家在因果分析方面对模型的解释能力做出了巨大贡献。我们认为两个学科应该结合起来，共同解决人工智能中的因果关系和过度拟合两个问题。在我们看来，人工智能就是将人（人类）和工（工具）结合在一起产生的智能。

第 8 章 数字化时代下的商业创新

本章描述了在数字化时代中，创新在每个组织中的战略重要性。我们从竞争优势的角度解释了成本领先和差异化的基本概念，以及创新对于产生竞争优势的重要性。本章定义了 S 形曲线，它代表了任何一项技术的生命周期——从第一步开始直到被另一种技术或新想法取代。我们还分析了由哈佛大学商学院的克莱顿·克里斯坦森（Clayton Christensen）教授提出的"颠覆性创新"这一概念。

第 9 章 技术推动创新的五个角度

组织如何创造价值创新？在这一章中，我们详细阐述了数字化技术是如何从不同角度为创新做出独特贡献的。技术提供了刺激创新的巨大可能，了解数字技术如何推动创新，对于明智而审慎地解决数字化时代每个组织的战略重要性问题至关重要。

第 10 章 数字化旋涡

本章从不同的行业角度来讨论数字化旋涡模型。按照这个模型，数字化正在席卷每个行业，将它们一个接一个地卷入风眼，在那里它们进行着数字化变革。我们举了一些行业的例子，分析它们是如何在应用了数字化技术之后发生转变的。

第 11 章 数字化成熟度

本章介绍了组织的数字化成熟度的概念,并且探究了对于数字化变革成功至关重要的一些方面。数字化成熟度可以被视为衡量一个组织是否已准备好在诸如战略、人员、流程、文化和 IT 等方面转型的指标。我们提供了几种由全球咨询公司和学术界研究者开发出来的数字化成熟度模型。

第 12 章 IT 不再重要吗

本章讨论的是关于商业战略与信息技术之间连接的最具创新性的文章之一。通过一篇在《哈佛商业评论》(*Harvard Business Review*)上发表的文章,作者尼古拉斯·卡尔(Nicholas Carr)试图证明数字化技术不再是组织竞争优势中的唯一贡献,因为它们"现在"是一种无差异化商品,只要有钱就能买到。在我们看来,分析卡尔的论点并理解我们的反驳意见,对于掌握商业战略和数字化技术之间不断演变的联结至关重要。

03 第三篇 实践篇

本篇提出了数字化变革的实践环节,包括以下四章。

第 13 章 如何实施数字化变革

数字化变革造成了一项对组织的挑战:它不是一个快速或一次性的过程。本章强调了数字化变革作为长期和持续性的组织变革与业务变革的方法论。为了取得成功,组织必须施行一系列经过计算和精心规划的步骤,以实施数字化的商业战略。本章描述了组织必须经历的几个阶段以及每个阶段应该着重处理的主要问题。

第 14 章　数字化领导力

本章讨论了数字化领导者的角色。数字化领导者是负责组织数字化变革的人，一些组织指定一名首席数字官（CDO）来填补这一角色，而另外一些组织声称拥有这个头衔的人并不一定全面负责领导组织的数字化变革。例如，某些首席数字官只负责数字营销渠道和广告。本章讨论了定义首席数字官的多种方式。我们接着讨论了数字化变革对首席信息官（CIO）这个角色的影响，并且提出了每个首席信息官都应该是数字化专家。这需要重新审视人们对这个角色的看法，并且调整他们的管理风格，以便在其数字化旅程中更好地领导变革。

第 15 章　数字化变革案例研究

本章着重介绍了几个行业数字化的实施案例，如雅高酒店（Accor Hotels）、达美乐比萨（Domino's Pizza）连锁店、博柏利（Burberry）时装、以色列连锁超市 Shufersal、Codelco 矿业公司、皇家马德里俱乐部（RealMadrid）以及星巴克（Starbucks）。

第 16 章　数字化旅程启航前：提示和风险

本章提供了一个数字化旅程的摘要，提出了每个组织都应该问自己的问题，以及组织的管理层在旅程开始之前就应该注意到的错觉和风险。

PART ONE 第一篇 思维篇

第1章 数字化变革简介

变，则改既往；革，则继开来。

——坦枚·沃拉（Tanmay Vora），印度作家、知名博主

引言

本章概述了数字化变革的基本概念,并描述了围绕这一主题的剧变。事实证明,人们对于数字化变革的基本定义没有形成广泛的共识。有时,人们会同词异义,抑或异词同义。本章给出了我们对数字化变革的基本定义,旨在减少混淆,并为接下来的章节提供概念框架。

数字化变革已经成为企业界、学术界、咨询公司和技术供应商间的一个热门话题。截至目前已经有数十本书、数百篇文章和研究报告涉及这个主题。[一]

例如,《经济学人》(The Economist)的研究部门在 2017 年 4 月对英国电信(British Telecom)进行的一项调查,[二]显示了数字化变革在首席执行官(CEO)议程中的重要地位(见图 1-1)。在对 13 个国家的 400 名跨国公司高级 CEO 进行的调查中,约 39% 的 CEO 认为,数字化变革是董事会的重要议程之一,另外有 34% 的 CEO 认为,数字化变革尽管不是组织议程上的优先事项,但是一个很重要的议程。

世界经济论坛(World Economic Forum,WEF)的一项研究发现,[三]在未来的十年中,数字化对社会和企业的综合经济价值将增长到约 100 万亿美元。这项研究涉及几个问题,例如,无人驾驶汽车的经济影响,它每年将减少交通事故死亡人数约 100 万人。研究人员计算得出,通过智能规划来管理能源消耗和电力公司资源的数字化技术,将会减少对空气的污染,并可节省 8670 亿美元。

[一] 业界期刊和广受欢迎的杂志都对这个主题进行了探讨,如《哈佛商业评论》《麻省理工斯隆管理评论》(MIT Sloan Management Review)。IMD 商学院的全球数字化业务转型中心、麻省理工学院数字经济研究所、哈佛商学院数字研究中心、达特茅斯塔克数字战略研究中心等研究机构对此进行了大量的实证研究。全球知名的咨询公司,如麦肯锡、德勤数字、埃森哲、安永、普华永道、波士顿咨询集团、贝恩公司等,正在撰写关于数字化变革的出版物、实证研究和案例研究。加特纳(Gartner)、IDC、Forrester 等全球研究公司发布了关于数字化变革的数据和预测。《福布斯》(Forbes)、《经济学人》《赫芬顿邮报》(Huffington Post)、《财富》(Fortune)等定期为专业人士和普通读者提供一系列关于数字化变革的信息。

[二] Leading from the Front – CEO Perspectives on Business Transformation, a Survey by Economist Intelligence Unit for British Telecom, April 2017.

[三] World Economic Forum. $100 Trillion by 2025: The Digital Dividend for Society and Business, January 2016.

数字化变革本身并不是一项战略或者目标，而是一种实现战略目标的方法，即组织通过不断创新来适应数字化时代，并持续壮大和盈利。

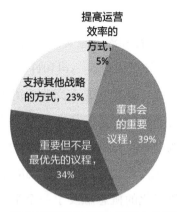

图 1-1 数字化变革在 CEO 议程中的重要地位

注：因四舍五入原因，数据加总非 100%。

数字化变革并不是像单个项目一样的一次性事件，而是一趟"在路上"的旅程——随着时间的推移渐渐展开，奔向一个未知的、未得到定义的终点。随着数字化进程的推进，组织动态地调整自身，以应对数字化时代下的机遇和挑战。

近年来，想必你也经常听说数字化变革，甚至会在各种各样的场合使用这个词。尽管数字化变革很流行，但是你可能并不清楚它在各种不同的模式和实现方法下的不同定义。

数字化世界并不是伴随着"数字化变革"这个词的出现而诞生的。事实上，几十年前，从第一台数字计算机出现并在组织和商业空间里渗透开始，数字化世界就出现了。我们认为**一个组织不应将数字化变革视为对现有情况的补充，而应视其为为了适应数字化时代的活动和业务而做出的必要变革**。重要的是，**实施数字化**并不意味着实现一个项目、升级一项技术、添加一个电子商务网站或一个新的移动应用程序。**实施数字化**意味着更新一个组织的业务策略、商业模式、组织文化并使其适应数字化时代。换句话说，**实施数字化旨在使组织适应 21 世纪的现代商业环境**。

数字化变革的动机与定义

为了应对数字环境,组织不得不改变自己的一些最基本的经营理念和思维状态去适应一个全新的商业视角。这种巨大的变化被称作**范式转换**(paradigm shift),即具有根本性和深远意义的剧烈变化,而不是本质上相同特征的渐进式变化。学术界、知名的咨询公司和许多组织都清楚,"数字化"一词完全不同于一般意义上的"技术"或者商业环境中的新"IT功能"。它们建议组织将"数字化"这个概念与新的商业经营方式、新世界的机遇和挑战联系起来。有些组织认为"数字化"只是对现状的一次简单相加(例如"我们也应该有一个电子商务网站了""我们开发移动应用程序吧"等决策),却忽略了这一变化的实质。数字化的概念触及了一个组织所做所想的最深层的本质和核心,因此,应该用**以数字化为核心**来强调这种变化的关键。组织必须考虑其核心业务,并考虑如何改变来适应数字化时代。

我们的结论是:一个组织首先要从**技术**的角度与**数字化**的力量联系起来,然后更为重要的是,必须再从**商业**的角度使用**数字化**的力量。这是关于组织**如何在数字化时代开展业务的综合方法**。组织必须重新检查其当前的商业运营方式,并清楚它必须开启一段变革之旅,即商业变革。这是数字化技术带来的新机遇与挑战。

以下是瑞士IMD商学院和思科(Cisco)联合研究中心给出的更为流行的定义。[⊖]

> **数字化变革**
>
> 数字化变革是一个组织借助数字化技术和数字业务让商业模式发生重大变化的过程,其目的是提高企业的绩效。

数字化变革是一个重要且持续的变化过程,要求组织采取新的、不同于

[⊖] Michael Wade. Digital Business Transformation – A Conceptual Framework, Global Center for Business Transformation, An IMD and Cisco Initiative, June 2015.

当前立场的方法。这不是一种简单的、渐进的改变，而是一种具有深远意义的改变。因此需要重新思考各种各样的问题，包括：

- 如何将组织变得更加敏捷，使其能够快速灵活地应对竞争、机遇与挑战？
- 如何将业务流程变得高效而且智能？
- 如何提供量身定制的服务，确保每一位客户都能获得独特且高品质的客户体验？
- 如何采用创新的理念，确保其在组织内部实现，让创新成为组织 DNA 的一部分？
- 如何实现创新的商业模式？
- 如何扩展和增强客户的价值主张？
- 如何发现和接触新的客户群体？
- 如何成为一个客户至上的组织？
- 如何将数据作为一种资产来加以利用？
- 如何做出明智的、数据驱动的决策？
- 如何利用好共享经济和 API（应用程序编程接口）？

数字化组织就是这样，会有很多机遇，也会有很多挑战和风险。

那些清楚变革之力的组织在几年前就已经启动了一系列数字化变革过程，来寻求竞争优势；与此同时，保护自己免受被新竞争者颠覆的风险。

麻省理工学院斯隆管理学院数字经济研究中心的首席科学家乔治·韦斯特曼博士（Dr. George Westerman）是《DT 转型》（Leading Digital）一书的作者之一，他说：

> 数字化战略是公司通过技术改变其经营方式的方法。不幸的是，

许多公司更注重数字化而不是战略。它们在公司的不同部门做了很多数字产品，却没有做到协调各部门和提前做好计划。数字化战略不一定要做到完全统一，但是要有一些共同愿景，而成功的关键则是协调互动。㊀

数字化意味着组织采用一种特定的方法或者思维方式（通常被称为"缺省的数字化"，digital by default）。这样的组织倾向于在任何地方、任何问题上都使用数字化技术。当然，这是可行而且合乎逻辑的。数字化是解决组织发展问题的首选途径。

> **缺省的数字化**
>
> 缺省的数字化是指在组织和管理理念中，优先考虑通过数字化技术来解决工作流程和决策中面对的商业挑战。

一些组织将"数字化"一词解释为拥有一系列互相独立的项目，例如建立一个新的电子商务网站，或者在服务中心添加聊天、电子邮件、机器人客服等功能，或者开发一个新的智能移动应用程序（App）。这些都是重要的步骤，但是它们只是"数字化"道路上的步骤而已。实际意义上，"数字化"要求组织重新思考现阶段所有的基本假设，研究数字化时代的新机遇和风险，重新定义自己和做好运营计划，并在数字化时代为客户创造价值。

许多组织主要从流程支持的角度来考虑数字化变革，而没有花时间重新考虑自己的产品和服务，当然也没有考虑业务流程。这远远不够，因为数字化变革还涉及组织的核心和本质。**以数字化为核心**是描述它最好的术语，这个术语取自加特纳公司的两位顾问撰写的《商业的未来：重布行业，重构企业，重塑自我》㊁一书。换句话说，组织必须思考数字化技术是如何改变组织

㊀ George Westerman, Didier Bonnet, Andrew McAfee. Leading Digital：Turning Technology into Business Transformation, October 2014.

㊁ Mark Raskino, Graham Waller. Digital to the Core：Remastering Leadership For Your Industry, Your Enterprise and Yourself, Bibliomotion, 2015.

本身、产品、服务、流程以及**重塑**业务的，而不仅仅是思考数字化技术是如何**支持**组织工作的。

随着数字化密度的提高——数字化组件的智能设备越来越多，数字化变革的力量也在不断增强。数字化变革的推进正以不可思议的速度发展。人人佩戴可穿戴式智能设备（手表、手环）、家家拥有 3D 打印机的憧憬将不再是遥不可及的。在更远的未来，我们在做医疗决策时将拥有高水平的咨询系统（例如 IBM 正投入大量的精力开发从事癌症研究和治疗的系统），或者我们在出行时，将乘坐无人驾驶汽车，这正是当今主要汽车制造商、谷歌（Google）、苹果（Apple）和百度投入大量资源开发的东西。就连"天空便是极限"这个概念如今也面临考验。谷歌正在进行一项大型试验，即让气球在很高的高度飞行，让人们无论身处何处都可以连接到互联网。2014 年，麻省理工学院的两位研究人员埃里克·布莱恩约弗森（Erik Brynjolfsson）教授（他是本书作者张晓泉教授读博士时的导师）和安德鲁·麦卡菲博士（Dr.Andrew McAfee）共同出版了一本名为《第二次机器革命：数字化技术将如何改变我们的经济与社会》⊖的书。这本非常吸引人的书描述了新时代技术发展的惊人现象。作者研究了在各种场景下，这些发展对人们在组织中的角色和他们的工作所造成的冲击。

数字化时代的达尔文主义

组织并不是一成不变的，商业活动的变化使各个行业中卓越的商业组织不断发生更替。在数字化时代，商业环境变化的不断加剧以及一些重要组织的消失，促使研究人员和顾问将这种现象描述为**数字化时代的达尔文主义**。事实证明，达尔文的进化论思想除了可解释自然界现象的发展之外，在商业世界中也是适用的。如果一个组织不能迅速地适应不断变化的商业环境并不断提升自己以应对数字化技术带来的剧变，它将无法长期生存下去而注定被

⊖ Erik Brynjolfsson, Andrew McAfee. The Second Machine Age：Work, Progress, and Prosperity in a Time of Brilliant Technologies, W.W. Norton & Company, January 2016.

淘汰。

图 1-2 展示了技术和组织的发展步伐不同对组织的发展与变革的影响。技术以指数形式发展，而组织在最优的情况下以对数形式发展。它们之间发展速度的差距会不断扩大，无法缩小差距的组织注定要被淘汰。

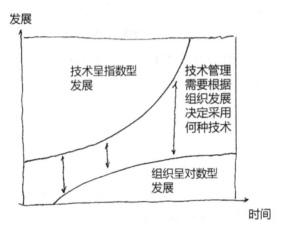

图 1-2　技术和组织的不同发展步伐对组织的发展与变革的影响

Altimeter Group 的布莱恩·索利斯（Brian Solis）是数字化变革领域的杰出顾问，他是最早使用"数字化时代的达尔文主义"这个术语的人之一。㊀

> **数字化时代的达尔文主义**
>
> 　　数字化时代的达尔文主义是一个技术发展和社会发展快于组织发展的过程，也是一个逐渐发生的选择过程，即对成功适应数字化时代的组织与无法在数字化时代生存、停止运营或被其他组织收购的组织进行选择。

数字化时代的达尔文主义现象在标准普尔指数（Standard & Poor's Indices）中表现得很明显。标准普尔 500 指数是纽约证券交易所（NYSE）和纳斯达克证券交易所（NASDAQ）市值最高的 500 家公司的股票价格加权指数。该

㊀ Brian Solis. The End of Business as Usual, December 2011.

指数中的组织平均寿命从 1965 年的 33 年降到 1990 年的 20 年左右，预计到 2026 年将下降到 14 年。标准普尔研究表明，到那时目前标准普尔 500 指数覆盖的公司中大约一半的上市公司将会被取代。换句话说，**组织的存活时间将会缩短**。令人惊讶的是，当人类的预期寿命随着医学的进步而不断延长时，商业组织的寿命却随着技术的发展而不断缩短。如图 1-3 所示，标准普尔 500 指数覆盖的公司平均寿命呈下降趋势。⊖

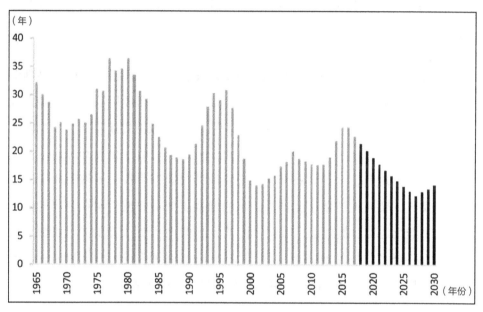

图 1-3　标准普尔 500 指数覆盖的公司平均寿命（7 年浮动均值）

有关市场动态的更多证据，我们也可以参考世界 500 强企业名单，它与标准普尔 500 指数榜单反映了同样的明显趋势———些企业正逐渐被取代。1955～1975 年，平均每年有 11 个组织从这个名单中消失；1976～1995 年，这个数字上升至 15 个；1996～2013 年，这个数字再次上升，达到每年 21 个。人们对于榜单的不断变化，以及越来越多的组织从榜单中消失有不同的解释，如管理失败、并购、分拆成较小组织，等等。然而，现在有一种解释

⊖ Innosight. Creative Destruction Whips through Corporate America – S&P 500 Lifespans Are Shrinking, 2016 Updated Report.

更加引人注目：**数字化颠覆**。随着那些成功利用数字化技术并创造性地使用它的组织获得迅速成长，许多组织被挤出了榜单。据专家预测，这一趋势在未来几年内可能会加剧，所有组织都将不能幸免于数字化颠覆的影响。

柯达（Kodak）、Blockbuster、Borders、摩托罗拉（Motorola）、诺基亚（Nokia）、黑莓（Blackberry）等公司很明显都是数字化时代的达尔文主义产生影响的例子。除了这些典型例子（经常被当作经历了商业模式数字化颠覆的组织），我们还可以列举一些其他有指导意义的案例，有一些甚至涉及行业运作的终止。

- **大英百科全书（Encyclopedia Britannica），著名的百科全书制造商**。大英百科全书至今已经经营了240多年，在经历了两次世界大战和大英帝国的解体后尚能存活，却在2012年被迫停止生产和发行印刷版百科全书。在维基百科（Wikipedia）这样的数字化和开源式的竞争对手出现后，大英百科全书无法在原始模式下生存，不得不改变商业模式，转向生产数字化产品，从而挽救了公司并使公司在合理的利润下继续运营。类似地，微软停止了从1992年开始发布的光盘版数字化百科全书，并在2009年关闭了MSN Encarta百科全书资料网站，这无疑是新的数字化产品——维基百科的另一个受害者。

- **Rand McNally，地图出版商**。从前，在美国各地，几乎每辆车内都有Rand McNally的地图。这个品牌的地图以可靠性和精确性闻名，以至于一提到地图人们马上就会联想到Rand McNally。但随着GPS技术、导航工具和软件以及移动技术的发展，它面临着一场危机，不得不调整和改变自身的商业模式。

- **美国邮政服务（United States Postal Service，USPS）**。值得注意的是，数字化力量也会影响公共服务：淘汰过时的服务并倒逼监管干预的改进。美国邮政服务为了在数字化时代中准确定位并生存下去，苦苦挣扎了好几年。随着电子邮件和无纸化电子账单的普及，美国邮政处理的信件数量大幅下降达35%，其他国家的邮政局也出现了类似的情况。电子商务不可思议的发展，则又可能挽救邮政机构，并使其工作重心从邮件派送转变为包裹派送。

即使是在自己的领域中处于领导地位的大型组织也不能免于数字化时代的达尔文主义的影响。图1-4显示了自1917年至2017年，美国最大的10家公司名单的演变。1917年，美国最大的公司主要来自能源和钢铁行业。半个世纪后的1967年，尽管IBM已经位居榜首，但是榜单上的大多数公司仍然来自能源行业。但到了2017年，全球最大的5家公司都来自数字化技术行业。

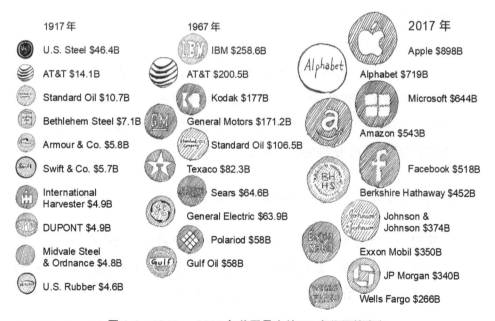

图1-4　1917～2017年美国最大的10家公司的变迁

注：图中的数字代表公司市值。

目前的研究（如本书第10章所讲的数字化旋涡模型）表明，没有一个行业可以免受数字化颠覆的影响。然而，仍然存在一个问题，即数字化的颠覆将在何时出现在你所在的行业,以及你的组织将多快实现数字化。你的组织能否及时做出响应,成为一个敏捷的数字化组织,以适应其所在行业所发生的变化?不要让你的组织为了改变商业模式而被迫后退,甚至面对最坏的后果——破产。

数字化变革是一个战略拐点

"战略拐点"一词是由英特尔前首席执行官安迪·格鲁夫(Andy Grove)提出来的。这个词借用了数学概念,意思是曲线改变方向的点。他在他著名的《只有偏执狂才能生存》⊖一书中使用了这个词。让我们来看看这个词在我们的语境中是如何被定义的。

> **战略拐点**
>
> 　　战略拐点是指一个组织在其所处的竞争环境中发生**重大变化**的时间点。变化的来源可以是新技术的引入、法规的变更、客户价值或期望的变化,或者其他变化。即使变化本身是为人熟知的,但如果赶上了组织的管理层尚未做好进行关键性业务策略调整的准备,也可能会导致组织的业务状况恶化。

公司经营环境发生重大变化的原因可能包括以下几个。

- **法规**。法规的变化可能会导致诸如开放蜂窝通信市场的竞争、改变养老金市场的规则、新竞争者进入公共交通市场、开放医疗服务市场的竞争、政府开始监管某些之前开放的行业等。

- **不断变化的公众品位**。公众的品位和文化偏好不时发生变化。例如,消费者对付费收听音频和收看影视作品的接受程度,公众对环境保护

⊖ Andy Grove. Only the Paranoid Survive : How to Exploit the Crisis Points That Challenge Every Company, Crown Business, March 1999.

的敏感度和对污染环境公司的惩罚态度，偏向无糖产品，公众对虐待动物敏感，反对童工，偏好对地球可持续发展破坏性较小的产品等。

- **商业环境的改变**。组织所处商业环境的重大变化可能包括：全球经济危机，中美贸易摩擦，各国政府和中央银行干预全球经济金融系统，世界贸易急剧萎缩导致海上运输能力过剩，能源价格下降或者上升，农业用水短缺，改用燃气代替柴油或煤，等等。

- **技术变革**。新技术的出现可能会对现有的公司商业模式造成严重的打击。iPhone 的问世对诺基亚和黑莓等生产商造成了很大的冲击；数码摄影技术压倒了柯达；数字图书的出现对印刷商、出版商和连锁书店都是毁灭性的打击；iTunes 的出现对各类音乐制作人和发行商来说都是一个打击；优步（Uber）和滴滴的出现使私家车可以提供租车服务；爱彼迎（Airbnb）的出现让普通人可以出租自己的房子、公寓，甚至一个单人间；亚马逊（Amazon）和阿里巴巴以及其他网站在电子商务领域的成功，重创了西尔斯（Sears）等许多连锁零售企业，并迫使沃尔玛（Walmart）大举进入电子商务领域。这样的例子举不胜举。

战略拐点是一个时间点（或者一个时期），在这个时间点，一个组织可能会从原先的领先、繁荣、成功和盈利进入到减速阶段（下降曲线），并开始失去市场份额，与此同时，收入和利润也遭到侵蚀，最终可能会走向破产。图 1-5 展示了格鲁夫关于战略拐点的看法。

对于执行管理层来说，最大的挑战是**判明**战略拐点并下定决心**付诸行动**。应对战略拐点需要对业务策略进

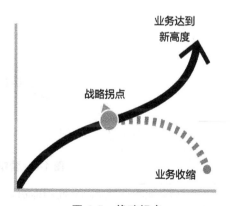

图 1-5　战略拐点

行重大的改变,而这种改变对于任何管理团队来说都是具有挑战性的。许多管理团队自然地倾向于忽略拐点并推测"一切都会好起来"。换言之,管理团队选择把头埋进沙子里,坚持现有的这个一路走来使组织获得成功的商业模式。战略拐点的定义与克莱顿·克里斯坦森教授提出的"颠覆性创新"概念相近。英特尔前首席执行官安迪·格鲁夫深受克里斯坦森研究的影响,而战略拐点的概念正是他自己对颠覆性创新理论的解读。

我们认为,对于许多组织来说,数字化变革 2.0 是战略拐点出现的原因和回应。只有能够理解和采纳这种观点,并据此进行部署的组织,未来才会取得成功。错过拐点机会的组织很可能会进入一个或长或短的衰退阶段,最终甚至可能因为被并购或者破产从商业舞台上消失。

为什么现在需要数字化变革

如前所述,数字化技术的发展已经持续了几十年。图 1-6 摘自加特纳公司的两位顾问马克·拉斯金诺(Mark Raskino)和格雷厄姆·沃勒(Graham Waller)合著的《商业的未来:重布行业,重构企业,重塑自我》[○]。

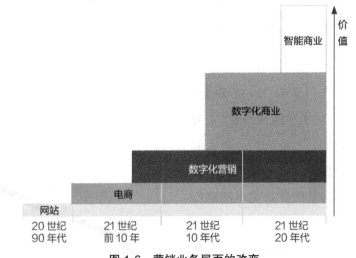

图 1-6 营销业务层面的改变

○ Mark Raskino, Graham Waller. Digital to the Core: Remastering Leadership for Your Industry, Your Enterprise and Yourself, Bibliomotion, 2015.

互联网和其他技术的发展，促使营销业务层面发生了巨大改变，如图 1-6 所示。我们重点强调以下几个主要阶段。

- **网站**。第一个阶段始于 20 世纪 90 年代，互联网站点出现。随着 HTML、浏览器和 HTTP 协议的发展，互联网时代开始了。大量的网站浮出水面，每个组织都急于确保自己在数字化时代的地位。在早期，这些网站是静态的，主要的功能是为公司的客户提供信息，而客户本身无法在网站上进行任何交互。

- **电子商务**。2000 年，商业网站的出现使用户可以与网站互动、搜索内容，并接收定制的信息。这个时代见证了组织和客户之间的电子商务（B2C）以及组织间的电子商务（B2B）的出现。电子商务显而易见的好处在于，它不仅改善了服务，降低了服务费用，还加快了交易速度。

- **数字化营销**。随着互联网使用范围的扩大，客户渐渐习惯了在网上进行商务活动。随着社交媒体的流行和移动通信的兴起，组织意识到需要对不断变化的互联网做出必要的回应。它们不得不将注意力和营销资源从熟悉的传统媒体（报纸、广播、电视、广告牌等）转移到新媒体，如社交媒体、数字新闻媒体、手机 App 和商业网站等。

- **数字化商业**。互联网的广泛使用促进了全数字产品的出现，如音乐、新闻、书籍、电影和地图等。创新的数字平台使爱彼迎、优步、苹果、eBay、淘宝等公司建立起了客户对客户（C2C）或者点对点（P2P）的直接联系。然而数字平台商业模式的迅速发展和数字业务范围的不断扩大，可能是以牺牲实体业务为代价的。今天，我们看到批发和零售连锁店在与亚马逊、阿里巴巴等电子商务巨头的较量中面临着严峻的挑战。线下和线上的生意出现了此消彼长。

- **智能商业**。未来，我们可能会看到越来越多的企业实现智能运营：工厂在没有人工干预的情况下工作；自动化仓库里有一堆机器人跑来跑去储存或提取产品；自动化停车场无人看管。不久的将来，我们还会看到无人驾驶汽车、无人机、仅由少数工人操作的云端服务器群等。我们正朝着自动化的未来迈进。除了可以实现这些功能以外，这些智能系统还可以相互学习、自动优化和互通互联。这些过去我们只能在科幻电影中看到的神奇的事情，如今就发生在我们眼前。

为什么数字化变革的概念在最近几年才出现呢？自第一台计算机出现在商业环境中以来，组织经历了几十年的数字化变革。任何信息系统进入到一个组织都会促使其发生改变或者变革，有时甚至是非常深刻的改变或剧烈的变革。例如，在一个组织中实施企业资源规划（ERP）系统就是一个重大事件。这需要改变业务流程和部分员工的工作；为成百上千的员工提供培训和指导；升级数据库并提升数据收集能力，以便收集以前没有收集过的数据；有时还需要对组织进行重组。再比如，安装新的计费系统对于一个地方政府部门来说也是一件大事，需要更改相当一部分工作流程。如新的计费系统使家长可以通过互联网和移动电话来为孩子登记入学，而无须前往市内的教育局办公室。这样的变化一方面达到了便民的效果，另一方面也促进了地方政府办公业务流程发生改变。我们称之为数字化变革 1.0。数字化变革 1.0 阶段涉及组织多年来所做的两类主要变革。

- **主要业务变革**。这类变革是指在引入新的数字化技术之后，业务流程发生重大改变。例如，启动自动化仓库将需要对组织的物流管理流程进行更改；在电信公司实施新的计费系统将导致工作流程的巨大变化；前面提到的，实施一个新的 ERP 系统需要在不同层面上做出改变；等等。

- **次要业务变革**。这类变革是指在业务实践中时刻发生并日积月累的改变。例如，改进公司的网站，使网站支持移动端访问并集成业务流程中的各种变化等。

图 1-7 展示了组织多年来实现这两类变革的过程。

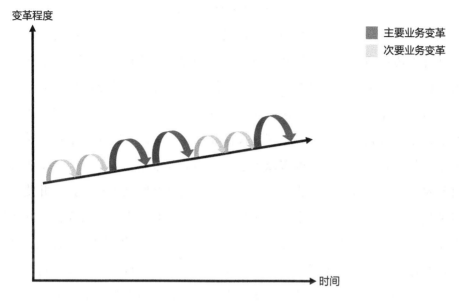

图 1-7 两类业务变革

现在又如何呢？为什么几年前，数字化变革这个词突然出现并变得如此流行？这是由于过去几年变化的强度和速度与以往不同。我们决定将这一变革的第二波，也是相对较新的浪潮称为数字化变革 2.0。我们可以将在过去几年中数字化变革 2.0 风起云涌的缘由分为四个主要类别。

（1）**技术**。我们正目睹着一波新的数字化技术浪潮，我们现在拥有的技术，有许多是最近几年才出现的。这些技术（如 AI、5G、IoT、3D 打印、虚拟现实、移动支付等）在不久前还被认为是只会出现在科幻电影中的天方夜谭，而现在它们存在于现实中，触手可及，任何组织都可以获得并使用它们。它们使组织能够开发创新型产品和服务，并实现创新的业务思想和模式，而这在不久以前是根本不可能实现的。事实上，目前的情况表明，这波浪潮不会很快结束。

（2）**商业模式**。新的数字化技术掀起了商业模式的创新浪潮。优步、滴滴和爱彼迎加快了共享经济的发展。Lending Club、eLoan 和 Zopa 等公司提供了网上众筹的平台。Coursera、edX、可汗学院（Khan Academy）、优达学城（Udacity）、FutureLearn等纷纷在慕课（MOOC——大规模开放在线课程）开设免费课程。传播学术知识的新模式已经出现，在线学习系统的功能正在改变许多传统高校的教学模式。越来越多的课程开始使用所谓的"翻转"学习，即学生在家里而不是在教室完成在线学习，并利用课堂时间与同学一起做练习和合作完成项目——这以前都是放学后在家里完成的。许多课程已经开始使用混合教学的方法，将课堂授课和在线教学结合起来。书籍开始多以电子书的形式出版；音乐则多以数字音乐的形式来制作和发行，并基于每月订阅量或收听次数进行销售；无线电台开始通过互联网进行广播，并使用按月或按次付费的模式。数字化技术使业务领域之间的界限变得模糊，导致像苹果这样的公司从个人电脑制造商变成了其他领域的领导者，如音乐提供、应用程序商店运营、手机和智能手表销售、电视节目放送、在线支付等。亚马逊是另外一个例子，它从一家图书电子商务公司转型为云端服务等领域的领导者，并成为Kindle和Echo智能音箱等先进电子设备的生产商。Echo智能音箱集成了Alexa语音识别功能和智能家居控制系统。除此之外，该公司还生产能在多种操作系统上运行的Kindle电子书应用程序。这是一种全新的商业模式，正在广泛影响整个商业环境，乃至整个经济。

（3）**客户**。客户步入数字化时代。他们乐于接受改变，并寻求娱乐、便利和高质量。他们期望无论何时、何地、在何种设备（如笔记本电脑、智能手机或智能手表）上，都能通过相应渠道（如互联网、电子邮件、社交媒体等）获得所有类型组织的数字化服务。在对服务或价格不满意的情况下，客户可以随时更换供应商，所以他们对于品牌和组织的忠诚度要低得多。因此，组织必须全方位提升客户体验，否则将面临被客户抛弃、被竞争对手取而代之的风险。可以说，现在掌握权力的是客户。

（4）**中断的风险**。我们之前探讨的数字化时代的达尔文主义现象，已经重创了那些没有适应新环境的组织。柯达、诺基亚、摩托罗拉、Blockbuster、Polaroid、美国在线（AOL）等"一切照旧"的企业，被迫将舞台让给了新一代的创新型数字化组织。采取措施进行调整和适应的传统组织，包括那些重新规划业务方式和修改业务流程的组织，则继续在新环境下前行。成功实现数字化变革的组织有星巴克、雀巢（Nestle）、博柏利、科德尔克、思科、微软和达美乐比萨等。包括沃尔玛、麦当劳（McDonald's）和英特尔在内的许多公司，仍在为商业生存而奋斗，试图在新数字化时代取得成功。与此同时，像特斯拉这样的新兴公司已经开始渗透市场，它们的电动和数字化技术逐渐对汽车行业的知名巨头构成威胁。

所有这些重大的变化都促使了"数字化变革"概念的出现。我们可以将现阶段视为第二波数字化变革——数字化变革2.0。欢迎来到数字化变革2.0！

图1-8展示了当今组织所处的转折点。是继续进行数字化变革1.0，还是认真研究商业的新技术、新方式，并开启新浪潮——数字化变革2.0，是你目前要做的选择。

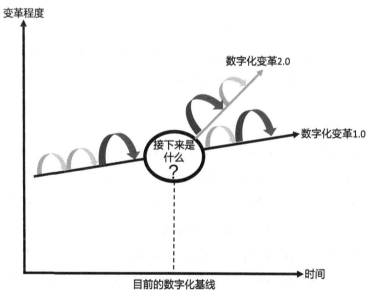

图1-8　数字化变革与转折点

新一波的创新和数字化技术发展要求组织迅速做出调整，否则，组织将面临淘汰。数字化时代的达尔文主义对那些无法自行调整以适应新时代的组织来说，是一个严峻的挑战。显然，数字化变革2.0是势在必行的，而不仅仅是个看起来不错的选择。

案例：保险行业的数字化变革2.0

为了阐明数字化变革的第二波浪潮，我们来看一个熟悉的行业——保险业。保险业被视为一个保守的行业，它的运作系统和发展理念是历经多年才发展起来的。这个行业将风险转化为精算科学。它的业务是销售在风险发生后提供补偿的保单，包括财产险（车险和商业保险等）、人寿保险、健康保险、个人人身意外伤害保险、职业责任保险和出境旅游保险等。保险行业在多年前经历了第一次数字化变革，所有保险公司在对所有业务实施了数字化技术后采用了新的业务流程：销售政策——通过代理商或直接与客户对接；索赔处理——保持与汽修厂、各领域专家、再保险公司的联系；基于海量数据的智能精算管理；等等。

看起来，所有保险公司都可以按照多年来习惯的方式进行数字化变革。然而，随着第二波数字化变革的临近，保险行业将不得不再次做出改变。我们将简要介绍保险行业的几个预期发展方向，对此保险公司应该即刻做好准备。

- **无人驾驶汽车**。许多研究表明，再过几年（5～10年），全球将有约1000万辆无人驾驶汽车行驶在公路上。通用、丰田、奔驰、宝马、沃尔沃、奥迪、比亚迪、吉利、蔚来等相当多的汽车制造商都在这一领域投入了巨额资金。电动汽车领域的领跑者——特斯拉则已经实现了自动驾驶。2017年11月，特斯拉还推出了新一代电动卡车，充电一次可以行驶750公里，并实现了高度自动化。科技公司如谷歌、苹果、优步、来福车（Lyft）也加入了竞争行列。nuTonomy是麻省理工学院旗下的一家初创技术公司，专门开发无人驾驶汽车和移动机器人的软件。该公司最初是在新加坡市中心提供无人驾驶出租车服务的。沃尔沃与优步建立起了伙伴关系，它们在美国匹兹堡开展了一项实验，探索无人驾驶汽车是否能在没有司机的情况下搭载乘客。沃尔沃的首席执行官在 2015 年表示，无人驾驶汽车制造商将不得不为其汽车可能造成的损害承担责任。⊖ 从保险行业的角度来看，这意味着什么呢？传统上，保险行业的风险计算是基于投保人的理赔历史和驾驶记录的，而无人驾驶减少了人为犯错误的可能性，这很可能意味着更少的事故、更少的伤亡、更少的修车、更少的拖车、更少的用油和更多的污染，而这些只是无人驾驶汽车带来的一小部分影响。

- **按需的短期保险**。一个意外因素在保险行业出现意味着短期财产保险的需求。Trov 是一家总部位于加州的公司，按需为吉他、昂贵的自行车、价值不菲的照相机、笔记本电脑等单件物品提供为期特定天数的保险。保险的开始和结束都是通过智能手机来设定的。一家名为 Slice Insurance 的美国公司为公寓、拼车和网络安全提供即时保险。客户可以为在爱彼迎上出租的公寓进行投保，以弥补租户可能造成的损失。客户通过使用该公司的 App，定义保险的开始日期与结束日期。每晚的费用从 4 美元到 7 美元不等，覆盖的范围比爱彼迎的保单更广，并且索赔也是通过数字化方式处理的。一家名为 Lemonade 的公司使用创新的数字模式提供零文书的家庭保险。Next Insurance 为小型企业提供保险，并通过数字化方式根据客户的特定业务类型定制不同的保险，签订合同。所有这些保险技术公司都能很好地补充并有可能颠覆现有保险公司的商业模式。

- **"基于使用"的保险**。一些保险公司为车辆提供基于使用情况的保险，也称为"为您的驾驶买单"。保险公司的保险是基于车辆上的一个设备，该设备会向保险公司的电脑（主要是云端）实时发送车辆行驶的数

⊖ Volvo CEO: We will Accept all Liability when our Cars are in Autonomous Mode, Fortune, October 7, 2015.

据。保险公司采用先进的大数据管理系统对数据进行管理和分析，并给谨慎驾驶的司机提供很大的折扣。美国前进保险公司（Progressive）使用一个名为 Snapshot 的程序来为不同驾驶特征的驾驶员提供不同的保单和收费标准。美国州立农业保险公司（State Farm）提供了一个名为 Safe & Save 的程序。Snapshot 基于一个特殊的装置，连接到汽车的数据适配器并直接上传数据；而 Safe & Save 基于安装在汽车上的信标（beacon）装置，通过智能手机蓝牙连接，上传行驶时间、行驶里程和行驶速度等数据。美国国际集团（AIG）在一些市场中提供了使用类似程序的保险。

- **目标跟踪**。TrackR 和 Tile 两家公司都开发出了一种硬币大小的设备，可以附着在任何物体上（如汽车、钥匙、手提箱、笔记本电脑、自行车、手袋或公文包等），并且可以通过移动设备快速、轻松地定位目标物体。随着时间的推移，保险公司将通过给客户提供折扣的方式鼓励他们使用这些设备。

- **可穿戴式计算设备**。许多客户已经开始使用可穿戴式计算设备（如手镯、手表、运动鞋等），这些设备可以传递穿戴者实时活动和健康状况的数据。据推测，公司可以利用这些数据来鼓励客户检测并改善自身的健康状况。

- **网络**。网络风险问题变得越来越重要。黑客造成的影响、网络服务中断、云计算故障等都会给用户造成巨大损失。除了保险公司需要进行自我保护之外，这个问题也可被看作保险公司的一个商业机会。一些保险公司已经开始提供应对网络风险的保险。

- **大数据**。处理和分析多样化海量数据的能力，使保险公司能够对风险进行智能分析，并智能化地提供保险产品、制定费率。

简而言之，第二波数字化变革正在逼近保险行业。所有保险公司都必须学习、准备和组织新的商业技术与模式，否则可能会后悔不及。这只是一个行业的例子，我们也可以举出许多其他行业的例子，如教育、卫生、零售、工业、采矿、航运、航空等。第二波浪潮不会放过任何一个行业。**正可谓"长江后浪推前浪"——因循守旧必将自取灭亡。**

技术创新浪潮的兴起带来了好消息、不太好的消息，也带来了非常糟糕的消息。

- **好消息**。数字化技术创新创造了各种新的商业机会，使组织能够接触到世界各地的客户，并通过具备升级能力的创新产品（例如，客户即使已经购买了特斯拉汽车，也可以通过汽车软件的无线升级加入附加组件），为客户提供优质的服务体验；数字化技术能够降低产品成本和服务成本；数字化技术有助于制定灵活、高效和智能的业务流程；数字化技术有助于发展创新的商业模式，并对新技术产生的巨大数据库进行创新利用，从而改进决策流程，提高业务洞察能力，甚至创造新的收入流。

- **不太好的消息**。组织为了从这些新的技术创新中获益，必须改变一些最基本的经营理念，并使其适应新时代。组织必须成为数字化的核心，重新定义自己的经营方式，即密切关注自身的竞争优势；研究和调整商业模式；重新制定和更新竞争战略；适应并改变组织结构；调整与管理所有利益相关者关系，即客户、员工、商业伙伴、管理层和董事会之间的关系。换句话说，为了从新的技术创新中获益，做出实质性的改变和适应是必要的。众所周知，没有一个组织喜欢变化，因此，这些消息对一些组织来说是不容易消化的。

- **非常糟糕的消息**。数字化技术使**敏捷的**竞争对手，有时甚至是新成立的组织，完全瓦解现有的商业模式并迅速抢走其客户。优步、爱彼迎、Kindle、亚马逊，这些是我们前面提到过的例子。客户可以在数字世界的竞争对手之间快速切换。在大多数国家，一旦法规允许手机用户在更换运营商时保留他们的电话号码，更换运营商则变得简单、快速并受欢迎。

数字化组织的五种能力：5S 模型

组织应该追求什么？当我们走向数字化的时候，会有什么样的组织呢？针对这些问题，我们提出了数字化能力的 5S 模型。该模型是两项研究的结合，即 IMD 商学院和思科合办的全球商业转型中心的研究[1]和波士顿大学奎斯特罗姆商学院（Boston University Questrom School of Business）的文卡特·文卡特拉曼（Venkat Venkatraman）教授在其著作《数字矩阵》[2]中的研究。该模型包含了五种特质，所有特质的名称都以 S 开头（与"麦肯锡 7S 模型"呼应），故称为 5S 模型。

（1）**敏感**（sensing）。组织必须对商业环境的近期发展保持敏感和关注，实时监控自己所处的业务环境、进入或者准备进入市场的新竞争者、组织中将要实现的新技术和潜在的技术，以及市场中新出现的商业模式。在现代数字商业环境中，组织不能满足于现有的成就，必须始终对正在发生的事件保持敏感和关注。动态的商业环境要求组织能够迅速做出响应。

（2）**悟性**（savvy）。悟性即做决定的能力：这意味着组织需要根据信息（甚至部分信息）做出决定，同时承担一定的风险。组织必须开发其在智能应用和数据智能分析领域的人才与能力，以便能够在高级业务分析的帮助下做出决策。这需要建立一种组织文化，这种文化可以支持并鼓励基于该分析的数据分析和决策（数据驱动下的决策）。过去为人称道的直觉与经验已经无法应对数字化时代的挑战。

（3）**规模化**（scale）。规模化即形成规模化效应的能力。数字化组织能

---

[1] Michael Wade. Digital Business Transformation – A Conceptual Framework, Global Center for Business Transformation, An IMD and Cisco Initiative, June 2015.

[2] Venkat Venkatraman. The Digital Matrix：New Rules for Business Transformation Through Technology, LifeTree Media Book, 2017.

够快速、高效地发展，并且毫不费力就能够服务大量客户。像谷歌这样的公司由于能够高效地处理查询搜索指令而迅速发展。1999 年，谷歌在一年内处理了 10 亿次查询；而到 2014 年，这个数字达到了 1 万亿次。优步刚开始时只有少数司机与其合作，并服务于少数客户，但该公司以惊人的速度发展，到 2015 年，其每年服务量超过了 10 亿次。在此之后只用了 6 个月就达到了 20 亿次。2015 年底，亚马逊的活跃用户达到了 3.04 亿。一个传统组织是难以在如此短的时间内以如此的速度发展的。

（4）**视野和焦点**（scope and focus）。数字化组织能够利用自身建立起来的数字化平台迅速扩展，并超越自身原有的领域。亚马逊快速从一个专注于通过电子商务网站销售图书的组织转变为一个在销售领域无处不在的大组织，并且进入了更多领域，如云服务（AWS）、电子书（Kindle）、人工智能的声控扬声器等。苹果能够迅速开发出成功的数字产品，并通过苹果应用程序商店（App Store）迅速转型为音乐和应用程序领域的巨头，而且还进入了电子支付（Apple Pay）、智能手表（Apple Watch）和车载娱乐操作系统（CarPlay）领域。平安集团除了开发与其传统业务相关的保险方面的技术之外，也迅速进入了金融科技、物联网等领域。与传统组织通过缓慢扩张进入相似领域不同的是，数字化组织行动迅速，并能将其视野范围扩展到全新的、不同的和创新的领域。

（5）**速度**（speed）。基于软件的数字化组织能够做出快速的响应，并以最快的速度扩展业务。它们与数以百万计的客户联系在一起，清楚客户对什么感兴趣，反应速度非常快。特斯拉开发了一款集合了各种软件的电动汽车，该公司可以通过直接发送到汽车上的软件对汽车进行升级（空中下载技术），迅速为其汽车增添附加组件。安卓（Android）操作系统和苹果的 iOS 操作系统都可以通过给正在运行其软件的智能手机添加新功能实现升级换代。一个不是基于软件产品的组织，更新不可能拥有这种灵活性和速度，有时甚至根本无法更新。组织必须培养快速决策的能力。一般情况下，一个产品在上市两三年后将不再适合数字化时代。因此组织必须分阶段地思考问题，在产品完全成型之前发布一些最小可行性产品（minimum viable product），并且要有非常快的发展速度和对相关内容的持续关注。有些人称之为"快速失败机制"（fail fast）。组织如果发现先前的计划不成功，必须学会马上放弃它们，因为创新常常会有失败。

当像 Netflix、爱彼迎、优步、阿里巴巴、亚马逊、Facebook、微软、苹果、谷歌、平安、腾讯、今日头条这样天生的数字化公司出现时，传统公司正在传统理念、文化、现有市场和资产成本等的重压下苦苦呻吟。这正是许多一流组织需要面对的挑战。

受数字化变革影响的领域

认识到数字化变革影响领域的多样性是理解数字化变革现象的一个重要方面。显而易见，数字化变革已经并且应该对客户体验产生影响。但是，这是唯一或主要受到影响的领域吗？答案当然是否定的，数字化变革影响的领域非常广。

每个组织在制定其数字化路线时，都必须先进行系统的检查，不要分心在所有方向上。问题在于需要一个检查清单，使组织能够系统地检查所受到的影响，接着做出明智的决定——需要去检查哪些领域，而哪些领域与此无关。下面展示的模型可以用作检查清单。

麻省理工学院数字商业中心与凯捷咨询公司联合开展了一项名为"数字化变革：10 亿美元的企业路线图"的研究[1]。该研究发现了九个主要的影响领域，研究人员将其分为三类，每一类都列出了三个主要的影响领域。这个模型也在乔治·韦斯特曼、迪迪埃·邦尼特（Didier Bonnet）和安德鲁·麦卡菲的一篇题为"数字化变革的九要素"的文章中出现，该文章于 2014 年在《麻省理工斯隆管理评论》上发表。[2] 这篇文章提出了三类影响领域，并在九个标题下加以阐述。我们把这个模型简称为影响领域的韦斯特曼模型（The

---

[1] MIT Center for Digital Business, Capgemini Consulting. Digital Transformation：A Roadmap for Billion-Dollar Organizations, 2011.

[2] George Westerman, Didier Bonnet, Andrew McAfee, The Nine Elements of Digital Transformation, MIT Sloan Management Review, January 2014.

Westerman Model of Areas of Impact），如图 1-9 所示。

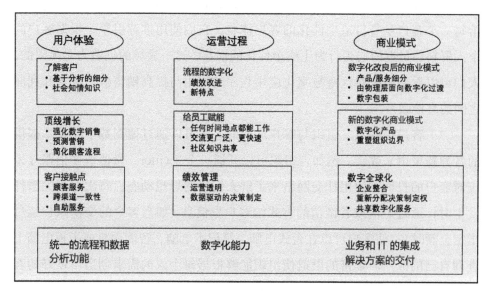

图 1-9　影响领域的韦斯特曼模型

我们将简要地回顾这三类中的每一类，以及它们的三个主要影响领域。

用户体验

本类别讨论的是数字化变革对组织与其客户之间的关系以及对客户体验的影响。这是企业开启数字化之旅的主要领域之一。这类影响的三个主要领域如下。

（1）**了解客户**。数字化技术使组织能够更好地了解客户群体，并从地理位置和客户类型两个方面清楚地了解其服务的客户群体。商业分析是了解客户、做出预测、分析趋势和创建目标营销活动的主要引擎。一些组织使用分析工具来了解在不同情境下，不同部门的客户首选的沟通渠道。例如，它们会针对不同的情况（如天气、一天中的时间等）来考查价格的敏感性。一些组织在社交网络上根据客户的兴趣创建不同领域的客户社区，并将这些社区作为一个平台为人们提供建议和支持，从而建立与客户之间的交互关系。

（2）**顶线增长**。组织使用数字化工具帮助其销售人员管理客户关系；提高从潜在客户发展到销售对象的转化率；提高交叉销售和增销的数量。为了给每一个客户量身打造个性化的客户体验，它们使用推荐引擎，根据客户的个人资料和最近的购买行为生成个性化的推荐。这一领域的创造力是无限的，人们可以看到组织对这些数字化应用程序的使用与提高销售额、收入和利润之间的直接联系。

（3）**客户接触点**。组织与客户之间的关系可以通过使用数字化技术提供的各种新渠道来改善。例如，组织可以开通一个Twitter、微博或微信账号来应对客户的投诉；使用社交网络来了解人们新的思想动态；每次有相关事件发生时，通过短信或者微信的方式给客户发信息（如当客户的交易账户超过指定金额时）；使客户可以在台式电脑、笔记本电脑、智能手机或平板电脑上查询自己的账户。丰富的渠道使组织能够根据每个人的需求创造出良好的客户体验。

运营过程

这一类别通过使用数字化技术应对运营流程和组织价值链的变革，这些技术为每一个业务流程提供了关键的基础设施。这类影响的三个主要领域如下。

（1）**流程的数字化**。数字化技术使大多数业务流程实现自动化，进而促使员工能够完成更有价值的任务。业务流程数字化通常会带来更高的效率、更快更好的表现、更低的成本，并使流程转换方面更具灵活性。借助分析工具，数字化过程产生的大量数据可以用来分析运营行为并使其更加有效。图1-10展示了数字化过程中业务流程是如何进行分析和提升的。对于数字化技术支持的业务流程，性能会随着时间的推移而提高。组织如果学会以数字化的方式来执行流程，就可以相对轻松地进行更新和改进。相反的是，手动执行的业务流程通常会随着涉及的人员数量的增加而变得更加不灵活多变。

（2）**给员工赋能**。数字化技术（如中文的语雀、ONES，英文的Slack、

GitHub 等）通过支持更大的协作、更强的连续性、更快和更有效的组织知识管理与传播，以及知识管理系统、组织或部门门户和 Wiki 等协作工具的实现，来赋予员工能力。通过提高员工和管理者之间协作能力，极大地提高组织的生产力。

（3）**绩效管理**。数字化技术使组织能够连续且有效地创建并改进实时运行的关键绩效指标，以及基于这些指标的决策过程。数字化技术可以创建管理仪表板，进而使管理人员能够实时监控性能并及时对异常情况做出反应。

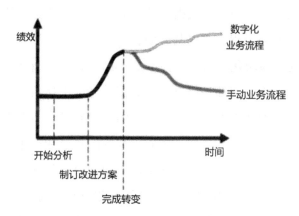

图 1-10　数字化业务流程与手动业务流程的表现对比

商业模式

这一类别讨论了数字化技术改变组织商业模式的潜力。这类影响的三个主要领域如下。

（1）**数字化改良后的商业模式**。组织可以使用数字化技术改进和提高其产品、服务和商业模式的性能。数字化技术可以集成到商业模式的所有构建模块中。

（2）**新的数字化商业模式**。除了可以辅助开发新产品和服务，数字化技术还可以成为商业模式创新的基础。

（3）**数字全球化**。数字化技术通过利用全球化扩大组织的边界，使组织能够进入新的市场。如今，任何一个城市的小企业都可以通过互联网将产品销售到世界各地，并通过物流公司，如顺丰、联邦快递（FedEx）或联合包裹服务（UPS）将产品发送给客户。这样，客户足不出户就可以在家收到该产品。

数字化基础设施和技术

数字化变革的所有潜力及其九个主要影响领域在很大程度上取决于组织的数字化技术和基础设施。这些技术必须在以下若干领域中得到体现。

（1）**统一的流程和数据**。数据变革的关键基础设施必须使业务中的各个单位实现统一的业务流程，并以共享的、统一的和高质量的数据为基础。大型组织通常会使用模块化的筒仓结构（silo structure）进行运作，每一个单位执行不同的流程；而它们都是以自己的数据来开展工作的，这样可能会与其他业务单位所使用的数据形成矛盾。客户的信息有时分布在不同的应用程序和系统之间，在某些情况下会增大矛盾。数据的整合和优化处理是成功进行数据变革的必要条件。在不同的业务单位之间划分的数据很可能会成为数字化变革的障碍，因此组织在这个领域的投资是很有必要的。

（2）**解决方案的交付**。许多组织的IT部门都使用经过验证的软件开发方法来进行操作，这些方法是相对稳定和缓慢的（瀑布开发模式）。为了在数字化时代取得成功，这些部门必须使用快速而灵活的方法和操作过程（如"敏捷"和DevOps的开发方法）。有些IT部门采用的是一种混合的方法：一部分系统使用比较旧的开发方法；而那些涉及前端应用程序的系统，特别是处理客户渠道的系统，则使用"敏捷"的方法开发。加特纳将这种方法称为双模态IT（Bimodal IT）开发方法。

（3）**分析功能**。在数字化时代，组织分析处理数据（包括内部数据和外部数据）的能力已经成为获取成功的关键能力之一。组织必须加强这些能力，以便能够快速地将数据转换为有价值的信息和见解。

（4）**业务和IT的集成**。数字化变革需要各个业务部门和IT部门之间的集成和强大而又高质量的合作。没有这方面深入、密切的合作，将难以应对数字化变革的挑战和推进数字化变革。组织必须投资开发这种集成，并且创建联合工作团队，使用高级且透明的需求管理系统、清晰而透明的性能指标和服务水平协议（service-level agreement，SLA）等。

综上所述，韦斯特曼模型的影响领域描述了通过数字化技术进行商业改进可能出现的各种问题和机遇。显而易见的是，这种巨大的改变涉及非常广泛的领域。组织在制定数字化路线图之前，必须了解这种潜力，以便能够为其实施和计划分阶段工作确定优先次序。

组织应对数字化时代的准备水平

显而易见，即便数字化变革并不是什么新鲜事，即便许多组织早在几年前就已经开始了数字化之旅，但是依然有许多组织没有准备好进入数字化时代。麻省理工学院信息系统研究中心（MIT Center for Information Systems Research）进行了一项研究，[⊖]试图阐明企业对数字未来的准备程度。它从两个维度深入研究组织的准备情况：组织为客户提供了什么样的数字体验，以及公司的业务流程有多高效。

该研究将组织分为四个象限，突出了组织特征是如何促进组织为数字化时代做好准备的。该研究的负责人沃纳（Woerner）和韦尔（Weill）定义了四个象限中的关键属性（见图1-11）。

（1）**筒仓和复杂的**。这些组织的数字化系统不是整合在一起的，非常复杂，以至于让人有一种它们是以产品为中心而不是以客户为中心的感觉。它们的数据在不同系统之间进行分割，而且存在大量的重复数据。为了应对数字化时代的挑战，这些组织不得不进行英雄史诗般的、非凡和非常复杂的开发活动。

（2）**工业化的**。这些组织能够以模块化的方式开发产品和服务，并采用一种"即插即用"的方式；它们的数据在不同的平台之间实现共享和集成。

⊖ Peter Weill, Stephanie Woerner. Is Your Company Ready for a Digital Future, MIT Sloan Management Review, December 2017.

这些系统不够灵活，因此通常只有一种方法来执行给定的任务。

（3）**完整的体验**。这些组织尽管后台的业务流程非常复杂，而且并不总是有效的，但是它们提供了良好的、完整的客户体验，包括为客户提供先进的移动应用。

（4）**为未来做好了准备**。面向未来的组织已经为数字化时代做好了充分的准备。由于它们具有创造性和高效率，所以能够以相对较低的价格提供产品和服务。它们是非常敏捷的组织，可以为客户提供高质量、先进的数字化体验。这些组织还很重视移动应用程序。它们将数据视为一种战略资产，因此它们能够使用一种集成的方法来很好地管理数据。

如图 1-11 所示，每个象限的右上角显示了调查企业在特定象限中的百分比。

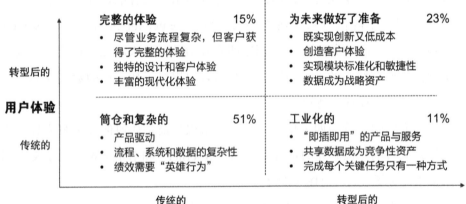

图 1-11 四个象限中的关键属性

值得注意的是，大多数组织（51%）处于筒仓和复杂的象限中，这意味着这些组织还没有为数字化时代做好准备；只有大约四分之一（23%）的组织做好了充分的准备；其余的组织或多或少处于准备阶段。尽管大多数组织的管理层都在讨论数字化变革的问题，但是很多组织完全没有做好应对数字化挑战的准备。

该研究还讨论了这些尚未做好充分准备的组织需要采取的步骤，以便为未来做好准备。

（1）**路径 1：先进行标准化**。一种可能是这些组织投入大量的资源，然后将其系统转换为标准系统；继而相应地更改业务流程；对数据的标准化进行投资（消除重复、提高数据质量，并将其转换为所有应用程序的共享数据）。这条路径的意义是：首先过渡到"工业化的"象限，然后是"为未来做好了准备"象限。这是一条漫长、复杂且代价高昂的道路，甚至有时候，组织中的系统将会进入无法继续使用的状态，进而无法支持先进的数字流程和解决方案。

（2）**路径 2：先提升客户体验**。另一种可能是这些组织投入大量资源来提升并实现集成的客户体验，并在此基础上过渡到"为未来做好了准备"的状态。这些组织可以将资源投入到应用程序开发上来改善客户体验和移动应用程序，并建立客户呼叫中心和开发工具来加强客户管理。尽管在业务流程和非集成数据中存在困难和挑战，但是它们可以优先提升客户体验，然后通过逐渐转换核心系统，最终过渡到"为未来做好了准备"的状态。

（3）**路径 3：集成步骤**。第三种可能是这些组织采取适度的向前或向后的步伐，改进某些业务流程，然后改进客户体验等。这条路径由于需要更改核心系统，并立刻开放给客户，所以也是资源和风险密集型的。执行这些集成的过程最终将使组织更接近于"为未来做好了准备"这个象限。

（4）**路径 4：建立一个新的组织**。有时候，新系统替换现有系统的挑战过于巨大、代价过于昂贵，以至于组织必须选择一种不同的路径——建立一个新的组织，在新旧系统并行的情况下优化和使用新的系统。这样就可以进行创新的商业实践，并快速提供高质量的客户体验。

图 1-12 描述了前三个转移路径。

组织的管理层必须检查这些替代方案，并决定使组织从当前状态转型成"为未来做好了准备"的状态。总之，特别是对大型、客户密集型、资源密集型和产品密集型的组织来说，转型是复杂和具有挑战性的，会面临许多风险。这对于组织来说是一个战略考量，因此管理层必须仔细考虑每种选择的意义，并做出最终决策。

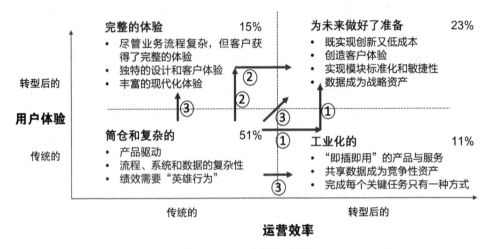

图 1-12 三个转移路径

显而易见，之所以大约一半的组织仍然没有为数字化时代做好充分的准备，是因为组织需要应对调整业务系统和流程的挑战。组织越大，面临的挑战就越大。

案例：公共部门

多年来，我们遇到的一类比较特殊的问题是：公共部门（各级政府部门、非营利组织等）是否也必须进行数字化变革？公共部门不参与竞争是否就不存在被数字化颠覆的风险？由于政府部门或地方当局在自己的领域是垄断的，所以没有任何商业组织能够威胁到它们的存在。人口和移民主管机构将继续发行身份证和护照；税务机关将继续从公民和组织那里征税；地方政府则继续负责教育、街道照明、垃圾收集、提供自来水。那么，为什么公共部门还必须投入资源去进行数字化变革呢？

我们的基本观点是：公共部门也必须经历一场数字化变革。公民期望中央和地方政府能为他们提供高质量的服务，并达到类似于企业所提供的服务水平。公共部门必须始终朝着精简和高效的方向努力，数字化变革可以帮助它们实现这个目标。

忽视公共部门的独特挑战是错误的,这些挑战会降低数字化变革的速度,使其变得更复杂。数字化变革的一些过程非常复杂,在某种情况下会涉及多个政府部门或者当局。想象一下一个新企业获取营业执照的过程,根据所在国家,可能需要获取经济部门的许可,并且根据业务类型可能还需要卫生部、警察局、消防局、地方当局等的许可。这里还有另一个例子:取得建筑许可证的程序,会涉及内政部规划司、建筑和住房部、地方地区规划委员会、环境署、交通部门等。

需要注意的另一点是,公共部门的一个特点就是会有很多层级(有许多委员会),因此公共部门的雇主必须与其员工合作进行改革,以解决计划中的改革对雇员产生的任何影响。除此之外,由于有许多关于投标和招标的法律,所以采购会更加缓慢和复杂,也会涉及与采购委员会和豁免委员会等之间的很多官僚流程和繁文缛节。害怕失败的文化,以及担心来自政府监管实体的潜在负面报告,使得"冒风险"一词在这些组织中没有任何话语市场。在公共部门中,招聘会进行得比较缓慢,并且涉及强制性的职位招聘和公务员续约委员会的指导。在公共部门进行组织改革需要得到管制机构的授权并与它们进行讨论(如财政部、公务员事务委员会,甚至很可能是中央政府一级的决策或立法修正)。

尽管存在上述挑战(我们后面还会看到更多的挑战),公共部门还是必须经历数字化变革,并应该将其视为一个改善公民服务的机会。让我们简单回顾一下主要原因。

(1)**更方便的服务与更少的官僚作风**。人们已经习惯了从商业组织那里获得高质量、高效率的服务,因此,我们很难向别人解释为什么只需要打开笔记本电脑或智能手机就可以得到各类银行服务(医疗服务或其他服务),而不是必须乘坐汽车或公共交通工具前往政府部门,接着排很长的队伍才能得到他们所需的服务。许多公共部门的办公室接待处甚至可能缺乏智能排队管理系统,迫使人们为了保持住自己在队伍中的位置而像沙丁鱼一样挤在一起。

为什么普通公民不能以高质量、有效和迅速的数字化方式获得公共部门提供的各种服务呢？公众希望政府部门所提供的服务水平能够与企业齐平。

（2）**提供服务的成本**。政府部门有义务为公众提供服务，但是这种服务的成本可能太高了。写字楼的租金和众多员工的工资提高了面对面服务的成本。以英国政府数字化服务 GDS 为例，该机构详细研究了各种渠道向公众提供服务的成本。它发现通过电话呼叫中心提供同样的服务成本是数字化服务的 20 倍，邮政服务成本则是数字化服务的 30 倍，而实体办公室接待时间是数字化服务的 50 倍。其他国家和地区也有类似的情况。中国香港特别行政区各级政府部门在技术完全可以实现无纸化办公的前提下，仍然在很多时候坚持用传统的纸质邮件办公，因为这样显得更加正式。这清楚地告诉我们：将公共服务转为数字化服务可以节省大量成本，这样可以更加明智地使用纳税人的钱。

（3）**关注公民个体**。数字化服务可能可以突破现有各个政府部门之间的壁垒。目前，在许多情况下，一个公民为了得到一项完整的服务而被迫穿梭于各个政府部门之间。公民必须带着文件夹去往多个办事处，有时还需要填写各种表格，"化身"为各个办事处之间的"整合者"。然而，数字化能从服务接受者的角度创建整个透明的工作流程，这样一来，接受者甚至不需要知道哪个部门正在处理他们的请求。这体现了以公民为中心的理念，一些政府部门在发展数字化服务时就采用了这一理念。英国的一个新网站 GOV.UK 将这种方法作为基础架构并囊括了所有政府服务。公民并不需要知道哪个部门或当局提供服务。该站点允许个人请求服务，并在许多情况下以数字化和透明的方式接受端对端的服务。中国香港特别行政区政府也允许办理了电子签名认证的用户在网上提交诸如更新驾照、注册公司等业务，使公民能通过一个网站直接和十几个政府部门对接。

（4）**缩小社会差距**。数字化服务可以缩小社会差距并确保为所有公民提供同等水平的服务。无论地理位置好坏（中心或者周边）、何种宗教，或者居住地与某一特定政府部门的办事处相距远近，服务质量都是相同的。

（5）**面向公众的先进数字化产品**。数字化变革不仅仅涉及数字化服务，还可能极大地改变公共部门向公民提供的许多产品，包括教育、卫生、福利等。例如，教育系统中的儿童可以从先进的数字化内容中受益（数字图书存储在一个特殊的教育云服务中，儿童可以在任何地方阅读）；公共卫生系统可以提供远程医疗服务，如在线咨询专家、传递检测结果或处方，患者不必亲自前往诊所或医院就诊。

许多政府已经认识到在公共部门推进数字化变革的重要性和必要性，并设立了负责国家一级数字化变革的特别办事处。你可以在英国、美国、加拿大、澳大利亚、新西兰、爱沙尼亚、韩国等国家找到这些新的政府组织。

你的组织需要的不是数字化战略

麻省理工学院的韦斯特曼博士在《麻省理工斯隆管理评论》上发表了一篇文章，题目是"你的组织不需要数字化战略"⊖。韦斯特曼认为，组织需要的不是**数字化战略**，而是适应数字化时代的**商业战略**。我们想强调一下这一点：许多组织在开始处理数字化变革问题时，过于强调数字化（即技术），而对变革（即与组织和业务相关的变更部分）重视程度不够。这是一个错误，如果它促使组织专注于错误的事情，可能会给组织带来巨大的损失。**数字化变革的最大挑战是组织本身必须经历变革**。技术本身并不能给组织带来价值。只有当组织因新技术而改变其商业模式时，技术才能带来价值。这一点很重要，应在定义数字化变革的期望和目标时加以考虑。

在这篇文章中，韦斯特曼博士提供了几个组织的案例。这些组织清楚这一原则，并将技术作为新的商业流程和模式的基础，专注于为客户带来价值。为确保数字化变革的正确实施，他提出了一些组织应该注意的问题。

（1）**组织必须避免对技术或组织结构的局限性思考（筒仓思维，silo thinking）**。组织不应该从移动战略、分析战略、大数据战略等方面进行思考，

⊖ George Westerman. Your Company Doesn't Need a Digital Strategy, MIT Sloan Management Review, October 2017.

这种思维是碎片化的、技术决定论的。组织应该考虑在新的移动技术能力下，如何改进商业模式，以及在新的数字化和分析能力下，如何改善客户服务并提高价值。

（2）**组织应该避免步子迈得太大、太快**。数字化变革并不一定意味着鼓励组织使用最具创新性的新技术，或者进入尚未积累足够经验的新领域，如人们很容易想到的无人驾驶汽车、基于人工智能的自动自助服务等。组织可以在改进更简单、风险更小的事情中发现很多价值。

（3）**不要让技术经理独自领导数字化变革**。数字化变革是一个组织和业务协同变化的过程。只有非常了解业务并且对技术创新持开放态度的经理才能领导数字化变革。这并不意味着IT部门的经理没有资格领导这个过程，如果他有很强的商业思维，并且熟悉商业和商务流程，那么他就可以领导这个过程。变革领导者必须学会与各个业务部门密切合作。为了更深入地探讨这个问题，我们将在后面的章节中进行专门的讨论。

（4）**组织必须培养管理者的领导能力，而不仅仅是技术能力**。因为在新技术能力的应用下，数字化变革首先在于组织和业务的变化，所以更重要的是，高级管理人员首先需要有创新能力和领导能力，特别是领导重大变革的能力，其次才是强大的技术能力。

总结

在这一章中，我们试图回答经常遇到的问题，如"数字化意味着什么"，从我们的讲述中可以发现，**实施数字化**的意义非常广泛，几乎涉及一个组织的所有活动。例如，组织提供的产品或者服务、内部业务流程的执行、决策过程和商业模式。

在任何情况下，我们都不能仅仅关注技术问题。讨论必须是广泛的，并从组织的角度考虑许多问题，如流程与变更流程本身、业务处理方式、决策制定以及组织的人力资本。

组织要实现数字化，必须做好准备，并愿意踏上重大变革之旅。每个组织的数字化之旅都需要计划和聚焦，保证资源配置，准备大量的预算及决心，从最高层领导数字化的贯彻执行。随着时间的推移，一个组织必须解决在向数字化组织转型时遇到的一系列挑战。这不是一个爆炸性的事件，它也许会伴随着许多异议，但最终必须成功。

数字化变革在不同组织里的不同特性，来自组织运作的大环境和特定的行业以及其可支配的资源、所面临的挑战和数字化旅程的独特起点。

每个组织都必须踏上独一无二的数字化旅程。

第 2 章 数字化技术：历史回顾

自 2000 年以来，数字化技术成为超过一半世界 500 强企业破产的罪魁祸首。

——皮埃尔·南佩德（Pierre Nanterme），埃森哲前首席执行官

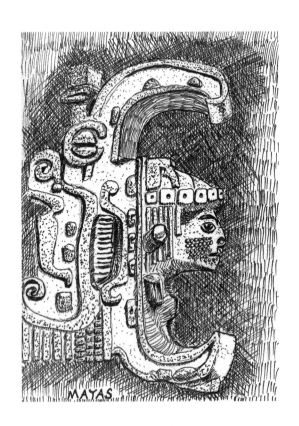

引言

本章简要回顾了 20 世纪 50 年代中期商界数字化技术的发展（计算机技术在更早的时候出现在学术和军事领域）。

商界数字化技术的发展印证了英特尔创始人之一戈登·摩尔博士（Dr. Gordon Moore）的预测。1965 年，他在接受一家电子杂志采访时预测到，集成电路（计算机中央处理器的核心）中可容纳的晶体管的数量将以每 1.5 年翻倍的速度增长。[1] 后来，这个预测被称为摩尔定律（Moore's Law），它在我们今天所了解的计算机中得到证实和体现。在我们周围的所有非数字化技术中，没有任何一项技术的发展速度可以赶超集成电路的发展速度。

数字化技术是从大型而相对昂贵的计算机发展起来的。后来，随着软件的微型化发展，数字化技术渐渐渗透到数十亿人的个人生活中，并产生了巨大影响。

麻省理工学院媒体实验室创始人尼古拉·尼葛洛庞帝（Nicholas Negroponte）出版了他的权威著作《数字化生存》[2]。这本书探讨了数字化技术对我们的社会生活、工作和商业的影响，数字化时代人类的生活不再受制于时间和地点，以及人与人之间的非同步通信（电子邮件、电子语音邮件和手机短信）的转变，强调了比特和原子之间的差异。尼葛洛庞帝将互联网看作重要的社会基础设施，并讨论了数字生活将如何改变人们的学习、购物和消费方式。他预测，人与计算机之间的接触面将转向触屏和语音识别系统。2007 年，苹果推出了触控界面，证实了他的猜想。随后语音识别系统也出现了，例如苹果的 Siri、微软的 Cortana、谷歌的 Google Now、亚马逊的 Alexa 等个人助理，以及 IBM 的 Watson 认知计算平台等。

尼葛洛庞帝 1996 年的预言在如今的世界里正在不断成为现实。我们想一想年轻人现在生活、学习、休闲、消费、驾驶以及人际交流的世界，这是他

---

[1] Gordon Moore. Cramming More Components onto Integrated Circuits, Electronics, Vol.38/9, April 1965.

[2] Nicholas Negroponte. Being Digital, Vintage, January 1996.

们唯一知道的世界，他们的青春期几乎都是在这一个虚拟的数字世界里，被 Facebook、Instagram、WhatsApp、谷歌、Twitter、维基百科、Snapchat、领英、Waze、微信、抖音、优酷、知乎、小红书等包围着。他们在亚马逊、阿里巴巴、eBay、京东、拼多多等电子商务网站上购物；在 YouTube、优酷、腾讯视频、爱奇艺和 Netflix 上看电影；在 Spotify、Apple Music、Pandora、QQ 音乐、网易云音乐等平台上听音乐；在 TuneIn Radio、喜马拉雅、蜻蜓 FM 等应用程序上收听广播，这类应用程序可以通过互联网播放世界各地的音乐和广播电台。年轻人通过 Kindle 和 iBooks 来阅读书籍，并通过智能手机和平板电脑上的应用程序了解新闻。小学一年级的学生已经开始通过在线学习系统来做作业。

除了数字化时代的优势之外，尼葛洛庞帝还提出了这个时代面临的挑战：知识产权的不恰当使用、侵犯隐私、数据破坏、间谍活动等。不幸的是，这些风险是当今数字化的一个组成部分，组织需要在应对数字化环境下的网络挑战上投入越来越多的资源。

数字化技术不仅渗透到了我们的个人生活中，而且还在商业环境中迅速传播，并从根本上改变了商业环境。这些技术改变了组织开展业务和管理客户关系的方式，产品数字化扩展的方式，组织、供应商和业务伙伴的合作方式，全球不同办公地点之间的联系和沟通方式，组织生产产品和管理供应链的方式，商业模式以及组织获取价值和收入的方式。决策也越来越受到数据的影响。

克劳斯·施瓦布（Klaus Schwab）教授恰当地描述了从体力到脑力的转变，他是世界经济论坛（WEF）的主席，而 WEF 是世界上最重要和最有影响力的论坛之一。施瓦布著有《第四次工业革命：转型的力量》[⊖]一书，而 2016 年的达沃斯世界经济论坛的主题就是第四次工业革命。论坛的嘉宾有各国的政治领导人、规模最大和最具创新力企业的首席执行官以及学术圈有影响力的学者等。第四次工业革命，即数字化革命，比前三次工业革命的影响

⊖ Klaus Schwab. The Fourth Industrial Revolution, January 2016.

力更大。第一次工业革命：蒸汽机、轧棉机和火车出现；第二次工业革命：带来了大规模生产和电力网；第三次工业革命：是信息技术、大型计算机、个人计算机、互联网和移动设备的革命。

施瓦布认为，**第四次工业革命，即数字化革命**，是集纳米技术、大脑研究和医学、材料科学、3D 打印、无线通信网络、人工智能和机器学习、大数据、机器人技术以及日益增长的计算能力等多个领域的产物（见图 2-1）。第四次工业革命带来的技术发展是前所未有的。这个世界上最负盛名的经济论坛决定将讨论重点放在数字革命上，就说明了这一点。

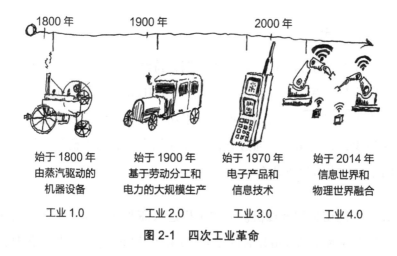

图 2-1　四次工业革命

数十亿人可以用上数字化技术，促进了人类历史上前所未有的创造力和创新浪潮的出现。在数字化革命下，包括公共机构、政府部门在内的各行各业的商业模式都在发生转变，并将不断实现重大转型。

数字化技术发展的三个阶段

在我们的数字漫游之旅中，将数字化技术的发展分为以下三个阶段。这个划分是基于路易斯·拉穆勒（Louis Lamoureux）的书——《实施正确的数字化》[⊖]。

⊖　Louis Lamoureux. Doing Digital Right: How Companies Can Thrive in the Next Digital Era, 2017.

- **第一个数字化时代，涉及流程的计算机化**。大多数组织都实现了这一点。

- **第二个数字化时代，将新技术融入产品和客户关系中**。这一时期对组织的影响因组织而异。

- **第三个数字化时代，技术的融合带来了量子飞跃**。这一时期的影响力突出表现在谷歌、微软、Facebook、腾讯和阿里巴巴这样的商业巨头上，以及那些试图颠覆仍处于第一个或第二个数字化时代组织的初创企业。

第一个数字化时代

这一时期开始于20世纪50年代中期，持续了大约45年，于20世纪末互联网开始普及结束。第一个数字化时代属于IBM、惠普、Digital、英特尔、微软和苹果等公司，这些公司发展速度很快。这个时代的数字化技术侧重应用于商业组织，其效用主要通过它们对商业效率的贡献来衡量。第一个数字化时代的主要技术有以下几个。

- **大型主机和微型计算机**。大型主机进入商业环境和用于开发商业应用程序的编程语言（最显著的是COBOL）开启了第一个数字化时代。在此期间，组织的开发主要涉及相对简单的流程（如会计、库存、人事、工资等）的自动化商业应用程序。

- **个人电脑**。个人电脑将计算机化带到了每一个家庭、办公室和桌面。个人电脑最初是为个人用户提供生产力工具（如文字处理、电子表格、演示软件等）。后来，它们被连接到区域网，再到全球网络，促进了电子邮件和电子日历等软件的传播。

- **局域网**。从小组织到大群体，这些网络使个人电脑之间的连接和通信成为可能。

- **互联网和 TCP/IP 协议**。TCP/IP 协议是当今数字化革命的主要基础框架，全球的互联网在该标准协议下与不同类型的计算机连接。

第二个数字化时代

这一时期开始于 2000 年左右，持续了大约 15 年，以 SMAC（社交、移动、分析、云）技术的出现为显著特征。

第二个数字化时代的重心从商业组织转移到消费者和客户，他们开始掌控消费节奏和需求。在这一时期，消费者的消费期望急剧上升，促使组织开发人性化的应用程序，以满足他们随时随地访问的需求。第二个数字化时代的主要技术有以下几个。

- **社交媒体**。这些网络使人们和组织可以通过互联网在虚拟环境中进行交流。Facebook、领英、Twitter、YouTube、Instagram、微信和 Snapchat 等应用在很大程度上改变了我们在数字化时代的生活方式。

- **移动技术**。这些技术随着第一代摩托罗拉移动设备的引入而出现，这些设备体积较大而且笨重，只能用于语音通话。后来，这些设备变得越来越小，而且更加容易使用。随着短信息服务（SMS）技术的出现，移动技术领域出现了突破，随之而来的是有限和缓慢的互联网浏览器发展。无线浏览速度和频带宽度在第四代互联网技术的发展中得到了提高，今天我们正一条腿迈进了第五代互联网技术（5G）。

说到移动技术，我们不能不提到苹果的 iPhone。这款革命性的设备于 2007 年推出，预示着数字革命即将开启下一个阶段。它有一个创新的用户界面——触摸屏，并且可以使每个人都拥有一台功能强大的微型电脑。如今，这台电脑（尽管人们继续称其为"智能手机"）比美国宇航局 1969 年在阿波罗登月任务中使用的那台还要强大。智能手机让我们每个人随时随地都能使用各种各样的应用程序并轻松浏览网站。后来，苹果推出了 iPad 平板电脑，从台式电脑或笔记本电脑过渡到了移动触屏电脑。

- **数据分析**。这些技术将存储容量和运行结合起来，支持存储和分析大量不同类型的数据（如视频、语音、文本等）。与此同时，新的分析工具、数据挖掘技术和惊人的可视化工具可供人们在查询大量数据后洞察到一些有用的信息。

- **云计算**。带宽和互联网的发展带动了云计算的发展，而云计算的发展将世界各地的大型服务器集群接入了互联网（因此，人们习惯将这些服务器集群称为"云"）。在云计算下，组织可实现服务器虚拟化和远程控制，从而减轻了自己管理服务器集群的复杂又昂贵的工作负担。这些服务器集群以一个特殊的云操作系统为基础，该系统根据组织的计算需求提供虚拟服务器和计算资源。也就是说，它可以自动增加或减少组织或者特定应用程序的计算能力，因此，其定价模式是基于资源的实际应用（基于应用的定价）。亚马逊是最早开发这种技术的公司之一，如今它的 AWS（Amazon Web Services）云服务是世界上最大的云服务供应商，包括亚马逊弹性计算云（Amazon Elastic Compute Cloud，EC2）。谷歌和微软是另外的主要供应商。Salesforce 是最早开发基于云计算的 CRM 系统的公司之一，并且目前拥有大量通过云计算接受 CRM 服务的公司。事实上，世界上大多数公司更喜欢这种计算服务模式，主要的软件公司（如 Oracle 和 SAP）现在也提供云产品。

这四种技术的发展得益于计算机处理能力和速度的提高。多年来，我们目睹了计算机处理能力的不断提高和大量并行技术的出现，促使处理器连接成一台超级计算机。

第三个数字化时代

这一时期就是当前，且没有确切的开始日期，但 2015 年很明显是标志一个新时代开始的一年。正如 SMAC 技术被视为点燃第二个数字化时代的火花一样，一些技术也可以被视为第三个数字化时代的先驱。大多数技术已经存在很久了，只是在最近几年人们才意识到它们的力量。突然间，我们开始听说无人驾驶汽车、能够执行以前只有人类才能完成的任务的先进机器人、用于国防和民用的无人船和无人机等。此外，我们还看到了其他相关技术，如 3D 打印机、虚拟现实和增强现实（AR）。在第三个数字化时代，技术正以指数化的发展模式加速发展。其先进技术包括以下几个。

- **物联网**。处理器价格的下降和其与互联网之间的密切联系促使了智能事物的出现：事物总是与互联网连接，这为创新提供了巨大的机会。我们可以通过移动设备控制家里的空调，在逛超市的时候查看冰箱里的东西，远程打开或关闭相机、灯、空调，等等。不仅家庭变得更加智能，校园和超市也是如此。我们正处于物联网时代的开端，这一时代带来了一波新的创新浪潮，同时也带来了必须解决并找到有效解决方案的网络风险。

- **认知计算**。其包括了人工智能的各种组件——机器学习、自然语言处理、语音识别、机器视觉等。这些计算技术是在机器学习、语音识别、智能响应系统的基础上发展起来的。正如麻省理工学院的布莱恩约弗森教授和麦卡菲博士所指出的："未来十年，人工智能不会取代管理者，但使用人工智能的管理者将取代那些不使用的管理者。"

- **机器学习**。随着机器学习概念的引入，人工智能科学有了突破性进展。机器学习能够根据在运行过程中所获得的知识进行学习并做出改变。像神经网络这样的技术已经产生了一种新的计算范式：程序员不开发算法，而是设计出能够基于数据和示例进行学习和适应的系统。该领域的著名系统有 Watson、Siri、Cortana、Alexa、小艾、小雅等能够听懂语音并做出相应反应的软件，以及一些能够理解文本信息的聊天机器人（如文因互联公司开发的面对金融场景的聊天机器人），等等。

- **先进机器人技术**。这一种技术也在不断更新。我们已经从工业机器人转移到军用机器人，再到清洁地板和窗户、运送货物和协助人类完成繁杂工作的机器人。与人类合作，并帮忙完成工作的机器人，被称为协作机器人（cobots）。例如，沃尔玛与机器人公司巴萨诺瓦（Bossa Nova）合作开发了一种机器人，它可以在店内漫游，而不会与人或购物车发生碰撞，并能够扫描货架，识别那些没有填满商品的货架，然后将这些信息发送给负责填满货架的员工。

- **3D 打印机**。这种设备可以打印各种各样的 3D 物体，从人体骨骼到房屋组件。这类打印机的工作原理是增材制造法，即一般情况下，将一层又一层的材料增添到另一层材料上，直到打印完成。这种创新的方法可以使小批量生产现场按需进行（见图 2-2）。例如，中国研发了一种打印机，它能（一层一层地）打印房子的外壳；有些公司已经研发出可以打印比萨饼的 3D 打印机；跨国玩具公司美泰（Mattel）研发了一款家用打印机，该打印机集成了一种能够设计不同形状玩具的应用程序，儿童可以设计和打印玩具的各个部分并自行组装。

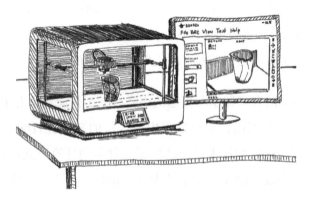

图 2-2　3D 打印机

- **可穿戴式计算机**。这涉及我们身上一直佩戴的计算机，如手环、手表、眼镜、装有可向移动设备传输数据的鞋子等（见图 2-3、图 2-4）。例如，耐克研发了一系列结合数字化技术的产品。

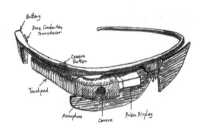

图 2-3　智能眼镜

图 2-4　智能手表

- **无人机**。这些无人机可以携带传感器和摄像头，在人类难以进入的地方进行航拍或执行其他任务，而且还能进行监控（见图 2-5）。亚马逊正在研究用无人机直接将商品从仓库运送到客户手中的可能性。达美乐比萨在新西兰的无人机比萨外卖测试已经进入高级阶段。许多公司正在研发无人机在农业上的应用，可以用于检测大片农田、检查农作物状况、进行灌溉等。

- **虚拟现实**。计算机和智能手机在计算功能与图形功能上的巨大改进促进了这项技术的发展。它可以创建动态 3D 图像，并随着我们头部和眼睛的移动而发生变化。这些技术包括 Samsung Gear VR、Oculus Rift、Microsoft Holo Lens、HTC Hive、Sony PlayStation 等，为学习和商业、增强客户体验感、浏览世界各地的景点和酒店等领域的新应用提供了可能性（见图 2-6）。

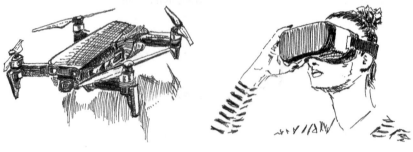

图 2-5　无人机　　　　　图 2-6　虚拟现实

- **增强现实**。这项技术将数据库的各种信息导入到屏幕上。例如，当一名游客通过智能手机摄像头观看伦敦圣保罗大教堂时，屏幕上会出现一些信息，如大教堂是哪一年建造的、建筑材料是什么、教堂的尺寸等。另外一个例子是一个技术人员在执行维护工作时，他可以通过智能手机检查一个特定的组件，并在屏幕上接收到如何组装或拆卸该组件的信息，以及下一次更改该组件的时间等。

- **语音操作界面**。语音识别的进步促进了语音激活设备的发展。专家们期望在大部分设备和应用程序中可以普遍存在语音接口。这种界面是非常自然的，并很容易融入我们的生活。智能手机为苹果的 Siri、微软的 Cortana 和谷歌的 Assistant 等提供了个人语音辅助系统。2016 年，亚马逊在其 Alexa 语音识别技术的支持下推出了全新概念的 Echo 智能音箱，奠定了其在这一领域的领先地位（见图 2-7）。谷歌在谷歌家用音箱的推动下也迈进了这一领域。这些音箱成为智能家居的枢纽，具有各种各样的功能（如关灯、开灯、

图 2-7　亚马逊 Echo 音箱

开空调、控制室内温度、升降百叶窗等）。在专家看来，声控设备是推动物联网发展的最重要技术之一。许多公司正致力于将电子商务界面运用于商业对话中。

- **区块链**。这是人们谈论最多的技术之一，但在很大程度上也是人们最不了解的技术之一。它本质上是一项技术，可以使人与人之间（对等的关系）快速、安全地转移数字产品（如金钱、知识、合同等）。这种技术改变了处理事务的方式，并很可能成为许多应用程序的基础。它是一种记录交易细节的分布式账本，同时可以自动添加以下信息：发起交易的人、预定接收交易的人、日期和时间。区块链技术由于以分布的方式和加密算法来记录事物，所以无法更改信息。这种技术是比特币和其他数字货币（加密货币）的基础。

- **无人驾驶汽车**。最先进的数字化技术的表现之一是无人驾驶汽车（见图 2-8）。我们通常按照 1 到 5 来定义不同的自动化程度，其中 5 表示完全自动化。这些车辆可以在半自动化模式或完全自动化的模式下行驶，而无须驾驶员的帮助。

图 2-8　无人驾驶汽车

虽然这项技术仍处于高级测试阶段，但无人驾驶汽车的商业化正在迅速发展，许多汽车制造商（如沃尔沃、奥迪、梅赛德斯、宝马、通用汽车、丰田和特斯拉）以及科技公司（如谷歌、优步和百度）均处于测试无人驾驶汽车的高级阶段。2016 年被优步收购的奥托（Otto）展示了其无人驾驶汽车技术：用一辆无人驾驶卡车将 5 万罐啤酒从一家百威（Budweiser）工厂运往 120 公里外的客户处。新加坡、匹兹堡及其他一些国家或城市，已经出现了无人驾驶出租车（司机坐在车内，并在极端情况下进行干预）。

案例：用微软的云计算赋能内部员工

> 协作对于数字行业的突破至关重要，Office 365 是促进协作的关键，对客户满意度及新商业效率的影响是革命性的。
>
> ——詹姆斯·福勒（James Fowler），通用电气首席信息官

> 我们在 Office 365 上进行了标准化，因为它为我们提供了一整套彼此协作、高度安全且易用的功能，为员工和 IT 提供便利。
>
> ——杰夫·莫纳科（Jeff Monaco），通用电气数字化工作平台首席技术官

自 1892 年由托马斯·爱迪生等人创立以来，通用电气在 120 多年的辉煌历程中创造了一个又一个奇思妙想。今天，通用电气涉及航空、电力、医疗保健、软件等业务领域，在美国公司中持有的专利最多，并且其员工曾两次获得诺贝尔奖。

然而，通用电气并没有停留在过去的传说中。这家公司充满了好奇的人，他们渴望解决当今一系列令人头痛的问题。为了更好地完成这一任务，通用电气正在从世界工业领袖转变为数字工业的领导者。这需要为其飞机引擎、涡轮机、MRI 机器和其他产品提供软件与传感器，并将实时机器数据与软件辅助的见解相结合，以不断改进其产品和服务。

在数字化产品使其更有效运行的同时，通用电气也在为其 30 万名员工提供支持。"我们知道，产品效率和性能方面的小幅改进对我们的客户及自身都具有巨大的价值，我们希望帮助员工达到类似的效率，这是我们最宝贵的资源，"通用电气数字化工作平台首席技术官杰夫·莫纳科说，"当你每天给每位员工争取到一分钟的时间，同时你有 30 万名员工时，你会看到巨大的生产力提升。我们从日常活动中消除的摩擦越多，员工就越能专注于服务客户及提升业绩和收入，并发挥巨大的整体作用。"

解锁生产力收益

通用电气将微软的 Microsoft Office 365 和 Windows 10 Enterprise 操

系统作为其全新数字效率驱动的关键元素。莫纳科说："我们的工作人员过去一直都是自行寻找数字生产力工具，但这些工具不能一起工作，而且不安全，支持费用也很高。现在，我们在 Office 365 上进行了标准化，因为它为我们提供了一整套彼此协作、高度安全且易用的功能，为员工和 IT 提供便利。"

通用电气转而采用云模式，以求更快速地交付解决方案并获得持续改进。公司通过为员工开通在线邮箱，开始全面推行 Office 365，并通过电子邮件将 Microsoft Office 365 ProPlus 部署到工作中，让员工可以在其工作和个人设备上访问相同的、最新的，而且受保护的 Office 应用程序。每个人都可以在任何时间、任何地点和任何设备上使用熟悉的工具。

通用电气并没有简单地升级操作系统，而是以整个生命周期去评估其资产，以确定如何最好地利用 Windows 10 的功能。"我们研究了 Windows 10 如何帮助我们更好、更快地运行设备，使其保持更新并持续打补丁，"莫纳科说，"我们将升级到 Windows 10 这一举动作为催化剂，来改变我们管理这些设备的方式。现代化配置及打补丁，是通用电气的重中之重。"

通用电气推出了 Office 365 企业社交网络工具 Yammer，现在拥有一个充满活力且活跃的员工社区，员工利用该工具在全球范围内分享想法和公司的最新消息，以及进行众包知识的传播。今天，通用电气的员工开始采用 Microsoft Teams 作为他们的高速协作工具。Teams 是 Office 365 团队合作的中心，通过轻松访问文档、即时消息、即席呼叫和其他通信选项来改进团队协作。

使用 Skype for Business Online，员工可以"全天候参加会议"，正如莫纳科所说："参加会议，进行跟进，邀请大家参加下一次会议，这些只是我们的员工通过 Skype 获得的一部分收益。"

高速沟通产生巨大回报

通用电气正在使用 Office 365 来增强全公司的协作。"合作对于数字行业的突破非常重要，而 Office 365 是改善协作的关键，"通用电气首席信息官詹姆斯·福勒说,"对客户满意度及新商业效率的影响是革命性的。"

拥有现代化办公工具也让人感觉自己是当代劳动者的一员,这很重要。"通用电气拥有多个年代的员工,从婴儿潮一代到千禧一代,他们都有自己喜爱的工作方式,"福勒说,"借助Office 365,每个人都可以使用他们最喜爱的沟通方式更有效地协作,并更快做出决策。我们注意到,Teams尤其受需要迅速行动的团队的欢迎,如支持团队和运营中心,大家可以借助它分析关键问题。通过移动访问Teams及所需的文件,人们可以获得传统办公工具无法实现的速度。"

新员工也可以快速开始与同事合作。福勒说:"Office 365最好的部分之一,就是每个人都已经知道这些工具,公司不需要再开展很多培训就可以让新员工加快速度。它是帮助员工更快开始工作的通用语言。"

内置的智能安全

无论在任何时间、任何地点使用任何设备协作时,通用电气都不会牺牲安全性。Windows 10 Enterprise为所有个人电脑和移动设备应用程序提供了基础安全保障。Office 365为数据、文档、应用程序提供了数据中心级别的保护。

"我们非常感谢微软所拥有的能力和解决方案,它帮助我们保障信息的安全,而不必让严苛的流程减缓员工的速度。"莫纳科说。"当你进入我们所在的行业时,会发现安全性很重要,"福勒补充道,"当你谈论供电、航空旅行、水资源、食物供给和医疗保健时,会发现一切都关乎安全。使用Windows 10,让我们有能力管控安全、了解风险,并通过风险评分来确定我们自动实施的控制措施类型,以保护那些系统中的数据。这是我们计算机网络计划的一部分,也是今天我们在通用电气内部确保环境安全的一部分。"

通用电气的员工在这种新的数字激励文化中,从高速协作和个性化的工作方式中获得了蓬勃的生产力。福勒说:"通用电气未来的工作,包括我们创造新的、更高技能和更高质量工作的能力,正建立在我们以前无法想象的新技术空间之上。我相信我们正经历一次工业革命、一场数字工业革命。世界上仍有15亿人无法获得电力供应，数亿人无法获得高质量的医疗保障，我们想解决这些问题，而且我们的员工充满活力，比以往任何时候都更有能力去解决问题。"

总结

不断涌现的数字化创新技术正在促进商业创新，而且势头越来越强。硅谷最著名、最成功的投资者之一，马克·安德森（Marc Andersen）曾断言："软件正在吞噬整个世界。"[⊖] 安德森是 Netscape 网络公司的创始人和开发者，在他看来，软件与正确的联网硬件相结合，确实能够改变世界。

数字化技术在很短的时间内已经走过了漫长的道路，从1959年中期开始的第一个数字化时代，擅长处理数据的第一个大型计算机出现，将自动化业务流程简单化，到2015年开始的第三个数字化时代，无人驾驶汽车和机器学习出现，这一切都发生在近60年内。

我们正处于第三个数字化时代的开端，就像人们所说的——我们还什么都没有看见呢！

⊖ Marc Andersen. Why Software is Eating the World, The Wall Street Journal, August 2011.

第 3 章　数字化的终极目标：敏捷的组织

　　你能拥有的唯一可持续的优势就是敏捷性，仅此而已。因为没有别的东西是可持续的，你创造的一切，其他人都能复制出来。

　　　　　　　　　　——杰夫·贝佐斯（Jeff Bezos），亚马逊创始人

引言

组织能够计划打造可持续的竞争优势并制定出一个五年（甚至三年）的策略，这样的日子已经一去不复返了。商业环境变得越来越混乱、动态化并难以掌控。当今社会，一个机会常常在一年之内就会消失，一个目标在几个月之内就需要被实现，面向未来几年的计划我们应该怎么做呢？

敏捷性，一种新能力，通过缩短计划和执行周期来发展瞬态竞争优势，成为未来组织生存必备技能之一。欢迎来到"敏捷化"的时代。

在展开介绍敏捷化如何做之前，这里要指出的是，我们并不主张只看未来几个月去制定应对策略。一个好的企业当然应该有长线思维，思考 5～10 年公司、行业和社会的未来。在这段时间里，很多东西会变，所以一个好的企业在做长线思考的时候，必须要为未来的社会、行业环境以及公司目标的变化做好准备。**敏捷性恰恰是组织在长期变动的环境中应对变化需要做的长线策略。**

在本章中，我们分享六个步骤，这些步骤适用于那些接到首席执行官或高层管理人员的命令，被要求"让我们的组织变得敏捷"的人员。

我们先概述一下我们的初步假设（领导—敏捷化—组织）。

（1）**领导**。任何组织的奋斗都需要一个领导。变得敏捷意味着要启动、指引和协调组织内部的多重努力，以及解决来自这些行为的冲突。数字化是一种神经系统，允许组织计划、实施和评估它的努力，如增强客户体验和（或）推广新的创新商业模式。

（2）**敏捷化**。敏捷不是一个特定的目标。每个组织都有它自己的敏捷性，取决于它的历史、文化、"股东"目标、市场和生态系统、不断变化的内外部条件等。敏捷性像一块肌肉，是可以被训练和提高的。本章的焦点将放在提高整个组织敏捷性的措施上。

（3）**组织**。敏捷性适用于每个组织——小型、中型和大型，无论是 5 人公司还是拥有 5 万人的企业集团，本地的或全球的，私人的或公共的，营利性的或非营利性的，甚至政府。

六个步骤

我们认为,一个组织要成为一个敏捷的组织应该采用六个步骤。

第1步:勇敢面对敏捷性的心理挑战

在敏捷度方面,存在一个巨大的普遍心理挑战。我们想象一下标准建筑物及其创建过程。数千年的经验、图像、构思模式、工具(数字和其他)、样品合约、专业背景、人们的期望,都源于人们以一种线性方式假设出的架构和创建。你分析需求、制订计划、构建建筑物,即使你将来可能会添加少数额外的东西,建筑物也是一个固定的实体。至少可以说,任何试图改变建筑的尝试(更不用说许多设计上的变化)都要承受巨大的内部和外部的压力。

2019年,著名建筑师贝聿铭先生去世,这一年也是卢浮宫玻璃金字塔落成30周年。今天我们仍然认为贝聿铭构建的玻璃金字塔是一个天才的创新,然而,它刚刚建成时是备受争议和批评的。《法兰西晚报》曾以"新的卢浮宫成为丑闻"为标题报道:巴黎人愤怒地说这个玻璃垃圾把卢浮宫毁容了。但时间告诉我们,这个非常有创意的设计在没有影响建筑本来的特点和结构的情况下(新的入口是透明的,没有喧宾夺主),起到了很好的采光和重新导流等作用,用一种非常"敏捷"的思维完美地解决了传统和现代、艺术性和实用性、创意和功能等问题之间的矛盾。

现代化的组织目标是不断重塑自己,以达到用各种各样的不同结构、流程及商业模式来满足市场的需求。让我们设想我们的组织建筑是可重塑的。摄影师维克多·恩里奇(Victor Enrich)用Adobe Photoshop展示了未来各种各样的可能性,如图3-1所示。

人们对敏捷建筑理念的普遍反应是不冷不热的,从"你疯了"到"好主意但不实用",或者往好了说是"好主意,但是现在让我们谈谈其他事情"。作为一个敏捷性领导者,你将在已建立的组织内收到类似的回应。回应可能不那么直接,但固有的心理挑战是一个巨大的阻碍。多年以来的组织文化适用于固定系统,而不是敏捷系统。

图 3-1　思考"柔性建筑"而不是"固定建筑"

第 2 步：建立和分享对于敏捷性的愿景

打破对敏捷性固有的反对心理的一个好方法，就是从敏捷性有何能力和能完成怎样的任务，以及组织具有敏捷性时给用户的感官体验是怎样的开始。

敏捷对不同的人来说意味的东西也不同，它本该如此。最重要的是我们要生动地理解其各种意义，并让组织了解这些含义，然后对它们进行优先排序。例如，一个敏捷性的组织将能够执行以下操作。

- 更快地发布新版本（从一年一次到每季度一次，再到每月一次，甚至每天一次）。

- 更快地理解新产品线。

- 突破产品、部门或地域的限制（包括所有相关信息技术的能力）。

- 整合一家新的中小型企业（通过并购），保持两个组织的优秀。

- 剥离当前的中小型部门。

- 快速转变业务流程并将它们快速复制到整个全球化组织中去。

- 引入新的和创新的商务模式。

- 根据数据做出决策，并通过做实验对所做出的决策不断进行修正。
- 淘汰并替换过时的旧系统（对终端客户造成最小的影响）。
- 替换关键供应商。
- 为产品和服务添加新语言与其他本地化措施。
- 在特定人群中尝试推出新功能、服务和定价模式等。
- 获取和（或）扭转"巨大"机会（例如，亚马逊进入云计算或Slack将一个内部工具转变为它的产品）。
- 随时随地敏捷地利用人力资源（例如，雇用兼职人员；实行在家工作策略；允许新手父亲每周工作三天，为期两年）。

制作一个这样的愿景清单（不断地更新它并用它来提醒自己）是一个极好的企业文化措施，它使领导者能够敏捷化地实施管理。

第3步：获得实现愿景的能力

日益敏捷化的主要价值在于让组织能够更快地实现其潜在愿景，降低投资成本，并获得更大的成功机会。要实现这些愿景，必须具备非数字化和数字化的能力（见图3-2）。非数字化能力（这不是本书的关注点）包括通用能力，如品牌、财务资源和稳定性、长期规划、市场份额，以及行业特殊技能，如核心技术、专业流程、商业模式、合伙网络等。

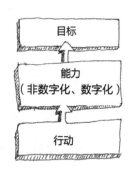

图3-2 目标、能力、行动之间的关系

数字化能力是使用信息系统来实现敏捷性的能力。让我们通过技术、态度和方法的形式，用一个关键能力的列表来定义数字化能力。我们应该通过提升这些能力来变得敏捷。

- 云计算——实施实验和进行扩展的关键。除了云计算的诸多优势之外，云计算还具有敏捷性的直接价值，包括实施实验、共享给全球范围内的应用程序，以及扩展的能力。

- 在线——转向更多线上和事件驱动的方法，可减少"批量"工作（例如，数据仓库或用于分析的数据存储可以替换成所有数据随时在线）。
- 数据——对数据做捕获、存储、协调、分析并从中获取商业价值。数据是现代化组织的"石油"。
- 整合开发与运营——通过整合开发与运营，允许更快的改变。
- 用户——通过名字和身份认证号码了解你的员工、虚拟员工、供应商、客户、未来客户和其他人，允许将数据连接到他们并通过帮助他们做数据分析来应对其面临的挑战。
- 实验——允许对新功能进行 A/B 测试。
- 自动化测试——寻求快速测试系统的能力，以便通过快速更改和部署实现高品质。
- 反馈——为多个界面（即网页、电话、手表、电视、语音）只做一次开发。
- 测量——测量人们如何使用你的系统，并分析这些行为（我们经常看到很多测量，但很少进行分析，结果就是这些测量很少变成行动）。
- 模块化——让系统中的模块（如基本系统、数据线路和客户系统）分层。
- 生命周期——设计新系统的生命周期并规划系统的升级和生命终止。
- 开放性——寻找可帮助完成任务的外部技术和工具。过去需要花费数千美元才能完成的工作，现在几乎可以通过向外寻求先进工具、插件、开放软件、云等免费完成。开源软件、微服务、小程序、容器、API / Web 服务和事件驱动体系结构的使用，允许更快的发展、更高的敏捷性以及更迅速和多次的重新部署。

> 日益敏捷化的主要价值在于让组织能够更快地实现其潜在愿景，降低投资成本，并获得更大的成功机会。

第 4 步：启动实现愿景的行动

应该使用特定的行动来准备诸如第 3 步和图 3-2 中所呈现的数字化能力。这些行动以项目、计划和指令的形式构建系统、流程和技能，并达成你希望的愿景。

围绕愿景所做的努力可以创造商业价值，也可以构建长期的能力。让我们来看几个例子。

- 协调网站的分析。确保你的所有网站都具备分析功能（如基于谷歌和百度的分析模块），并拥有一个从网页流量中获取商业价值的流程。这是构建数据能力和深入了解客户体验的一个良好开端。

- 将系统逐步移动到云中。先选择一些内部系统和一些外部客户端系统，将它们迁移到云中。这可以从对系统的调查开始，并寻找基于软件即服务（SaaS）的解决方案。依据结果进一步了解云计算是否满足内部和外部业务场景。

- 使用敏捷方法培训团队（例如，通过 Scrum 这种敏捷软件开发方法论，持续集成，持续部署）。这是培养敏捷"人"的一条有效途径。

- 启动一两个连接业务流程和 IT 的项目。让业务和 IT 处于同一物理和虚拟空间中，并尝试快速迭代。

- 培训设计思维（design thinking）团队，专门来创建和引进创新的产品与服务。

- 检查你的系统和系统负责人。这是推动当前架构升级到下一代架构的良好开端。

- 推进一些系统的全球化或本土化。这是创建一个标准基础架构的好方法。

第5步：掌握领导力、文化、商业架构和数字化架构之间的相互影响

我们发现，建立敏捷性组织需要掌控四个阵营之间的相互作用（见图3-3）。

- **领导力**。敏捷必须从高层开始，主要是因为它需要不断进行文化适应和解决争端（主要表现在谁负责什么）。领导者必须充分了解这个激动人心的旅程。领导者的决策必须要显示出组织当前状态与未来状态之间，以及小与大、慢与快、价值与风险之间的正确平衡。如第1步所阐述的那样，反对敏捷的力量将会壮大，只有明智而果敢的领导才能够造就所需的动力。

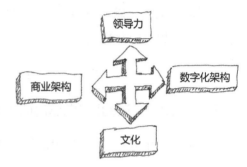

图3-3 四个阵营之间的相互作用

- **文化**。文化是组织行动的方式方法，最终取决于个人和团队创造价值的能力。从某种意义上说，敏捷是文化的一个方面，因为我们希望每个部分、每个人都尽一切努力保持敏捷。由领导者和他的助理通过解释、展示、提供直接反馈、鼓励实验，推出最小可行性产品（MVP）以及组建适合敏捷的文化。

- **商业架构**。它定义了企业的当前、近期和远期未来。它负责抓住短期机会，规划下一个产品、商业模式或市场，并考虑到进一步的长期价值。商业架构必须协调各方努力，以确保按实现愿景所需的优先次序计划、实施和推动（参见第2步）。

- **数字化架构**。商业化架构所对应的是数字化架构,它负责设置适合公司不断发展的技术架构。信息技术体系结构的演变可以不断被应用,以便管理当前系统之间的关系、它们的成熟度、它们在生命周期中的位置以及它们的未来。

这里的关键词是"相互影响"。要提高敏捷性,你必须了解这四种力量之间的制衡。组织可以通过协调它们的相互影响来推动其发展进步,有害的相互影响将连累组织并让敏捷性的努力转变为战场。作为敏捷化旅程的领导者,你需要根据组织的成熟度(详见第10章)和风格仔细地平衡这四种力量。

第6步:切换到由截止日期驱动的小型项目

如果有一个办法可以推动组织实现敏捷性,那就是把大型项目切割成由截止日期驱动的小型项目(见图3-4)。简而言之,我们建议确定较小的项目(可以相互关联以构建更大的项目)并聚焦于截止日期,而不仅仅是结果。这是项目管理技能的一部分,可以提高敏捷性。关键点是:这个月90%按进度完成要完胜于下个月拖过截止日期100%完成。当然,必须选择最小可行性产品并遵守关键路径,例如,食品药品监督管理局(FDA)法规、关键产品特征等。

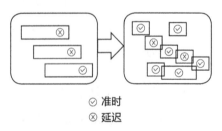

⊘ 准时
⊗ 延迟

图3-4 把大的项目切割成由截止日期驱动的小型项目

许多组织已经在使用季度和年度规划周期,并通过聚焦于最后期限了解已知优势。截止日期可以是年度、季度、月度、每周甚至每天。设定最后期限可以鼓励直接规划、风险分析和资源配置。在这种方法中,截止日期驱动意味着:

- 把大型项目分成较小的部分,先定义短期目标,再定义长期目标。

- 聚焦于最后期限，而不仅仅是结果（"更喜欢部分准时的结果"）。
- 确保拥有所需的资源。
- 可以用具体的术语定义目标。
- 任何需要资源的任务都有一个确定的截止日期。
- 测试、反馈、迁移等都可以有最后期限。
- 敏捷的压力源于对被颠覆的恐惧和数字化世界所带来的巨大机遇。
- 减少承诺且尝试做更多。
- 接受错过截止日期的可能性，并且当自己没有按时间表进行时，尽早宣布无法按截止日期完成。
- 提前设置审核、测试和分享会（例如，每个季度一次）。
- 管理风险。
- 从一开始就使用针对数字化的设计方案（其中安全性、隐私性和类似的考量因素是初始设计的一部分），而不是在研发过程结束时。
- 从"困难"的事情开始。例如，如果要开发一个算法和一个用户界面，就从算法开始（这里存在着根本没有正确解决方案的风险）。选择先执行可能会失败的任务。

小型项目截止日期驱动的价值（如"经常发布"最小可能性产品的哲学）如下。

- 便于观察结果。
- 能够更快地适应障碍及变化。
- 用户 / 客户能够逐步看到正在产生的价值，这使他们能够调节自己的愿望或期待（如果他们喜欢或讨厌某一个方面，他们可以很快给你反馈）。
- 构建系统以促进改变（例如，代码的重新使用、零部件更换、自动化测试）。

截止日期驱动并不意味着放弃雄心勃勃的目标。当我们按截止日期驱动时，我们只是选择按时递交 75% 的预期结果，而不是迟交 99%。75% 的结果通常是所需要产品功能的 90%。如果真的需要另外那 25%，那我们就来设定一个新的截止日期。

从长远来看，对于较小规模的项目，截止日期驱动的最佳福利是学习。如此短暂的周期允许更多的胜利和更多的失败，即鼓励学习，这对于构建和发展一个组织的敏捷文化至关重要。

案例：可持续性发展与敏捷技术

WaterForce 是新西兰的一家灌溉和用水管理公司，它与施耐德电气携手通过微软的 Azure 物联网平台一起开发了 SCADAfarm 系统。这个系统基于微软的 Azure 物联网平台，正在通过遥控和先进分析技术来变革农业生产，助力全球范围内可持续性耕作的浪潮，从而达到保护自然资源的目的。农业生产使用全世界 70% 的可用淡水，而淡水供应量正在不断减少，需求却在不断增加，这一需求预计将在今后 30 年内增加 55%。SCADAfarm 不仅可以帮助使用者节约时间，而且可以减少用水和用电量、降低成本并提高产量。在大的可持续性发展的目标下，这样的基于云和移动技术的解决方案可以让农业这个传统行业一下子变得很敏捷。

解决方案

SCADAfarm 可将数据储存在 Azure 上，以方便使用者分析灌溉计划并按照报告规定来工作。如果出了问题，使用者会及时收到提醒。另外，该解决方案还能够监测存水量、分析水的现货价格，便于农场主知道自己需要用多少水,并根据现货价格趋势来判断什么时候需要抽更多的水。这个任务是自动执行的,而且可以在晚上电价便宜的时候进行优化。此外,农场主还可以更深入地了解自己设备的运行情况,不管农场遇到风暴、干旱、牛群受惊还是其他挑战,都能按时交货并实现盈利。在新西兰,这款解决方案将微软的 Azure IoT Hub 服务与施耐德电气可靠的软硬件相结合,后者包括云和移动技术、工业控制系统、软启动器和变速传动装置。农场主可将 SCADAfarm 与现有的灌溉机和水泵一起使用,使工业自动化和分析更容易实现。因为大部分农场都不适合安装大型软件系统,所以使用具有移动性的轻质、灵活的云解决方案是帮助这些农场获得物联网益处的关键所在。施耐德电气的 EcoStruxure 架构能帮助合作伙伴通过先进分析技术来惠及终端用户,而 SCADAfarm 就是这一全面、可升级的解决方案里行之有效的方式之一。

收益

今天的黑山农场(Blackburn Farm)是一个充满活力的地方。运用现代数字化技术与传统农业生产相结合的方法来管理的 990 英亩[⊖]黑山农场,拥有 2100 头牛和 800 只羊,六台巨大的中枢喷灌机和大约 170 英亩的甘蓝、用作饲料的甜菜和其他作物,这些作物用来在新西兰的严冬喂养动物。从山上高位抽水来灌溉陡坡梯田,到追踪用水情况以符合环境要求,运营这个农场需要进行大量的用水管理工作。通过 SCADAfarm,黑山农场能够遥控监测并操作灌溉机和水泵,针对不同作物、土壤类型和湿度水平来调整喷头;同时整合农场上一个气象站的实时数据,这些数据可帮助黑山农场根据降雨、风力、气温以及其他情况来快速调整灌溉操作。

对 WaterForce 公司来说,其目标就是帮助像黑山农场这样的农户变得更加敏捷、高效,同时实现生态环保的未来。一个可信赖的、全球性的云平台开发的 SCADAfarm,不仅是变革农业生产的重要途径,也是 15 年来借助

⊖ 1 英亩 = 4046.856 平方米。

先进用水管理系统帮助客户耕作这一历程中的重要部分。全球能源管理和自动化专家，施耐德电气负责信息、运营和资产管理的副总裁罗布·麦格里维（Rob McGreevy）表示："长期以来我们一直在帮助这个行业进行变革，可持续性耕作和水资源保护正是兑现我们对可持续发展承诺的方式。随着时间的推移，可持续性耕作会变得愈发重要，我们认为技术是帮助农户保持经营可持续发展以及保证环境可持续发展的工具之一。"WaterForce 公司使用施耐德电气和微软的技术使农业生产同时实现了可持续性发展和敏捷性的双重目标。

结论

敏捷是现代化组织的关键核心品质之一。如果你的组织还不是敏捷的，并且你所处的行业与敏捷的行业相邻，那么你将面临一个更大的挑战：如何快速变得敏捷且不会受到干扰？这是非常困难的抉择，例如柯达不能迅速变得敏捷，仍旧倾心于传统光学相机，于是在数码相机时代它被淘汰了。本章阐述的六个步骤是用来帮助指导敏捷领导者的，特别是当他们启动敏捷化措施时。

（1）勇敢面对敏捷性的心理挑战。
（2）建立和分享对于敏捷性的愿景。
（3）获得实现愿景的能力。
（4）启动实现愿景的行动。
（5）掌握领导力、文化、商业架构和数字化架构之间的相互影响。
（6）切换到由截止日期驱动的小型项目。

组织敏捷化的必要性与数字化力量直接相关。一方面，源于外部市场和客户对数字化变革的期望，我们必须敏捷；另一方面，源于内部数字化技术，我们可以敏捷。最后，尽管困难重重，我们仍需要记住敏捷化的好处：它让工作变得非常有趣和不同。

第 4 章　领导数字化变革的六种方式

改革的秘诀是集中所有精力用于创造新事物，而非打击旧事物。

——苏格拉底（Socrates），一位在通宵加油站工作的服务员

引言

本章介绍了每个领导者都应该融会贯通的六种数字化变革。本书作者曾以"数字化领导者：六种数字化变革的专家"为题目将其发表在《商业技术战略》（*Business Technology Strategies*）杂志上。⊖ 本质上，六种数字化驱动的变革既不是技术也不是商业模式，而是定义了数字化技术和商业战略之间千丝万缕的关系。我们已将六种变革分为两类：内部变革与外部变革（见图 4-1）。

三种外部变革：此类型包括影响组织提供给消费者的产品和服务的变革。

三种内部变革：此类型包括影响组织的竞争策略及商业模式的变革。

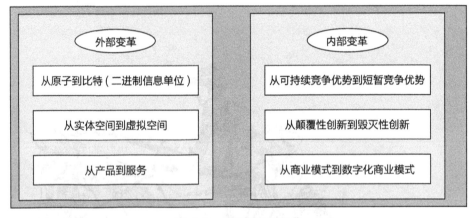

图 4-1 六种数字化变革

三大外部变革

首先，我们来研究影响一个组织的产品和服务的三大数字化变革，即对消费者所购买的实体产品和服务以及消费者获取的相应价值的变革。我们强调的是，这三大变革应被视为互为交融而非二元化的（比如原子和比特的二元对立）。一个公司不仅应该为其客户提供实体产品或服务，而且还应提供数字产品和数字服务。这三大变革是互为补充且互不排斥的关系。

⊖ Yesha Sivan, Raz Heiferman. The Digital Leader: Master of Six Digital Transformations, Cutter Consortium, Business Technologies Strategies, Vol. 17/2, 2014.

从原子到比特（二进制信息单位）

这种变革涉及从有形到无形的转变。从以原子为基础的产品到包含比特的产品，再到完全以比特为基础的产品。我们现在所使用的部分产品已经是纯数字化的产品了，同时也有部分已变成半数字化的实体产品。

《数字化生存》一书的作者尼古拉·尼葛洛庞帝写道："从原子到比特的转变是不可逆转和无法阻挡的。因为变化是指数级的，即昨天的微小差异，明天就很可能产生令人震惊的结果。"

我们都很熟悉下面这些已经完全数字化的产品。

- 音乐已经从 CD 格式转变为完全数字化的产品，可以通过 iTunes 或其他数字音乐商店等进行购买，也可以直接传输至我们的智能手机或平板电脑。
- 可以在 Kindle、Nook 等电子阅读器上阅读电子书。
- 取代或者补充传统报纸的新闻网站。
- 我们可以在智能手机或平板电脑上查看数码相册。
- 通过 WhatsApp 或微信发送信息，而不是邮寄信件或者打电话。
- 数字化格式的杂志。
- 像维基百科这样的百科全书。

所有这些都是物理产品转变为完全数字化产品的例子。这种向完全数字化产品的转变极大地改变了其经济性。生产的边际成本、将产品分销给百万客户的成本、仓库成本等这些都是可以忽略不计的，甚至完全消失。客户可以把产品带到任何地方，并在任何时候选择各种设备和手段使用它们。

这是一个良好的开端。数字化技术也扩大了各种实物产品的范围。完全实物化的产品（如汽车、飞机、火车、冰箱、电视）已经成为集成了数字化部件的增强产品（数字化增强产品）。

（1）汽车，原先是一款完全物理性质的产品，并没有一行软件代码，现在却成了一款拥有丰富数字化技术的产品，包含了数百万行软件代码。该软件几乎可以控制和帮助驾驶员完成每一个动作（当车辆距离另一个物体太近或者偏离车道时，会发出警告，并能够自动刹车、控制引擎部件、在无人干预的情况下停车，以及连接移动网络播放音乐、进行导航等）。目前已经出现了一些无人驾驶汽车，比如奥迪的 A8 车型，其特点是装备了奥迪交通拥塞自动驾驶系统（the Audi Traffic Jam Pilot），最高时速可以达到 60 公里 / 小时（无人驾驶汽车的第三级）；以及特斯拉的软件密集型汽车，每当发布新的软件时，这些汽车都会进行更新。

（2）飞机早就装备了数字化技术，可以在大部分时间进行自动驾驶。

（3）新型冰箱采用了数字元件来控制温度。三星新型家庭中心（Samsung's new Family Hub）机型在冰箱门外侧有一块巨大的平板电脑屏幕，而在冰箱门内侧则有一个摄像头——它可以把存储在冰箱里的食品的照片发送到消费者的智能手机上，以便其决定要去买什么。

（4）iRobot 真空吸尘器是一种能够独立感知房间尺寸并自主操作的机器人。

（5）电视、电视机顶盒的数字化，能够实现节目的自动接收、录制和重播。

（6）由法国著名网球拍制造商 Babolat 生产的网球拍，手柄上都装有传感器，可以测量击球次数、发球或接球速度和其他指标，使球员能够分析自己的表现，并将数据传送给教练或朋友等。

（7）大型组织的仓库已经实现了自动化，并由跟踪每个物品存储位置的软件控制，由机器人或自动起重机存取货物。

每个组织都必须决定如何在其产品中集成数字化技术，以便提供更为广泛的功能并提升用户体验。扩大使用人工智能和机器学习的趋势，将所有事物连接到互联网（物联网）的能力，分析巨大数据库（大数据）的能力，以及智能语音或者识图机器人的出现，所有这些都在推进这种变革。组织必须理解这些转变，并选择适合自身的变革。

从实体空间到虚拟空间

另一变革形式是从实体空间到数字与虚拟空间的转变。市场、商店、银行分支、企业服务办公室、政府办事处和学校都是人们开展业务、购买商品、接受服务和学习的实体场所。如今，这些地方逐渐变得数字化和虚拟化。网站和手机应用是这些实体场所的延伸补充，并且在某些情况下，能完全替代这些实体场所。多渠道及全渠道呼叫中心、面向公众的大规模开放课程、网站，这一切都是替代或者增强对应实体的。

这个将实体场所转化成虚拟空间的想法出现在文章"地点至空间"（Place to Space）中，该文由麻省理工学院信息系统研究中心的彼得·韦尔（Peter Weill）教授和澳大利亚管理研究生院的迈克尔·瓦伊塔尔（Michael Vitale）教授共同完成。⊖

向数字空间的变革使组织能够在任何时间通过不同的渠道与方式接触全球的顾客。有些组织仅在虚拟空间运营，例如 Facebook、亚马逊、阿里巴巴、eBay、爱奇艺、抖音。有些组织的虚拟空间和实体空间能够以一种协调融合的方式运营，例如苹果应用商店、乐购（Tesco）商店、星巴克咖啡馆、将传统商店和数字购物体验与商品的拾取相结合的 Zara 新连锁店，以及无须点击选择、排队支付以及其他烦琐步骤的亚马逊无人商店（Amazon Go Store，见图 4-2）。一些银行正朝着完全数字化银行的模式发展——没有分支机构，也没有通过广泛的虚拟服务来扩展分行体验的银行。一些先行数字化革命的组织如今能够在这两种空间中运营自如，并能决定自己在"数字–实体"连续体中的地位。这是一种几乎影响每一个行业中每一种类型组织的转变——无论大与小、地方与全球、公营与私营。

⊖ Peter Weill, Michael Vitale. Place to Space：Migrating to eBusiness Models, Harvard Business Review Press, June 2001 MIT Sloan Management Review, March 2013.

图 4-2　亚马逊无人商店

从产品到服务

数字化技术加速了另一种变革：将产品转变为服务。许多组织开始利用数字化技术来改变它们的商业模式，即改变它们做生意和创收的方式。许多制造商的商业模式是以出售产品换取特定金额的金钱为基础的，现在正在开发基于其产品的服务，这促进了与顾客长期关系的发展。

喷气发动机制造商，如普惠、通用汽车和劳斯莱斯（Rolls Royce），开始将出售发动机作为按小时付费的服务，并且通过租赁发动机和提供持续的发动机维护服务来创收。轮胎公司固特异和米其林开始将出售轮胎作为一项服务，并按每公里行程收取费用。约翰迪尔开始提供全面的农场管理解决方案，将提供农场设备作为一种服务，而不只是作为一种产品出售。所有这些公司都在从嵌入在其产品中的传感器接收源源不断的数据流，并利用这些数据提供维护服务，包括在需要时更换零部件。这是一种复杂的基于使用的操作租赁模式。这些组织正在向价值链的上游移动，例如一家轮胎公司现在可以通过监测轮胎状况和气压，提供减少轮胎损耗和节省汽油的服务项目。

共享单车、共享汽车、共享住所都是产品服务化的例子。这场变革使制造商变成了服务提供者，扩展了服务的种类并增强了它们与顾客的联系——从购买者与销售者的短期关系变成了长期的商业伙伴关系。

三大内部变革

在上一节中，我们描述了组织向其客户提供的产品和服务的变革，我们将它们称为外部变革。现在，我们将讨论三大内部数字化变革，即影响组织的竞争策略及商业模式的变革。

数字化技术的发展带来的巨变动摇了现代管理和商业战略的一些基础。如我们熟悉的迈克尔·波特（Michael Porter）的五力模型、可持续竞争优势的概念、竞争战略、价值链、聚焦于公司独特资源和技能的基于资源的观点、颠覆性创新模式等，这些**都需要重新审视**。

从可持续竞争优势到短暂竞争优势

数字化技术的力量对企业战略的支柱之一——竞争优势产生了独特的影响。哈佛商学院教授迈克尔·波特是研究竞争优势领域最杰出的思想家之一，他写了很多书，为竞争优势理论提供了基础。[一]他总结发展的模型有竞争优势组成模型、五力模型、价值链模型、通用策略模型等，已经被数以百万计的人研究，并被各种组织在开发、分析和制定组织战略时使用。不久前，组织尚且能制定跨越几年的长期战略。当然在实践中，计划中的战略和实际演变的战略之间会产生越来越大的差距。因此，组织必须定期评估在执行战略方面所取得的进展，并根据需要做出调整。由于旧业务具备环境相对稳定的特性，这些调整之间的间隔时间可能相对较长。

20世纪80年代中期，波特教授出版了一系列著作，提出了后来成为经典的竞争战略的想法。然而，当时的商业环境与如今相比大不相同，远没有如今动荡。**数字化技术的力量和全球化的发展极大地挑战了这些模型的基**

[一] Michael Porter. Competitive Advantage: Techniques for Analyzing Industries and Competitors, Free Press, 1998.

本假设，这些模型应该开始根据新的经济动态变化而变化。新数字化时代的特点是不断创新，生产额外产品的成本可以忽略不计，能够以几乎没有成本的方式分销数字产品，并且能够触及遥远的市场。正如托马斯·弗里德曼（Thomas Friedman）在他的著作《世界是平的：21世纪简史》[一]中巧妙地描述的那样，世界变得平坦了。这些变化也开始对商业战略产生影响。

在波特教授奠定商业战略基础的30年后，其基本概念之一——可持续竞争优势，开始**让位**于一个新概念：短暂竞争优势。这个概念是由哥伦比亚大学的丽塔·麦克格兰斯（Rita McGrath）教授提出的，并在她的畅销书《瞬时竞争力：快经济时代的6大制胜战略》[二]中进行了描述。她的主要论点是，组织必须适应一个它们的竞争优势可能迅速消失的时代，因此，它们应该做好快速适应新环境的准备。组织必须从变化缓慢的航空母舰的思维方式转变为能够适应海浪高度变化、波动的海流、其他船只和天气条件影响的冲浪船的思维方式，并且根据情况立即改变方向。这些都是作为一个敏捷的组织应具备的特征——为适应在数字化时代存活做更好的准备。

从颠覆性创新到毁灭性创新

随着数字革命的到来，管理学领域中最流行的概念之一——颠覆性创新**也在发生变化**。1997年，克莱顿·克里斯坦森在他的《创新者的窘境》[三]一书中提出了这一概念，此时，数字化技术已经诞生，但仍然处于婴儿期。

颠覆性创新的概念适用于所有类型的技术和创新，而不限于数字化技术和商业模式。我们在这里提到颠覆性创新，只是为了说明这个概念也发生了变化。当一种新产品（或服务）进入市场时，其质量与价格有时会低于行业内

[一] Thomas Friedman. The World is Flat: A Brief History of the Twenty-First Century, Farrar, Straus and Giroux, April 2005.

[二] Rita McGrath. The End of Competitive Advantage: How to Keep Your Strategy Moving as Fast as Your Business, Harvard Business Review Press, June 2013.

[三] Clayton Christensen. The Innovator's Dilemma, The Revolutionary Book That Will Change the Way You Do Business, Harper Business, Reprint October 2011.

的领先产品。通常它以新客户为目标，而这主要是因为现有客户已经享受到了更昂贵和更复杂的产品，同时新产品对这些客户的吸引力不够。因此，领先的大组织的管理层决定不进行创新投资。最终，新产品赢得了大众的欢迎，并建立了客户群体，有时甚至重新定义了市场。极端一点，它会威胁甚至取代现有的产品。

个人电脑便是一个很好的案例。微软推出的 Windows 操作系统多年来一直占据主导地位，并为公司的销售额做出了巨大的贡献。随后，苹果推出了 iOS 操作系统，谷歌推出了安卓操作系统。随着智能手机和平板电脑市场的发展，微软在操作系统市场的竞争优势逐渐被削弱。如今，智能手机和平板电脑占据了整个操作系统市场的大部分份额。今天，我们已知道了许多曾经成功的组织由于未能及时察觉创新的迹象而逐渐没落的例子，它们分别是 Borders 书店、黑莓、Blockbuster 出租店、柯达、摩托罗拉、诺基亚和许多其他组织。

在数字化时代，颠覆性创新的概念朝着新方向发展，主要强调破坏周期和破坏发生的速度。由高级顾问拉里·唐斯（Larry Downes）和保罗·纳恩斯（Paul Nunes）撰写的文章"大爆炸式颠覆"（Big Bang Disruption）强调了数字化技术极大地加快了颠覆的速度。⊖在这样的环境下，一家初创公司，资历尚浅、员工数量不多、小资本，却可以很快地影响市场和商业模式。如在 WhatsApp 这样的小公司推出智能免费信息服务之后，大多数移动运营商损失了巨大的收入来源。过去这个过程需要花费很多年时间，现在可以在几个月甚至更短的时间内发生。由此一个新的概念应运而生：毁灭性创新。

早些时候，我们称这种现象为数字化时代的达尔文主义。对市场发生的快速变化反应迟钝的组织，将被以新的商业理念 / 商业模式 / 新产品进入市场的年轻公司所替代。每个组织都应该熟悉这种毁灭性创新的现象，学会如何快速反应，并调整战略以应对。

⊖ Larry Downes, Paul Nunes. Big Bang Disruption. Harvard Business Review, March 2013.

从商业模式到数字化商业模式

正如数字化技术影响商业战略一样，数字化技术同样也影响商业模式。组织的商业模式描述其产生价值的运作方式。最著名的商业模式之一——商业模式画布（Business Model Canvas），可以说明数字化对商业模式的强大影响力。该模式首先出现在《商业模式新生代》[1]中，该书由亚历山大·奥斯特瓦德（Alexander Osterwalder）博士和伊夫·皮尼厄（Yves Pigneur）教授共同撰写而成。数字化技术也影响了这个模式，成了每个模式构建模块中重要的基础。

我们可以检测每个商业模式的构建模块中数字化技术的"痕迹"。企业可以通过数字化产品、数字增强产品、提供产品以及如何使用这些产品的信息等来为客户提供价值。数字化技术为联系用户开辟了新的渠道（电子邮件、聊天机器人、微博、Facebook、公众号、抖音等）。组织运营的一个重要部分是基于灵活和高效的数字化业务流程，通过数字化技术进行业务合作伙伴之间的协作而使组织运作相对容易。基于数字化技术，收入模式可以为客户提供按使用付费、免费增值定价（免费但对高级功能收费）和其他定价理念。今天最成功的数字化模式之一是平台模式——该模式将供求市场数字化。这类模式的突出例子包括 Netflix、优步、爱彼迎、亚马逊等。

在数字化时代，每个运营组织都必须全面、持续地审查商业模式并进行重新规划——如何以及在何处通过整合数字化技术来创造价值，以及何时向客户展示新的数字化商业模式。

总结

在这一章中，我们讨论了三种类型的外部变革——从原子到比特、从实体空间到虚拟空间、从产品到服务，以及三种类型的内部变革——从可持续竞争优势到短暂竞争优势、从颠覆性创新到毁灭性创新、从商业模式到数字

---

[1] Alexander Osterwalder, Yves Pigneur. Business Model Generation : A Handbook for Visionaries, Game Changers, and Challengers, John Wiley & Sons, July 2010.

化商业模式；讨论了它们如何影响组织的竞争策略和商业模式，以及它们如何解决创新问题。

所有类型的内部和外部变革均要求组织的管理层主动应对市场发展（而非消极被动）。他们必须利用现有的商业模式，同时寻找数字化时代的新机遇。组织的领导和管理层必须学会利用新的机会和应对风险。《引领与颠覆：如何解决创新者困境》一书对该主题展开了清晰的描述。[⊖]该书由查尔斯·奥赖利（Charles O'Reilly）和迈克尔·塔什曼（Michael Tushman）共同撰写，并于2016年出版。安迪·格鲁夫说："只有偏执狂才能生存。"我们呼吁组织的领导——无论在个人还是组织层面，在被变革的浪潮吞没之前，都应该尽早进行数字化变革。

⊖ Charles O'Reilly, Michael Tushman. Lead and Disrupt：How to Solve the Innovator's Dilemma, Brilliance Audio, September 2016.

第 5 章 数字化商业模式

至少有 40% 的企业将会在未来 10 年内消失……如果企业无法及时转型以适应新技术。

——约翰·钱伯斯（John Chambers），思科系统（Cisco Systems）公司执行主席

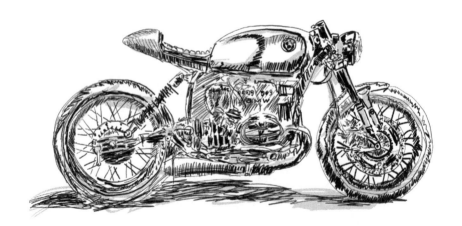

引言

本章介绍商务世界中的一个主要概念——**商业模式**，以及在数字化时代它的重要性和不断变化的属性。如前几章所讲，数字化变革过程是一股强大的力量，正在改变所有行业和所有商务领域的游戏规则。组织需要的概念工具之一就是商业模式。组织应检查其现有商业模式并制定**数字化商业模式**（digital business model，DBM）。

经典的商业模式阐述了组织要如何开展业务并获取收入和利润。数字化商业模式则解释了组织要如何策划去完成上述工作，并将数字化技术融入其业务中——尤其是在面对数字化困难的挑战时。数字化商业模式拓展了经典的商业模式，包括聚焦数字化维度，即组织是如何利用数字化来增强其竞争优势并从竞争对手中脱颖而出的。这种数字化商业模式是当今必不可少的一项业务基础架构，也是这个数字化时代成功的必要条件之一（但不是充分条件）。

经典商业模式

让我们先来定义一下**商业模式**这个术语，一个被研究人员、管理者和商人经常使用的术语。

> **商业模式**
>
> 商业模式解释（定义基本原理）组织是如何为它的客户创造价值，以及如何赚钱并实现其目标的。

这一定义适用于所有类型的组织，包括寻求实现其他目标的营利性组织和非营利性公共部门组织，如向公众提供服务、发展基础设施等。公共部门组织从资助实体（如政府）获取资源，这个资助实体从它的税收收入或其他经济来源（如收取的费用）中分配资金。一些组织以组合的方式获取收入，例如大学的经费一部分来自学费，一部分来自政府，其他部分来自实体的捐赠

(如慈善机构)。

商业模式解释了组织为它各种各样的客户所提供的价值,如何管理与客户、合作伙伴和供应商之间的关系,以及描述其活动运转的规则。**商业模式**解释的是组织如何**运作**;**商业战略**解释的是组织如何**竞争**,即它确定了组织在市场中的竞争优势和竞争地位。要去理解和分析任何组织,必须先明白两个基本概念——它的商业模式和它的商业战略。

> **商业战略和商业模式之间的区别**
>
> **商业模式**解释组织如何运作;**商业战略**则解释组织如何竞争。

多年以来,研究人员研发了各种各样的方法去描绘商业模式,但没有就标准定义达成共识。尽管如此,近年来一种模式变得流行起来,几乎可以被视为标准。该模式由亚历山大·奥斯特瓦德博士和伊夫·皮尼厄教授在他们的《商业模式新生代》[⊖]一书中提出。此书成了畅销书并被翻译成多种语言。此外,他们还创建了一个名为战略家(Strategyzer)的网站,其中包含书中所提的全部模式、大量示例以及定期更新的博客。

本书中介绍的主要工具是**商业模式画布**,它在咨询公司和各个组织中非常受欢迎。这个"画布"由九个构建模块组成,描述了组织的商业模式。构建模块分为四类:组织为其客户提供**什么**,客户是**谁**以及如何管理与客户之间的关系,**如何**为其客户创造价值,以及**如何**获取利润,即它的收入和支出。图 5-1 是商业模式画布的一个图解。

让我们简要地看一下这个画布的九个构建模块。

(1)**价值诉求**——描述组织为其客户提供的价值和收益,以及它的产品或服务将会为客户解决哪些问题。

(2)**客户细分**——描述组织所服务的客户划分情况(如商业客户或私人

⊖ Alexander Osterwalder, Yves Pigneur. Business Model Generation: A Handbook for Visionaries, Game Changers, and Challengers, John Wiley & Sons, July 2010.

客户、大型或小型、本地或国际等）。

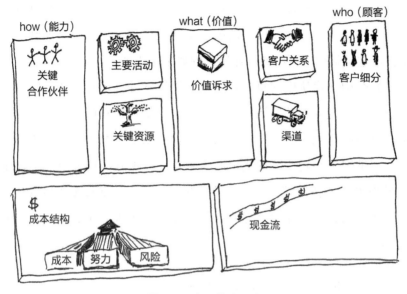

图 5-1　商业模式画布

（3）**客户关系**——描述组织与其各种各样的客户群所产生的关系类型，这些关系是一次性的还是长期的，以及组织是如何发展和维护客户忠诚度的。

（4）**渠道**——组织用于管理其客户关系的路径，即客户是如何购买到产品或服务的。

（5）**关键资源**——组织的主要资源和能力，即用于为其客户群创造价值的主要基础设施。

（6）**主要活动**——组织运转的主要价值链，无论是使用组织自己的资源还是通过外包，做主要活动之间的衔接。

（7）**关键合作伙伴**——关键商业合作伙伴，以及其角色类型与规模。

（8）**成本结构**——组织的费用结构、主要成本因素。

（9）**现金流**——收入的来源和组织如何得到收入。

这九个构建模块解释并构成了组织的商业模式。这种工具有助于描述任何类型的组织商业模式。

扩展出具有三个数字化领域的经典模式

虽然商业模式画布没有特别地提及数字化维度，但它当然是可以包含这一内容的。构建数字化商业模式的第一步就是将数字化维度添加到九个构建模块中去。这样就构成了经典商业模式的数字化扩展。

除了九个构建模块中的每个构建模块扩展之外，还有一些空间可以详尽地表达与数字化世界相关的诸多领域，而不只是直接在画布中表达。麻省理工学院信息系统研究中心主席韦尔教授和信息系统研究中心的高级研究员斯蒂芬妮·沃纳博士在题为"优化你的数字化商业模式"的文章中描述了与数字化世界相关的独特领域。⊖ 每个组织都应该无一例外地处理和检查三个独特的数字化领域，以便在数字化时代的商业竞争中大获全胜。这三个领域如图 5-2 所示。

- 组织向它的客户提供的数字化内容。
- 如何包装数字化内容，以及如何向客户群提供数字化体验。
- 组织所使用的数字化平台。

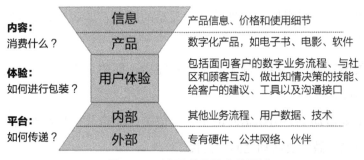

图 5-2　三个独特的数字化领域

内容：消费什么

第一个领域涉及的是组织为其客户提供的数字化内容，要区分产品和与

⊖ Peter Weill, Stephanie Woerner. Optimizing Your Digital Business Model, MIT Sloan Management Review, March 2013.

产品互补的信息。大多数客户更喜欢通过在互联网上搜索、阅读用户评论以及比较亚马逊和阿里巴巴等网站的价格来开始采购过程。如果组织未提供有关其产品或服务的信息，或者未能使客户通过信息搜索继而进入数字化业务平台进行交易购买，则会遭遇客户流失的风险。组织应努力让客户能够轻松地与之开展业务。组织提供的数字化内容越丰富，其竞争地位将会越有利。每个组织都应该检测它为客户提供的产品和服务所运用的数字化组件。让我们来看一些新的数字化可能性。

（1）**数字化产品或服务**。组织提供的可以是完全数字化的产品（如数字图书、音乐文件、数字报纸、流动媒体的电视内容、地图）或完全数字化的服务（如一项导航服务，或者一个用于比较价格或进行航班预订的网站）。在这种情况下，客户不是在购买实体的商品，而是在消费数字化的产品或服务。除了产品或服务本身，组织还可以添加产品信息和数字化业务流程，如通过移动设备进行选购、在组织的网站上提供价格信息、显示用户的反馈、根据客户的描述推荐最佳备选产品等。例如，通过 iTunes 购买像歌曲这样的全数字化产品是可以做到的，因为它能够通过客户的苹果账户进行支付，并会通过电子邮件将电子账单发送给客户。当我们从亚马逊购买一本书然后将其加载到移动设备或 Kindle 时，也会出现相同的流程。

（2）**物质产品或服务**。数字化内容可以被添加到如汽车、食品、电脑、电视等实体产品中。这可能包含产品信息、特征、与同一产品或其他产品的其他型号比较，以及客户对产品的反馈；通过互联网或移动设备订购产品，然后将其运送到客户家中或取货地址；通过网站定义产品的配置，显示订单状态，并在预定交付有变化时发送短信；向客户发送一个电子账单；通过呼叫中心或网站提出服务请求；等等。

- 戴尔（Dell）是全球最大的个人计算机和服务器制造商，它研发了一个网站，让客户能够自主配置满足他们需求的计算机，然后根据这些规格组装计算机并将其运送到客户家中。

- 帕卡（Paccar）是一家领先的卡车制造商，它创建了一个精妙的网站，让客户可以在线定制希望订购的卡车。

- 著名的摩托车制造商哈雷－戴维森（Harley-Davidson）创建了一个高品质的网站，在这里客户能找到最新款摩托车的资讯和哈雷－戴维森粉丝特别活动的信息，并能订购相关产品。

- 墨西哥西麦斯集团（Cemex）让建筑公司能够通过呼叫中心或直接通过互联网实现对混凝土产品的订单变更。

体验：如何进行包装

第二个领域是关于组织为其客户所提供的整体数字化体验以及如何包装这种体验。在数字化时代，在互联网或移动设备上拥有一席之地是远远不够的。数字化体验是一个复杂的主题，它需要深度思考和创造力，需要整合大量的业务流程、技术、系统和想法。

在设计客户体验时，组织应采用一个全面的方法。也就是说，它应该测试整个客户体验流程，包括所有步骤和阶段以及所有客户触碰点（物理的、人工的和数字的）。客户体验不仅仅是网站体验或移动应用程序的体验。评估和提高客户体验的重要工具之一是客户体验流程图，如图 5-3 所示。

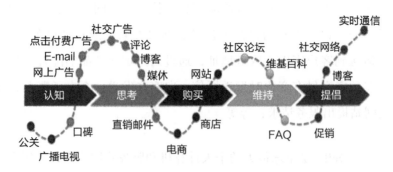

图 5-3　客户体验流程的五个阶段

可以依照惯例将客户体验流程分成五个阶段。

（1）**认知**——组织可以使用多种渠道来提高客户认知。渠道可以是：

- 常规渠道——报纸、电视、广告牌、广播、口口相传等。
- 数字化渠道——社交媒体上的数字化广告、网站上的广告等。

（2）**思考**——客户考虑购买的产品或服务，并查找支持购买决定的信息。其渠道有：

- 常规渠道——组织通过邮箱发送广告、产品目录和信件给客户。
- 数字化渠道——互联网搜索、推荐引擎、阅读已购客户的评价、搜索相关博客等。

（3）**购买**——客户进行实际购买。购买渠道可以是：

- 常规渠道——商店、分店、商场、购物亭。
- 数字化渠道——网站、移动应用程序、呼叫中心等。取件可以通过物理渠道，如商店，或蜂巢这样的服务箱，或送货到客户的家中。

（4）**维持**——这是指需要留住客户，防止他们转向竞争对手。组织可以使用的方式如下：

- 组建客户社区；为客户提供持续更新的产品买方俱乐部；为客户提供可汇报问题、报告问题状态的选项；为维修后收到的物品更新日期；提供支付渠道等。

（5）**提倡**——客户以各种方式自主推荐该产品或服务，如公司的网站和其他购物网站 [如亚马逊、Booking.com、猫途鹰（TripAdvisor）、Netflix 等]。从这些示例可以明显地看出，这个客户体验流程包括许多步骤、渠道和选项。在整个流程中，客户体验应该是高品质的，组织应该在所有渠道和阶段提供可持续性的体验流程。这是一项复杂的挑战，需要在大范围的渠道中进行规划和实施。

客户，尤其是年轻客户群体，特别强调组织提供的数字化体验和内容；当他们在该组织和竞争对手之间做抉择时，这一点尤为重要。例如，在金融服务（银行、保险、投资）领域，数字化体验已成为银行间竞争的重点，也是其战略的核心特征。至于客户体验，组织应考虑如下因素。

- 品质、网站设计和外观、清晰方便的导航。

- 可直达所需产品或服务的搜索引擎。

- 网站上显示的品质和更新信息。

- 满足客户需求的推荐引擎（个性化推荐）。

- 客户反馈，即让客户能够提交反馈并阅读其他客户的反馈。

- 客户可以根据自己的需求，通过个人计算机、平板电脑或智能手机多种渠道访问网站，并且如有需要，还可通过自动化自助服务设备和自助服务端访问网站。

- 网站对不同计算机或操作设备的自适应。

- 网站的响应速度。

- 网站对残障用户的可访问性。

- 合作浏览功能，即允许一个服务代理与在浏览网站时遇到困难的客户一起浏览。

- 与人工客服沟通的聊天功能。

- 聊天机器人能够执行不需要人工客服的简单操作。

- 客户可以通过电话、电子邮件或其他渠道与服务代理取得联系。

- 点击一下即可进行交易。

- 管理一个全渠道的客户流程。例如，结合商店访问所获得的产品印象，然后通过网站购买，考虑特价活动和数字化渠道促销等。客户现如今期望简单而流畅地在不同的渠道之间切换，即从一个渠道开始操作，并在另一个渠道中无缝衔接。

平台

第三个领域是指组织向其客户提供的数字系统和平台上的数字内容与体验。我们可以把平台分为两种类型。

（1）内部平台，即组织用于管理数字体验和内容的一套平台。此类平台包括广泛的信息系统、数据库（如帮助组织分析和了解其客户群的客户数据仓库）、计费系统、用于管理客户关系的系统及与之集成的基于互联网协议（IP）的电话系统、计算机电话集成（CTI）和交互式语音应答（IVR）技术、组织的网站、聊天和聊天机器人应用程序、面向客户的移动应用程序、用于业务分析的大数据应用程序，以及诸多其他系统、技术和各种各样的平台，这些通常在每个组织中都有所不同。例如，皇家加勒比海游轮公司（Royal Caribbean Cruises）使用特殊摄像头识别其游轮上的乘客，并且使用先进的面部识别技术向客户收取使用船上设施的费用，以及做遍布全船的许多餐馆的排队管理。

（2）外部平台，包括互联网和移动网络，Facebook、YouTube、微信、微博、小红书等社交网络，以及谷歌、百度地图、IBM沃森（IBM Watson）等外部应用程序。

数字化商业模式

我们接着要展示的是数字化商业模式,该模式侧重于在九个构建模块中的每一个模块中展现数字化的方面,同时还会着重讨论三个独特的数字化领域——内容、体验和平台。

记住,数字化商业模式是经典商业模式的延伸。我们通过聚焦于数字维度来扩展它。让我们回顾一下数字化商业模式画布中的九个构建模块,同时来看一些数字化案例。

(1)**价值诉求**——除了物理产品提供的价值外,组织还必须决定它希望通过数字化产品和增强型数字产品向客户提供的价值,以及它想提供的数字化内容。组织应决定是否仅仅想提供产品相关信息,还是要在其中插入数字化组件,甚至是为其客户提供完全数字化的产品。下面我们来看几个例子。

- 乐购(Tesco)。这个零售巨鳄决定在其全部450个加油站里采用面部识别技术。利用这项技术,它可以快速地识别客户并在气泵的屏幕上显示其个人信息,当然,还能快速付款。这使乐购可以为每周在其加油站内加油的500万客户中的每一位客户量身定制特别的促销资讯。该公司决定利用其强大的品牌效应来销售带有其商标的平板电脑。

- 史泰博(Staples)。这家办公用品公司决定通过安装特殊服务平台来减少商店详细目录,以方便客户下单并且第二天在办公室收货。这是一个结合了实体和数字的例子,以便为客户提供更大的价值和额外的收益。

- Osakidetza。这家位于西班牙巴斯克地区的健康服务公司开始使用微软Kinect设备,让客户能够接收远程医疗服务。例如,Kinect设备让理疗医师能够在线接收患者的宝贵数据并为每一个患者提供远程的个性化治疗体验。

(2)**客户细分**。数字化工具如商业智能(BI)系统、大数据以及数据挖掘等机器学习方法可用于定义客户划分。这让现代化组织能够更好地了解其客户基础,并为每个细分市场甚至每个细微客户层定制适当的业务流程和客户关系。

(3)**渠道**。当今的一些客户渠道是以数字渠道为主,并由物理渠道做补充(如商店和分支机构)。组织有必要了解客户服务流程,并决定如何提供高品质的客户体验,以及在哪些渠道中寻求机会和服务客户。除了商店和分支机构,组织还应决定它希望在哪里使用数字渠道以及想要使用哪些数字渠道(如网站、移动应用程序、电子邮件、短信、聊天机器人等),组织将如何利用渠道来服务客户甚至为他们提供额外的服务或产品,以及它将如何在任何地点、任何时间和需要时呈现出来。如今,许多组织正在将数字化世界与物理世界相结合。

- 乐购。该公司正在利用它的众多分支机构以及它受欢迎的网站,为其客户提供各种各样的金融服务(贷款和保险)。
- Boxit。这是一家以色列的公司,它开发了一款自动盒式机器,用于传递和收集产品。这款机器可以运用于需要向客户配送产品的公司。当包裹已经送达并且存储在客户家附近的自提柜中时,客户就会接收到通知。客户在盒式机器上输入他们收到的自提码就可以打开对应的格子(取货)。中国的顺丰和蜂巢等公司也都有类似的产品。

(4)**客户关系**。现如今,组织正在以部分数字化的方式处理客户关系、服务过程和客户留存。每个组织都应该检测其客户关系管理系统的质量,用它对客户的信息进行分析,通过分析来了解其客户基础、策划销售方案、选择营销的自动化工具、做搜索引擎的优化工作等。组织还应检测其提供的个性化水平(这是 N=1 原则),目的是满足每个客户的特定需求(如仅显示与特定客户相关的信息)。⊖如今,许多客户更喜欢在网站、移动设备上,通过交

⊖ N=1 原则来自密歇根大学的两位教授普拉哈拉德(C.K. Prahalad)和克里施南(M.S. Krishnan)所著的《企业成功定律》(*The New Age of Innovation*)一书。N=1,是指即便公司服务于数百万顾客,但仍旨在为单个独特的顾客(N=1)和用户体验(个性化)带来价值上的创新。R=G(资源 = 全球),即利用全球资源和人才来应对创造独特客户体验的挑战。后文会有详细介绍。

互式语音应答、聊天机器人或任何其他渠道进行自助服务。这些主题不仅适用于企业对消费者（B2C）的组织，也适用于企业对企业（B2B）的组织。例如，向企业客户销售复杂电子设备的组织可以在其网站上开发一块客户区域，客户在该区域可以查看它之前的和未结的订单，查看它们的状态、账单信息、常见问题等。

（5）**关键资源**。除了经典的主要资源（人员、资金、设备、建筑、专利、声誉等），数字化时代还引入了数字业务过程中所需要的一些新资源，如数据库数据、信息系统、机器学习等。组织应检查其数字化资源并且评估它们是否得到了最优使用。

（6）**主要活动**。如今，组织执行业务和流程中的重要部分时，是由数字平台和系统来支持的，包括企业资源规划系统、客户关系管理系统、记账系统、供应链关系管理（SCM）、电子商务、商业智能等。这些平台的品质对业务流程的质量和组织的竞争能力有着重大的影响。

（7）**主要合作伙伴关系**。在全球化时代，组织与许多重要业务合作伙伴的关系都基于数字化连接。数字化技术能让组织与世界各地的供应商们快速、有效地开展业务，以及有效地与物流货运公司（如UPS和FedEx）、信贷公司和银行建立联系。

（8）**成本结构**。数字化技术能让组织改善其成本结构，用更少的资源去做更多的事情（例如更少的分支机构、新地理区域的数字化活动、仓库和后勤操作的自动化、生产过程中对机器人的使用、使用聊天机器人以减少客服人员的数量等）。每个组织都应该检查其成本结构，并决定如何运用数字化技术来降低其成本并提高其效率。

（9）**现金流**。数字化技术的出现极大地影响了收入的模式。数字化技术创造了产生收入的新方法。在数字化时代来临之前，组织的收入主要来自产品的销售、维修和服务、产品租赁等。当然，也有其他模式，例如向客户和广告商（如报纸、电影院）收费，有时只收取广告费（如电视、谷歌），但选择是相对有限的。数字化技术改变了成本模式，并通过添加一系列新的模式来获取收入，下面是一些示例。

- 计量使用——支付取决于使用的程度和范围。

- 免费——数字产品可免费使用，费用由广告商来承担。一些组织提供免费服务来换取组织收集客户数据的许可（"支付个人数据"）。

- 免费增值——产品的基本使用免费，更多的使用权限需要付费才能获得。

- 微支付——为很便宜的交易支付，例如为 iTunes 上专辑中的歌曲支付少量的使用费。

- 订阅——一种众所周知的、传统的却备受互联网和移动设备推崇的模式。例如，你可以订购袜子（通过订阅 Black Socks）或剃须刀片（通过订阅 Dollar Shave Club），然后产品会定期运送到你家。

- 混合方式——一种结合各种各样支付方式的方法。

四种数字化商业模式

考虑到这一概念的重要性，我们来描绘四种不同类别的数字化商业模式，正如韦尔和沃纳在一篇题为"在枝繁叶茂的数字化生态系统中茁壮成长"⊖的文章以及后来他们出版的书《你的数字化商业模式是什么》⊜中所提。每个组织在决定选择哪种数字化商业模式时，都应熟悉这些类别。

他们的研究涵盖了大量的管理者和组织，他们发现大多数参与到开发数字化商业模式的组织都致力于通过两个主要方面的数字化变革来寻求新的价值和竞争优势。

（1）**客户认知能力**。组织是否完全了解客户及其需求，还是仅仅有部分

⊖ Peter Weill, Stephanie Woerner. Thriving in an Increasingly Digital Ecosystem, MIT Sloan Management Review, June 2015.

⊜ Peter Weill, Stephanie Woerner. What's Your Digital Business Model? Six Questions to Help you Build the Next-Generation Enterprise, Harvard Business Review Press, 2018.

认知。

（2）**商业设计**。组织是不是其可控价值链上的一部分，或者是更复杂的网络和其控制的生态系统中的一部分。在后面这种情况下，重点要转移到创建、运营和使用客户与组织（有时包括竞争对手）的网络。

这两个主题可以是两条轴线，也可以是四种不同类别的数字化商业模式的基础，如图5-4所示。

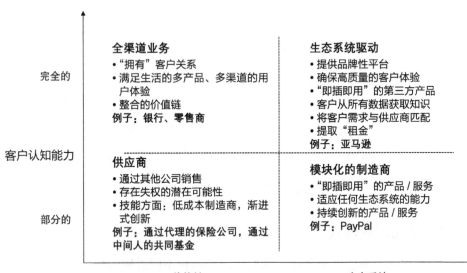

图 5-4　四种数字化商业模式

让我们简要介绍一下在数字化时代组织可以开发出的四种数字化商业模式。在选择模式时，组织应评估它对价值链的控制程度及其对客户的了解程度。四种模式如下。

（1）**供应商**。如果组织对客户仅有部分且相对有限的认知，并通过其他组织销售它们的产品，则应侧重于采用降低成本并渐进式或适度创新的数字化商业模式。这些组织面临着对客户失去掌控的风险。例如，通过代理商进行销售的保险公司或投资公司，以及通过零售商店销售其产品的公司。

（2）**模块化的制造商**。如果组织对客户的认知是部分且相对有限的，并且是个广泛生态系统网络中的一部分，则应该侧重于运用数字化商业模式使其能够快速地、轻松地适应不同的生态系统网络，与此同时应生产创新产品或服务。例如，PayPal 就是电子商务生态系统的一部分。这些组织需要构建数字化商业模式，来确保其开放性和轻松集成（例如应用程序编程接口），并且在其重要领域发展创新。

（3）**全渠道业务**。组织对客户及其需求有广泛的了解，并且它是一个更广泛的价值链的一部分。这种类型的组织非常了解它的客户，可以创建适合客户生命周期的产品或体验，例如开始读大学的、结婚的、购车的客户等。这类组织的例子包括银行、直销保险公司、拥有客户俱乐部的零售连锁店等。这些组织需要开发全部渠道的数字化商业模式、客户俱乐部、高品质的客户体验等。

（4）**生态系统驱动**。这些组织使用的是平台连接供应商和客户的商业模式，对客户及其所执行的交易有广泛的了解，并且是供应商、业主、信贷公司、银行等广泛生态系统的一部分。例如，亚马逊构建了一个数字化商业模式，包括一个庞大而多样化的平台，使客户能够以简单有效的方式购买他们想要的任何东西。阿里巴巴则是另一个将许多供应商与大量客户联系起来的平台。

数字化技术对商业模式产生了强烈的影响，并在很大程度上加快了新商业模式的发展。图 5-5 取自《全数字化赋能：迎击颠覆者的竞争战略》[⊖]一书，它把数字化商业模式中的三大类型看成价值加速器。

我们来大致看看这些价值加速器。

- **降低成本（成本价值）**。数字化商业模式可以降低组织用多种形式所提供的产品或服务的成本。例如，应用免费增值的理念、基于消费定价、

⊖ James Macaulay, Jeff Loucks, Andy Noronha, Michael Wade. Digital Vortex: How Today's Market Leaders Can Beat Disruptive Competitors at Their Own Game, IMD 2016.

反向拍卖（客户设定他们愿意支付的价格和不同的制造商回应）、买方聚合（团购的购买力让他们能够获得更大的折扣）和价格透明，使客户能够货比三家。

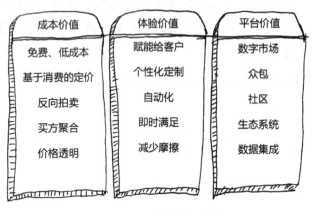

图 5-5　三大价值加速器

- **提升的客户体验（体验价值）**。数字化商业模式可以通过提供高品质的客户体验来提高体验价值。例如，通过提供信息和简单或快速的产品选择来进行客户授权。根据客户的需求，为每位客户提供独特的资讯。通过识别客户并传输个人信息来减小分歧并实现各种操作的自动化、个性化和即时服务。

- **构建平台（平台价值）**。数字化商业模式为开发数字市场提供了广阔的发展平台，组织可以运用"众人的智慧"研发和推广客户社区，发展生态系统，并通过控制信息成为市场的协调者（数据协调员）。

商业模式的创新

如本章所讨论的，数字化商业模式可以使组织产生新的客户价值和新的附加收入来源。

多年来，创新的焦点是组织的产品或服务（产品或服务创新），在某些情况下是组织的业务流程（过程创新）。近来，组织已经聚焦于另一种革新——

商业模式的创新（business model innovation, BMI）。组织靠产品或服务带来收入的方式可以在不一定要求更改产品或服务本身的情况下进行更改。在改变商业模式时，组织可以从诸多备选方案中进行选择。我们在前面的章节中提供了大量替代方案，如将产品转变为服务（产品服务化）、利用数字化功能提供定价选项（如免费增值等）。

在本节中，我们将重点讨论开发创新商业模式的重要性，并描绘出一种可用作发现创新商业模式的有趣方法。

瑞士圣加仑大学（University of St. Gallen）开展了一项关于商业模式创新的有趣研究。该研究已作为《商业模式创新设计大全：90%的成功企业都在用的55种商业模式》[1]一书的基础被正式出版。该研究调查了不同行业的250种商业模式，发现它们可分为55种不同的形式，可以用作开发新商业模式的模板。换句话讲，组织应该研究这些模板，并在进行必要的调整后将它们应用（复制、粘贴）到自己的行业，而不是去做创建新商业模式的尝试。例如：

（1）Black Socks。这个公司采用了众所周知的订阅模式，该模式虽然已经存在多年（如报纸、剧院门票等），但由这个公司第一次将其应用于服装行业。在这个领域，主流的商业模式是店内销售，即顾客来到商店购买他们所需的服装产品。Black Socks采用订阅的模式并将其转变为基于订阅式的商业模式。通过公司的网站购买订阅后，顾客所选的袜子每个月（或按他们指定的其他时间间隔）送到他们家中。这不是一种崭新的商业模式，Black Socks只是简单地将商业模式从一个行业（报纸）复制到另一个行业（服装）。

（2）惠普。惠普采用最初由吉列（Gillette）开发的"剃须刀和刀片"商业模式，并将其应用于打印机的世界。"剃须刀和刀片"模式是建立在基本产品（剃须刀手柄）收取相对较低的价格（通常低于生产成本），并用相对较高的价格销售与其互补的产品（剃须刀片）的想法上。顾客一次购买手柄就要长期购买剃须刀片，从而企业产生持续的收入来源。惠普将这种模式运用于家

---

[1] Oliver Gassmann, Karolin Frankenberger, Michaela Csik. The Business Model Navigator : 55 Models That Will Revolutionize Your Business, FT Press, January 2015.

用打印机市场，即打印机的价格相对较低，而与之匹配的墨盒则价格相对较高。Nespresso 以相同的商业模式销售其机器和咖啡胶囊。玩具制造商美泰也基于这种模式研发了一种 3D 打印机，让儿童可以在家中设计、打印和组装小玩具。3D 打印机以低价出售，但用于打印过程的耗材十分昂贵。

几乎所有已知的商业模式都适用 55 个模板中的一个（见图 5-6），因此，研究人员研发了一种商业模式创新方法。他们推荐的方法基于以下三个阶段。

（1）**启动**。这个阶段包括了解组织的现有商业模式以及组织所在行业的主导逻辑。在此阶段中，组织分析开发新商业模式的基本原理。

（2）**构思**。这个阶段通过审查现有的 55 种模式，并思考如何在组织的活动领域中运用其中一种模式来产生对于新商业模式的想法。当然，没有必要研究全部的 55 种模式，组织可以审查少数看似适合其运营部门的模式。为了帮助组织检查不同模式，研究人员研发了 55 张卡片，简要总结了每种模式及其主导逻辑。使用这些卡片可以帮助组织加快选择适合复制的模式的流程。这一阶段的目的是激发创造力和探索可能适合组织及其服务客户的创新想法。

（3）**集成**。这里涉及深入研究新商业模式的所有方面并定义出它所有的组件。在这个阶段，组织可以审核商业模式的所有部分，并确保其是清晰的和完整的。

图 5-6　55 个商业模板卡片

商业模式画布的两位开发人员奥斯特瓦德和皮尼厄建议组织使用投资组合的方法检查商业模式的创新，类似于我们在上一章中所讨论的方法。他们在"战略家"博客上发表的一篇题为"评估和设计你的创新组合"的文章中，描写了规模化地"开发"（exploit）和"探索"（explore）创新商业模式的方法（见图 5-7）。⊖

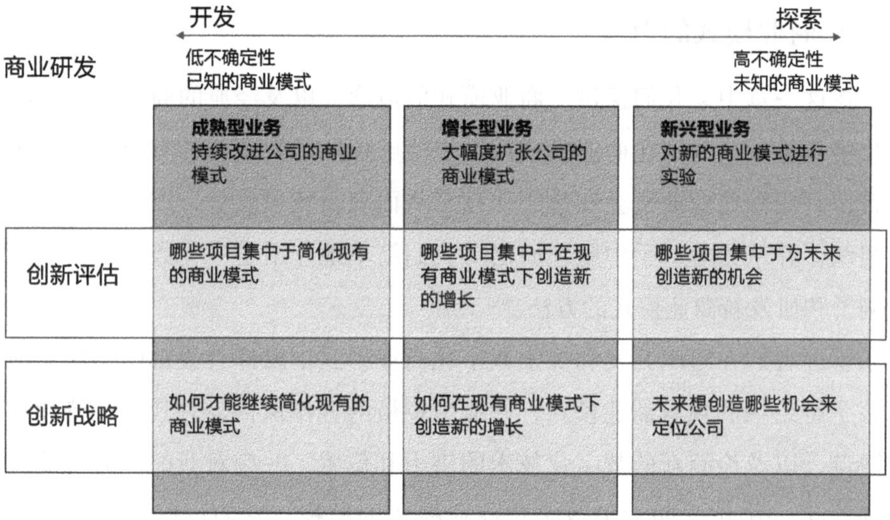

商业研发	开发 ←——————————————————→ 探索		
	低不确定性 已知的商业模式		高不确定性 未知的商业模式
	成熟型业务 持续改进公司的商业模式	**增长型业务** 大幅度扩张公司的商业模式	**新兴型业务** 对新的商业模式进行实验
创新评估	哪些项目集中于简化现有的商业模式	哪些项目集中于在现有商业模式下创造新的增长	哪些项目集中于为未来创造新的机会
创新战略	如何才能继续简化现有的商业模式	如何在现有商业模式下创造新的增长	未来想创造哪些机会来定位公司

图 5-7 "开发"和"探索"

每个组织都应该管理一系列的创新项目，其中包括致力于增强已存在（开发）的项目和在研究新商业模式（探索）的项目。当商业模式引入创新时，每个组织都应处理好三个业务阶段：成熟型业务、增长型业务和新兴型业务。制定的创新项目应基于以下两个阶段。

（1）创新评估。这个阶段包括检查公司正在采用的当前项目组合。组织应该评估这些项目是否主要侧重于开发现有商业模式或创建新的商业模式，伴随寻求新机会的目标，去保护其免遭竞争对手试图采用颠覆性商业模式的破坏。

⊖ Alexander Osterwalder, Yves Pigneur. Assess & Design Your Innovation Portfolio, Strategyzer blog, June 2017.

（2）创新战略。在检查现有的创新项目组合后，组织可以规划其创新战略。最具创新性的组织会管理"开发—探索"不断循环的创新项目组合。

组织的项目组合应该包括少量的"探索"项目和大量的"开发"项目。"探索"项目的风险更大，更有可能失败。考虑到探索新商业模式所带来的更大风险，使其作为平衡创新组合的一部分进行管理则至关重要。

总结：商业模式的力量

在这一章中，我们探讨了商业模式的概念，以及经典的商业模式画布及其数字化扩展。数字化商业模式使组织能够检测其数字化的有效性，并决定它希望利用哪些商业机会和数字化技术从而获得竞争优势，成为一个更有效的组织，并从竞争对手中脱颖而出。我们简单地介绍了一些数字化商业模式的例子和研发新商业模式的方法。

管理者们在组织开发和探索数字化商业模式中发挥着关键的作用。他们应该了解组织的现有商业模式，并成为积极的合作伙伴，对其进行持续扩展和协调，以及检测新的数字化技术的潜力和位置，并应对新的业务挑战。我们描绘了一个包含四大类数字化商业模式的模板，它们可以帮助组织了解其侧重的数字化商业模式。组织应该接触各种各样的数字化解决方案和技术（而不仅仅是信息系统），并通过它们创造出独特的商业模式，发展竞争优势。管理者们应该意识到技术的发展及其蕴藏的潜力。组织的所有管理层都应该合作去拓展数字化内容，增强客户的数字化体验，不断拓宽数字化服务的访问渠道，并且利用新技术来促进商业创新。

PART TWO 第二篇 理论篇

第6章 数据：数字化时代的石油

关于包裹的信息和包裹本身一样重要。

——弗雷德·史密斯（Fred Smith），联邦快递首席执行官

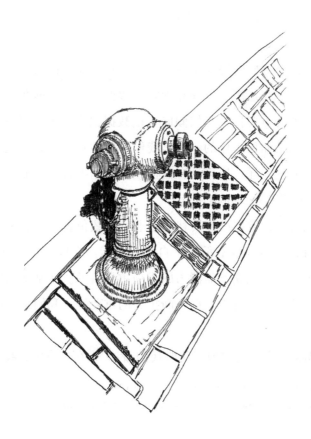

引言

本章的目的是强调数字化变革中最重要的元素之一——**数据**。2016 年，麦肯锡公司发布了一段对唐·卡拉汉（Don Callahan）的名为"为数字化时代重组花旗"的采访。⊖卡拉汉是花旗集团旗下的运营和技术部门负责人，在采访中，他说："数据像金钱一样重要。"虽然他在谈论银行业，但可见数据无疑已经变得像公司的产品一样重要了。联邦快递的一篇商业广告中巧妙地引用了其首席执行官弗雷德·史密斯的话："关于包裹的信息和包裹本身一样重要。"⊖

数据一直以来都是一项重要的组织资源，也是任何数字化系统的必要基础。没有数据构成的数字化应用是难以想象的。企业资源规划、客户关系管理、会计账务等商业信息系统；商务智能；亚马逊、eBay、阿里巴巴等电子商务系统；社交网络，如 Facebook、Twitter、微博、YouTube、微信、WhatsApp 等；Waze 这样的移动导航；Booking.com 或者猫途鹰这样的酒店预订系统；爱彼迎这样的房间租赁网；优步及其他各种同类应用程序，所有这些无一例外地都在运用、处理和管理着数据。由于数据在所有这些应用程序中有显而易见的重要性，我们倾向于把数据比作汽车引擎——我们虽然并不真正理解引擎是如何工作的，但是我们清楚地意识到如果没有它，汽车将毫无价值。数据也一样，如果没有数据或者数据被毁坏，那么我们所熟悉的大多数应用程序都将毫无价值可言。

在数字化时代，数据已经转移到企业的前线位置，在那里它获得了应有的重视，并且在一定程度上承载了自己的命运。它成为组织创造竞争优势、做出明智决策和创造创新产品能力的一项重要资源。在某些情况下，数据本身成了新收入的来源。由于数据不断扩大的重要性，我们常常称现在的经济为"数据经济"。

如今数据被人们称为"数字化时代的石油"，在本章中，我们会分析数据

⊖ McKinsey Quarterly. Interview with Don Callahan, CITI's leader, Technology, 2016.

⊖ Roberto Baldwin. Shipshape：Tracking 40 Years of FedEx Tech, Wired, April 2014.

的几个性质并讨论数据为什么是现在**最重要的资源**。我们还提出了一些战略层面的建议并鼓励读者去寻找"以数据为中心"的机会。

数据爆炸

数字化时代的显著特征之一就是数据爆炸——数字化环境中所生成的数据量在不可思议地增长。生成数据和利用数据的系统、产品与传感器的数量在急剧增加，生成和被使用的数据量也在呈指数级增长。

想象一下这个大场景：组织的信息系统不断收集越来越多的数据；电子邮件在世界各地不停地传输着；数十亿的智能手机和电话、各式各样的计算机，都在生成和使用着大量的数据；用户在社交媒体网络（Facebook、领英、Twitter、YouTube、WhatsApp、微信、Snapchat、Instagram 等）上的活动正在创造大量数据；电子商务网站，如亚马逊、eBay、阿里巴巴等，正在使用和生产大量的数据；数十亿人在浏览互联网并运行着各种各样的应用程序，与此同时谷歌和其他搜索引擎正在创造大量的额外数据；数十亿在线传感器正在产生各种各样的产品数据，如汽车、飞机、喷气发动机、风力涡轮机、火车、电梯、安装在城市周围的路灯和交通信号灯，以及越来越智能化的家庭和建筑物中的摄像机；自动化停车场依靠数据在没有人的情况下运行；智能洗衣机和冰箱传感器正在产生大量数据；附在包裹和消费品上的无线射频识别标签（RFID）生成追踪数据和其他数据；基于全球定位系统的导航设备依靠数据运行；等等。所有这些传感器都会生成大量数据。图 6-1 显示了多年来数据量的增长情况，以及产生数据的系统是如何从组织信息系统到传感器及其他设备演变的。

各种预测预示着我们已经蓄势待发要进入"物联网"的时代了，物联网可以接入数十亿个智能连接对象。每个对象都在传输可被分析的数据，从而产生实时指令回传至该源对象，从而引导每个对象更加智能地运作和被维护。

现实情况是，组织被大量的数据充斥着，但它们并不总是知道如何处理它，且并不总是能够利用它来生成可能对业务和决策过程有用的见解。1991

年，著名作家约翰·奈斯比特（John Naisbitt）在他的《2000年大趋势》一书中评论说："我们被数据淹没，却又渴求知识。"㊀ 在数字化时代中，每家公司都面临着巨大的挑战，即如何转化这些数据，使其成为业务的价值来源和竞争优势。

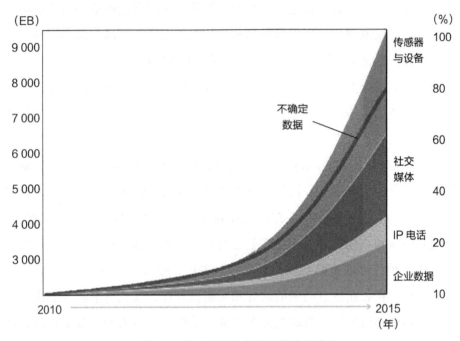

图 6-1　按来源收集的数据量增长情况

数据：持续增长的一项资源

图 6-2 描绘了在 2019 年仅仅一分钟之内各种互联网应用程序的活动！取整后的数字是：在 Twitter 上发布了大约 87 500 条新推文，通过电子邮箱发送了 10 800 万封电子邮件，在谷歌上进行了 380 万次搜索，从苹果和谷歌的应用程序商店下载了 390 000 个应用程序，100 万次登录 Facebook……而这一切只发生在一分钟内，其数量简直令人难以置信。

目前在一年的时间内，大约有 40 亿人连接到互联网，约有 50 亿用户加

㊀ John Naisbitt. Megatrends 2000, Avon, February 1991.

入手机网络，还有数十亿的物联网设备。到 2020 年，将有大约 400 亿～600 亿个和互联网连接的智能对象。沃尔玛通过跟踪其客户的购买活动每小时存储大约 2.6 PB（1 PB 大约相当于 100 万 GB）的数据。世界上大约 90% 的数据都是在过去两年间产生的。另一项估算表明，每月生成的新数据有 2.5 EB（1 EB 大约相当于 10 亿 GB）。

图 6-2　2019 年一分钟内各种互联网应用程序的活动

一架空中客车（Airbus）飞机的引擎在飞行中每半小时可产生 10 TB（1 TB 大约相当于 1000GB）的数据。在从伦敦到纽约的一次航行中，空中客车"巨无霸"380 上的四个发动机会产生 640 TB 的数据。**人类很难掌握数字设备和应用程序所生成数据中的所有数字，其惊人的增长率则让数据分析更是难上加难。**

解析成熟度的发展

作为第一个将石油和数据进行类比的人，英国数学家克莱夫·哈姆比（Clive Humby，零售巨头乐购的成功战略"客户俱乐部"的架构师）理当获得赞誉。在 2006 年，他表示："数据是新的石油。它很有价值，但是如果未经提炼，它就无法真正地被利用。它必须变成天然气、塑料、化学品等，生成一个有价值的实体才能推动可盈利的活动。所以，数据只有在被分析之后才能体现它的价值所在。"

自那以后，便经常听到石油和数据之间的类比：两者都是为人类，特别是为企业创造财富和效用的重要资源。例如，全球研究公司加特纳的高级副总裁彼得·桑德加德（Peter Sondergaard）在 2015 年发表在《福布斯》的一篇文章⊖中写道："大数据是 21 世纪的石油，尽管它拥有高的价值，但数据本身是无用的，在你学习如何使用它之前，它无法做任何事情。原油在经过精炼变成汽油之前几乎是毫无价值的。"大数据被比作原油，经分析之后能解决特定问题并能转化成决策和行动的独特算法才是组织获得成功的秘诀。数字化时代的淘金热将汇聚在如何利用数据制作有价值的东西。IBM 首席执行官罗睿兰（Ginni Rometty）在 2013 年说："我希望你将数据视为下一个自然资源。"

石油在其天然原油的状态下几乎没有价值可言。唯有经过加工和提炼，它才能变成各种有价值的人类生产活动中不可或缺的产品，如汽油、塑料、尼龙、润滑剂等。像石油一样，"原油"状态的数据也几乎一文不值。唯有在处理过后，它才能变成有价值的产品，才能够支持正在进行的组织活动、决策过程、趋势分析、异常识别、假设模拟、管理仪表板等。为了达到此目的，数据需要经过处理：首先，它由各种各样的信息源（如运营数据库、社交媒体、外部系统、传感器等）生成；然后，它将经历一个整理和浓缩的过程，再上传到特殊数据库（数据仓库、数据湖等）。数据湖是一个相对较新的概念，能够以各种各样的格式快速存储数据，而不会将任何特定数据结构强加到数据上，也不会在数据进入数据库时为其建构索引（这一过程会大大减慢数据进入数据库的速度）。不像石油这种从地层中获得的不可再生资源，一旦消耗殆尽就会消失，数据则通常是不断积累的，而且每天都会大量产生。

⊖ Peter Sondergaard, Gartner Inc. Big Data Fades to the Algorithm Economy, Forbes Tech. August 2015.

有些组织在业务过程中会产生大量的数据，它们知道数据的重要性，但一时不知道如何利用，于是它们下决心好好地保存这些数据。这其实是一个巨大的误区：随着时间的流逝，这些没有处理过的数据将变得过时而毫无用处。被动存储数据的公司会自认为自己做了应该做的，但是它们错过了利用这些数据的最好时机。另外，在没有**模型和决策反馈**的情况下，很难说收集到的数据是不是真的有价值，而那些没有收集而错过的数据也许未来会成为宝贵的财富。

如果数据是数字化时代的石油，那么数据分析就是数字化时代的炼油厂。炼油厂是一个工厂，用于加工原油并将其转化为具有重要价值的多样化产品。相似地，数据分析系统通过一系列复杂的过程（转换、浓缩、检测、上传、处理和分析）对原始数据进行处理，直到它成为用户和组织的信息、知识和见解。

数据分析并不是新鲜的东西，早在20世纪60年代信息系统出现后不久，数据分析就开始发展了。多年以来，分析系统被称为商业智能、数据仓库、决策支持系统以及数据分析。它们从处理报告中相对简单的信息分析系统演变为相对复杂的分析和预测、趋势分析、模拟等系统。

汤姆·达文波特（Tom Davenport）教授的一篇文章为我们理解分析系统的发展提供了良好的基础。达文波特是商业领域的顶尖大师之一，他在《哈佛商业评论》中发表了一篇题为"数据分析3.0：在新时代里数据将会助力消费者产品和服务"的文章。[⊖] 达文波特把分析系统的发展分为三个阶段：数据分析1.0——数据的时代，开始于20世纪60年代的某个时期；数据分析2.0——大数据的时代，开始于2000年左右；数据分析3.0——数据公司的时代，这是近几年开始的现代化时代，它将商业智能与大数据整合为"数据经济"的基础。在这个时代里，人们无法再区分业务和数据——它们是互相缠绕着的。图6-3呈现了这三个阶段的主要特征。

⊖ Tom Davenport. Analytics 3.0, Harvard Business Review, December 2013.

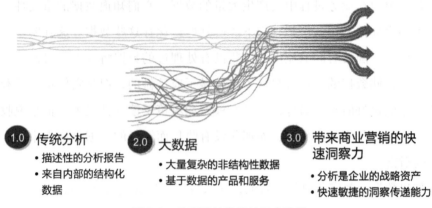

图 6-3　分析系统发展的三个阶段

让我们来简要地看一下这三个阶段。

数据分析 1.0：数据的时代

在第一个时代我们看到了数据存储和商业智能的概念。数据分析最初的用途是生成报告和查询，之后从资源系统获取数据的工具很快出现了，随后这些工具又用于分析、可视化和生成任务报告。多年以来，这些工具变得越来越复杂与灵活。现如今，大多数组织都将数据仓库和分析工具作为它们决策过程的一部分。数据分析 1.0 阶段的主要特征如下。

- 数据资源相对有限，并且主要目的是服务组织内部。数据十分结构化。

- 分析的活动相对有限，并且主要是描述性分析和报告，重点聚焦在已经发生的事情上。分析由基本的商业智能分析师来完成。

- 分析的过程相当复杂，且需要从资源系统中获取数据、准备数据，以便上传至数据仓库并运用专用分析工具进行分析。

- 在这个时代里，执行数据分析的分析师在幕后工作，并准备好向管理人员提交的报告和分析，然而这通常不是业务过程或决策的一部分。

- 分析与商业战略之间的关联性是有限的，并且通常不对组织的竞争优势产生直接影响。

- 在许多组织中，管理者依然依赖于直觉和经验做决策而不是基于数据分析。

数据分析 2.0：大数据的时代

计算能力的不断发展和存储成本的持续下降，外加数据的爆炸式增长，数据分析被推向下一个阶段——大数据的时代，这一阶段开始于 21 世纪初的某个时期。尽管"大数据"这个术语出现得略晚一些，但在 2000 年前后，它的某些特征就已经开始显现。以极快的速度兴起的电子商务网站和社交媒体网络带来了数据管理方面的全新挑战，人们需要处理大批量的、各种格式的数据（如文本、照片、视频、音频等）。

大型互联网公司如谷歌、Facebook、eBay、YouTube、领英、亚马逊，以及百度、阿里巴巴、腾讯开始研发系统来应对不断增长的数据量。数据也已成为它们的主要资产之一，它们开始开发新的数据相关的产品及服务。例如，领英开发了"你可能知道的人"和"你可能感兴趣的工作"等产品，这些产品是公司用来收取费用的增值产品。

对计算能力极大的需求推动了大规模并行处理架构（MPP）的发展，进而促成了 Hadoop 技术（支持数据密集型分布式处理）的发展。新一代数据库管理工具由此诞生了——非关系型数据库（NoSQL），一种能够处理多样化数据类型及快速流入库中的数据流的数据库。云计算技术还提供了用于存储和处理大量数据的平台。与此同时出现的是用于内存处理和数据管理的技术，如 SAP Hana（一款支持企业预置型部署和云部署模式的内存计算平台），以及使数据库拥有数据处理能力而不是将数据带到服务器的技术。可以说，新时代的分析需求不同往常，从而产生了一个崭新的职业：数据科学家。数据分析 2.0 阶段的特征如下。

- 大量数据的新资源以及多种多样的非结构化格式。大数据的惯用定义是 4V：**体量**（大量的数据）、**多样化**（数据类型的巨大差异化）、**速度**（数据流入数据库的超大速度）和**准确性**（我们对数据资源的置信度）。[⊖]
我们认为，真正重要的"V"却是前人没有总结的另外一个"V"："value"，**价值**（数据对企业战略的意义）。

- 应对新挑战所需的新分析能力的显现。

- 新的专业人士，即**数据科学家**的出现。数据科学家去应对复杂数据分析处理和高级数据研究这样的挑战，从数据中获得新的见解。

- 新公司，主要是**互联网巨头**，开始研发被称为"数据产品"的新型产品，为它们带来新的收入来源。

- 用于分析的新数据中很大一部分的来源从内部源转移到外部源，例如传感器、数字设备、社交网络等。

- 机器学习的出现加快了对高级数据处理的速度，并提供了支持快速分析的新型计算平台。

数据分析 3.0：数据公司的时代

许多人仍认为我们还处于第二阶段，但数据新时代的迹象已经很明显，现在是整合前两个阶段成果的最佳时代。它具有最棒的商业智能和大数据环境，可以快速获得洞察力，并研发出新的基于数据的产品，对组织具有重大的影响。这就是**数据公司**的时代。

诚然，我们仍处于数据分析 3.0 的初始阶段，但我们已经看到了来自制造业、医疗服务业、零售业、金融业等行业的组织在使用数据去创建新的与数据相关的系列产品，并且在为它们的客户和管理人员提供先进的平台及快速的分析结果。数据分析 3.0 的主要特征如下。

⊖ World Economic Forum. $100 Trillion by 2025：The Digital Dividend for Society and Business, January 2016.

- 分析和数据现在是一项战略资产，对组织的运营具有强制性。

- 需要更快速的"从见解到行动"的能力。

- 研发出先进的分析工具，并提供给决策者使用，去解决他们需要处理的问题。

- 组织文化和业务动态的发展将组织推向数据驱动型组织。

- 每个组织都可以创建与数据相关的产品。我们正在见证同时集存储、传输、分析、处理和可视化功能于一体的新工具的诞生，而不是一系列独立的解决方案。

以下是一些企业巨头将分析用作战略资产的例子。

- 运输和物流巨头**美国施耐德物流公司**（Schneider National）正越来越多地使用新的数据源（卡车中的燃料使用程度、集装箱的位置、驾驶员的行为和其他指标的更新），以便运用优化物流的复杂算法。其目的在于计算最佳路线、降低燃料成本并减少事故发生。

- 工业企业**通用电气**将工业化物联网视为在数字化时代创造其竞争优势的关键战略领域。该公司打算连接其所有的工业设备并将传感器集成到所有产品中去，从而收集性能数据。通用电气建立了一个庞大的软件部门，开发了一套协议和工具应用（Predix），并且推广其工业物联网概念。该软件使用大数据工具对收集的数据进行分析，为客户提供有关通用电气产品的最佳维护及使用建议。通用电气还在宣传被它称为孪生数字化（Digital Twin）的想法，这是一个模拟实体设备活动的智能软件，也叫实际物体的数字化实时模拟。它可以实时生成分析结果，并发送指令去管理实际设备本身。例如，通用电气如今制造和安装的每个风力涡轮机都有这种孪生数字化装备，从涡轮机本身实时接收数据。孪生数字化概念能够实时分析其物理涡轮机的运行状态，提供有关如何用最有效的方式增强其电力生产的建议，并将其立即传输到物理涡轮机以改变不同的运行参数。想象一下，通用电气生产和安装的每台喷气发动机、涡轮机、机车和医疗成像设备都有一个孪生数字化设备，并可实时连接到其实际设备，模拟其活动。这里值得注意的是，从 2018 年开始，通用电气开始减少其对数字化的投资并重新关注传统的核心业务。在 2019 年下半年，通用电气被曝出造假丑闻，股价在不到一个月内跌了 20%。

- 美国跨国消费品公司**宝洁公司**（Procter & Gamble）在其商业活动的核心管理中不再使用传统的商业智能来处理特定问题。该公司已将商业分析集成到其所有过程中，并在约 50 个地点建立了全球化连接的决策环境，称其为商务球（Business Spheres）或商务组（Business Suites），并配备决策舱（Decision Cockpits）。这些环境提供多媒体演示阵列，包含了来自数据分析的丰富见解，用于加强管理决策的效果。

- **联合包裹服务**使用它的 ORION 航队管理系统对 55 000 名驾驶员的执行路线进行实时优化。

这些数据分析 3.0 阶段的案例都是运用集成商业智能和大数据来生成快速且有效的洞察力，并在某些情况下为客户和员工生成与数据相关的产品。

数据推动人工智能的改变

近年来，一场无声的变革给计算机科学带来了巨大的变化，这一变革重振了"机器学习"一词，这是人工智能的一个分支。人工智能是计算机科学研发领域的一个长期研究领域，并且它是一个激发了许多人想象力的、受欢迎的，但之前从未真正成为此领域讨论中心的主题。

数十年来，计算机世界一直受基于规则的编程所支配：人类程序员研发运算法则，并且用特殊软件（编译器）将其转换为适当的计算机语言。计算机可以快速有效地执行算法所要求的内容。它接收输入数据，并在算法指示下将其转换为适当的输出。这意味着编程运算法则的人必须事先考虑到可能发生的所有可能情况，并定义给计算机在每种情况下应该做什么。图 6-4 描绘了这种范式。

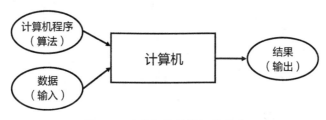

图 6-4　计算机软件的经典范式

在一些应用程序中，如视觉识别、语音识别、翻译、机器人等，这种范式效果较差。经过多年的研究，科学家们仍然无法为这些应用程序研发出好的算法。近年来所发生的两次显著变化导致了范式的变化。

- **数据量的爆炸式增长**。我们已经描述了这种现象以及它如何引导创建具备各种数据类型的数据管理和分析功能。
- **处理能力的发展**。处理器功率、存储器大小、数据传输速度、并行处理能力，所有这些领域的提升给计算能力带来了崭新的维度。

这两个互补式的发展，以及人工神经网络研究的进步，促成了机器学习的一个突破——学习来自数据本身的能力。从数据中学习和推导运算法则并用软件学习系统替代程序员，在过去几年中出现了一种新的范式——**深度学习网络**。这些系统会在接触到越来越多的数据后进行自行修改。换言之，它们会从数据中学习。图 6-5 显示了人工智能和机器学习的演变，它来自米兰·曼瓦尔（Milan Manwar）的一篇文章。

如今的技术进步推动了语音识别、面部和实物识别以及推荐引擎的出现。推荐引擎可根据客户已阅读的书籍或已观看的电影数据，向客户推荐他们有可能想阅读的书籍或希望看到的电影。

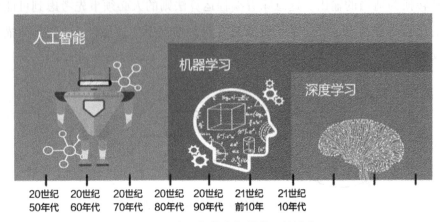

图 6-5 人工智能和机器学习的演变

在早期的范式中,程序员必须提前定义算法并告诉计算机在每种情况下应该做什么。但在新的范式中,我们不一定要为特定任务编写软件。反而,系统可通过暴露在大批量示例数据下得到训练(这是系统的训练阶段)。数据包括实例以及系统应该执行的操作。例如,如果照片包含猫或狗,你则向系统提供大量照片是否包含猫或狗的标签,系统会更新其神经网络内部节点的权重,直至它可以自动地评估出新的照片(这是系统操作阶段)。当系统训练完成,当我们向系统提交任何新照片,它就可以识别该照片中是否有猫或狗。机器学习的实现在很大程度上基于人工神经网络理论。在学习阶段,通过示例的呈现来训练系统,系统中的神经节点会做出相应的改变。图 6-6 描绘了这种新范式。

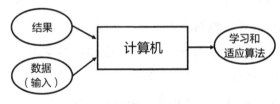

图 6-6 机器学习的新范式

对机器学习及其背后的数学和统计理论所展开的更深入的讨论,超出了本章的范围。然而，有一件事是显而易见的：**数据和大数据，以及计算能力的惊人发展**（并行计算和存储大量数据的能力），正在推动机器学习和人工智能技术的提升。这些基于人工智能的系统构建了数字化时代诸多高级应用程序的重要基础框架。这个时代的特点是需要先进的创新业务见解，这些见解可以通过新的数据流进行自我更新，有时甚至是实时更新。这些系统已集成到智能手机和Siri、Alexa、Cortana等应用程序以及Watson等认知计算机系统中。

数据驱动的商业模式

数据一直以来都是组织运营和实施战略的重要组成部分。过去我们倾向于将应用程序视为重要元素，将数据视为次要元素。在过去几年中，这种看法已经发生了变化，数据本身成了战略的组成部分，直接影响公司的竞争优势并使其产生新的收入流。各种各样的市场分析公司如加特纳、Forrester、IDC等都认为许多公司将拥有理解大数据的能力，并将数据视为一项战略资产，利用它为其业务创造新的收益。换言之，许多公司将制定出新的与数据相关的商业模式。我们来看看下面几种与数据相关的商业模式。

（1）**销售数据给其他公司**。这是基于数据的最著名和最古老的商业模式。多年来，一些组织出售过各种各样的数据。例如，一家公司可以出售其客户的人口统计信息（要在管理个人隐私的法律和法规允许的范围内）。与几年前相比，现如今这种类型的数据大幅增加。

- Waze向当地政府和交通部门提供其所在地区的交通量数据（在删除可识别的细节后）。地方当局可以利用这些数据来计划和改善或扩展运输线路、优化交通信号周期等。
- TalkingData，北京的一家大数据公司，向小额贷款公司提供手机持有人的轨迹信息，帮助贷款公司做出更好的信用模型。它也向政府、地产商等机构提供人流信息，让它们在做策划时可以进行最优的设计。
- **通用汽车**向旅游公司出售数据（在删除个人详细信息之后）。它依据客户人口统计信息，使用安装在其车辆中的 On-Star 系统生成数据。用各种方法细分出来的数据可以帮助保险公司更多地了解该车的行程并优化其风险分析。

- **Strava** 研发出一款流行的应用程序，搭建了一个为跑步和骑自行车的数千万运动员服务的社交网络。用户利用这款应用程序可以追踪到他们的体育活动，并且应用程序也允许他们共享信息、选择路线等。用户还可以创建信息，例如他们跑步或骑行的路线、活动时间、活动持续时间等。Strava 可以以各种各样的方式为城市规划者和地方当局提供价值。该公司还为城市开发了一个特殊的应用程序叫 Strava Metro，并与几十个大城市签订了合同，且向其发送信息（不含用户的详细信息）以提升市政规划。

- **手机公司**可以在给定的时间提供位于给定地理区域的人口数据（不含用户的详细信息）。这些数据可以帮助餐馆和其他公司随时计划预期的服务需求，还可以帮助新企业选址。组织可以通过分析这些数据获得见解并做出更明智的决策。

（2）**向客户销售分析数据**。另一种与数据相关的商业模式基于组织的信息收集和分析。数据加上分析是销售给客户的产品。例如，一家电信公司可以为其客户提供一种工具使它们能够分析出手机的使用情况，如通话数量、十大最受欢迎的通话目的地、按白天或黑夜分析等。信用卡公司向它们的客户提供服务，通过分析他们购买的各种类别的产品（如食品、文化、休闲、服装等）来描述他们的消费习惯。一个公司销售可测量距离、步数、慢跑路线、消耗的热量等参数的可穿戴计算器（手表或手镯），可以免费为它的客户提供一些分析，并提供需要缴费的更高级数据分析（免费增强模式）。即使一些分析是免费提供的，也可以给公司的客户增加价值，并随着时间的推移保持其忠诚度。随着数字化变革的进步和产品向服务的转变，这一趋势将会增长。例如，劳斯莱斯如今通过按小时计费（power by the hour）计划将喷气发动机作为服务进行销售，通过对其发动机中嵌入的传感器传输的所有数据进行高级分析，并以提供高级信息维护为服务内容向航空公司收费。

（3）**数据经纪人**。有些公司的主要活动包括数据经纪。例如，彭博（Bloomberg）、BDI、万得（Wind）从各种各样的资源中收集经济数据，并在根据客户的需求分析其投资组合后向其提供信息。

除此之外，还有许多其他与数据相关的商业模式。数字化时代和数据爆炸使组织能够将它们收集来的数据视为产生收入或其他收益的一项资产。它们可以研发、创新与数据相关的产品并产生新的收入来源。稍后我们会讨论一个新的管理职位——首席数据官（CDO）。首席数据官的一个职责就是确定与数据相关的需求和想法，并协助开发新产品。这被称为货币化数据的过程，首席数据官在这个新机遇中是一个重要的角色。

访问其他组织的数据

数据自然属于收集和管理它的组织，因为该组织负责并且熟悉它。除非有相当明确的理由，否则组织多年来形成的共识是保留数据而不与其他组织或个人分享。数据是组织的资产，出于个人或其他隐私保护的原因，或者从商务或安全的角度来看，它都是非常敏感的，因此组织倾向于将数据置于高墙之后。最近，我们注意到这方面发生了重大变革。我们将提到两个相对较新的现象。

- **开放式数据**。政府和公共机构的数据库允许所有人访问。

- **应用程序编程接口**。这些接口允许访问商业组织的数据库，使组织能够相互检索与分享数据和应用程序。

在这里，我们要强调来自第三方的数据会由于数据源的不同，质量参差不齐。一些资源以拥有高品质数据而闻名，而来自其他资源的数据有时质量会不佳，需要更加慎重。

范式分析：开放型数据

组织的数据库允许外部人员使用，并且可用于各种目的而没有版权限制，这是一种已经存在了许多年的想法。我们可以将这一想法视为日渐流行的开源软件的一部分。在 2013 年，这一趋势得到了推动，奥巴马政府采纳该政策并宣布了一套针对美国所有联邦当局关于政府和公共信息及数据库的公开与开放的指导方针。基本假设是，国家和地方政府管理的信息最终是属于公民和纳税人的。

如果政府代表它的公民维护这些数据库，那么它应该共享这些数据库，即透露任何应该公开的内容，并且鼓励开放和透明，以期望带来创新、经济增长及其他价值。开放政府数据库的想法迅速扩散到了其他国家，如今许多国家都在采取开放数据这一举措。在撰写本书时，正在做这方面努力的领导者有拥有 data.gov 网站的美国、拥有 data.gov.uk 网站的英国，此外还有不少其他国家。

开放型数据的定义就是任何人都可以使用的数据，只有很少的限制（这通常意味着只要适当引用数据源）。开放型数据的指导原则是：数据库是一种资产，而且可以用于各种目的，包括公共福利和商业用途。潜在开放的美国政府数据库清单非常庞大，包括由美国国家航空航天局（National Aeronautics and Space Administration, NASA）做的空间研究、地图数据库、医疗信息（如人类基因组）、环境质量数据库、气象信息数据库等。例如，打开政府的气象服务数据库，任何人都可以下载数十年来所积累的天气数据，并将其用于各种目的。农业组织可以运用该国不同地区在一年中的不同月份的温度和降水数据，开发向农民推荐何时种植和何时收获特定农作物的应用程序；旅游组织可以使用相同的数据开发应用程序，告知游客他们所计划访问地区的天气情况。

多年以来，一个名为 CKAN 的开源软件平台被开发出来，它允许组织和政府迅速、有效地公开数据库，并使其容易被感兴趣的人找到并使用。该软件平台甚至可以管理元数据，以便人们轻松理解数据结构以及如何对它进行访问。

世界上有许多企业通过这些数据去开发政府数据库的公开应用，以及对公众具有重要价值的创新应用。

开发商业组织的数据库

当然，出于不同的原因，开放数据的运动也引起了商业组织的关注。商业组织开放它们的数据库时通常要求付费使用。也有组织将开放数据库视为一个建立事实和标准以及直接或间接获取收益的机会。通过接口（应用程序编程接口）访问数据是最常见的方法，通过传输文件访问数据现在已经不太流行。与免费提供给个人和组织的政府数据库不同，商业组织开发出了不同的商业模式，并且在一些情况下收取使用其数据库的访问费。

一个有趣的商业模式是**数据交换**。组织不对使用数据收费，而是互相交换数据，这些数据对交易双方都存在价值。下面是一些例子。

- Waze。该公司提供了一个软件开发工具包（SDK），它可以用来访问其数据库并且允许第三方应用程序开发人员将 Waze 的信息集成到他们的应用程序中，包括数据、地图和计算。例如，通过软件开发工具包（SDK），你可以根据 Waze 的交通数据获取有关给定目的地的预计到达时间（ETA）的信息。这家公司还允许第三方应用程序访问其导航数据和计算两点之间的最快路线。这实际上是通过访问应用程序层而不是直接访问其数据本身来实现的。

    Waze 还允许当地政府（如里约热内卢市政府）从它的数据库接收有关车辆交通流量、事故、车辆速度等数据。在这些信息的帮助下，政府可以提升城市的交通管理。作为这些数据的交换，里约热内卢市政府为 Waze 提供了公共场所的城市运营摄像机数据、交通信号灯数据以及安装在道路两旁并由市政府运营的各种其他传感器数据。

- Moovit（公共交通应用程序）。该公司拥有类似的商业模式，为当地政府机构提供有关公共交通出行的范围和目的地信息，作为交换，当地政府机构会为 Moovit 提供实时的公共汽车和火车信息，还向 Moovit 的用户提供有关堵车、公交和火车延误到达等警报。

- **Strava**（测速应用程序）。该公司为各个领域的运动员（摩托车手、跑步选手等）建立了一个社交网络的移动应用程序，并利用它的数据库找寻新的收入。该公司向当地政府收取每位登记的摩托车手 80 美分的费用，让当地政府了解他们在其所在地的骑行习惯。当然，传送给地方当局的数据将会清除掉所有个人身份信息。

- **谷歌**。谷歌允许通过应用程序编程接口访问谷歌地图的数据，并且它可以集成到第三方应用程序中。

- **IBM**。该公司为其认知系统 Watson 提供软件接口，Watson 在云（cloud）中运行并使应用程序开发员能够利用 Watson 的能力和智慧。使用这个软件界面的一个很好的例子就是 CogniToys，它运用 Watson 的软件界面开发出了一个形状酷似一只可爱小恐龙的玩具，孩子按下按钮后可以询问许多有关不同主题的问题。这个玩具售价约 150 美元，允许用户访问如今最强大的认知系统之一！

从这些例子中我们可以看出，组织收集的数据不仅可以供内部使用，而且还可能是对其他组织非常有用的一项资产。组织可以开发和利用它们收集与管理的数据，并创造新的收入来源。这意味着它们可以将数据货币化。如果它们是公共组织，则可以为公众提供一些福利。

案例：改变筒仓式数据管理和打破信息孤岛

阳狮集团

为了创造在现代世界中生存和发展所需的动力，阳狮集团（Publicis Groupe）正在战略性地寻求创新解决方案，将组织从控股公司转变为快速灵活的"平台",同时充分利用其庞大的内部资源和经验。阳狮集团选择将资源集中在使用 AI 的数字化转型项目上,以便使遍布整个组织的宝贵信息和数据变得井井有条。

将关于 80 000 个员工的数据联系在一起(人类几乎不可能做到),这不是传统工具能做到的,但是恰好是 AI 所擅长的。AI 可以毫不费力地将海量数据进行排序和分类,而机器学习可以快速建立和理解在相同知识中存在的网络。

通过使用 AI,阳狮集团为员工和客户创建了一个名为 Marcel 的交互助手。在后台,Marcel 是一个通过使用 AI 使阳狮集团的大量孤立知识变得井井有条的平台。但是用户看不到任何这种广泛的分类工作,对于他们而言,界面的工作方式与微软的 Cortana 或苹果的 Siri 类似。它可以用于查找专业知识、分享想法以及将创意人员与项目相关联。员工可以用简单的语言向 Marcel 询问,例如:"谁在过去六个月中为三星做过图形设计工作?"他们甚至可以向 Marcel 询问,谁是可帮助解决特定项目问题的最佳人员。

为了确保在不损害生产力的情况下实现通信,Marcel 会筛选所有通信渠道,每天为每个员工精心挑选他们可能感兴趣的六个项目。它还通过自动化使员工免于重复性管理任务(如制作时间表)。Marcel 还可在客户端提供帮助。客户可以将视频或项目描述发布到平台,轮询阳狮集团员工的想法。客户随后可以选择其认为最适合他们想法的相关团队。没有大量的电子邮件、延迟或重复的电话联络。Marcel 在提出建议时还会考虑现有工作负载。其结果是,形成了一种变革性的方法,使员工可在几秒钟内找到彼此,合理地利用成千上万人的专业知识。这形成了一个更加灵活的协作环境,它打破了信息孤岛却又不会丢失其所包含的信息。

凭借 AI 的强大功能,Marcel 的测试版已帮助阳狮集团从一个控股公司转变为一个创意分享和客户参与平台,其目标是到 2020 年时,公司 90% 的工作都转移到该平台上。

在 2018 年 5 月下旬正式发布 Marcel 之后,阳狮集团第三季度的表现非常强劲,实现了其有机增长加速的目标(高达 2.2%)。得益于其独特的数据战略和新的平台,阳狮集团赢得了葛兰素史克(GlaxoSmithKline,GSK)的四个单独招标,以及 Western Union、国泰航空和新加坡政府的重要招标。

1. 不要使自己局限于结构化数据

考虑 AI 的组织通常会将其思维局限于结构化数据,但是非结构化数据对于 AI 来说也是非常宝贵的资源,特别是对于员工而言。工作人员会浪费大量时间来手动搜索、理解、总结和整理非结构化或复杂信息。Marcel 人工智能引擎的工作方式是解释和连接分散的数据来创建统一且可解释的知识源。这为员工节省了宝贵时间,使他们能够专注于创造性和以客户为中心的活动,从而使客户感到满意,并使员工工作更加高效和快乐。

2. 营造公民数据科学家文化

当非技术员工能够利用 AI 来探索大量数据时,他们便会成为"公民数据科学家"。让每个员工都可以成为公民数据科学家,对于充分发挥 AI 的潜力至关重要。加特纳估算:"到 2019 年,公民数据科学家将在他们生成的高级分析数量方面超过专业的数据科学家。"只有采取此措施,整个组织才能使用 AI 获得新的见解、进行复杂的分析、做出更好的决策。

罗克韦尔自动化通过物联网实时获取设备远程可见性

罗克韦尔自动化在工业自动化和信息解决方案领域拥有来自超过 80 个国家的客户,拥有 22 000 名员工,2016 年的年收入达到 59 亿美元。为了给客户提供实时的业务洞察力,公司决定将微软的 Windows 10 IoT 企业操作系统与现有的制造设备和软件相结合,并将本地部署的基础架构连接到微软 Azure IoT 套件。端到端解决方案以几毫秒而非几小时的速度提供着操作的洞察力,并将高级分析功能放在全球客户都方便获得的范围内。

罗克韦尔自动化的客户群非常广泛,遍布全球各个制造行业。但无论哪个行业，企业都希望能够更好地控制自己的操作环境，为此，它们需要更好的洞察力。罗克韦尔自动化致力于将过程控制和信息管理融合在一起，决定为客户找到一个更简单的方法来获得全面的实时信息。

1. 为制造流程设计一个平台

打破信息孤岛是重中之重。一个典型的制造公司可能有来自多个供应商的机器和软件，因此几乎不可能将信息快速汇集在一起。罗克韦尔自动化市场开发总监丹·德扬（Dan DeYoung）表示："例如，一条包装线可能有几十个变量用来监控最佳性能。但过去，你只依赖于经验丰富的操作员观察其轮班结束时手动收集的生产数据以及机器界面中可见的几个变量。"

客户习惯于轻松访问企业 IT 环境中的信息，它们也在制造业务中寻找类似的功能。罗克韦尔自动化全球业务总监基思·斯坦尼恩格（Keith Staninger）表示："在创建解决方案时，我们需要找到与客户现有 IT 平台以及生产线保持一致的方法。它们希望将安全策略扩展到车间，并且能够轻松地共享数据。"

2. 获得对操作流程的实时洞察

为了简化实施并为客户提供实时洞察，罗克韦尔自动化采取了全新的方法。公司并没有将一台设备中的自动化控制器连接到独立的计算机，而是在其业界领先的 Logix 5000TM 控制器引擎旁嵌入了 Windows 10 IoT 企业操作系统的混合自动化控制器。该解决方案消除了对独立计算机的需求，并可轻松连接到客户的 IT 环境和 Azure IoT 套件以进行高级分析。

基于熟悉的微软技术，制造平台也易于管理。斯坦尼恩格解释说："客户不需要成为 IT 专家就可以在 Windows 10 IoT 上使用罗克韦尔自动化的产品，这是一种缩短学习曲线的方法，但仍然可以直接从工厂中提取丰富的数据。"

客户在操作时可以即时访问数据，不再需要等到轮班结束后才进行更改。德扬说："你可以同时评估许多变量，获得预测或建模结果。我们已经把决策时间从几小时缩短为几毫秒了。"

3. 简化对高级分析的采用

凭借其扩展的集成架构，罗克韦尔自动化可以快速满足各种行业和业务需求。公司预计，全球客户都将受益于 CompactLogixTM 这套可编程的自动控制系统。德扬说："Azure 上的 Windows 10 IoT 是一个灵活、可扩展的平台。我们可以重复使用应用程序，并针对架构中的不同结果和产品进行调整。我可以创建一套一致的应用程序，并将所有内容从工业计算机及可编程自动化控制器发送到本地或非本地部署的 Azure 上。这确实有助于加快我们的上市，并使我们能够基于不同的目的进行扩展。"

罗克韦尔自动化的客户还可以根据自己的需要灵活地采用新技术。"通过创建一个基于 Windows 10 IoT 和 Azure 的计算平台，我们可以将应用放在客户感觉合适的地方，并且如果这样做有利的话，我们就可以将该应用尽快下载到云中，"罗克韦尔自动化软件业务开发总监约翰·戴克（John Dyck）说，"将数据移入云端非常简单，而且是无缝的。如果客户想要应用机器学习或预测分析，他们可以做到这一点，而且不会增加复杂性。"

上汽集团城市移动出行服务

上海汽车集团股份有限公司（以下简称"上汽集团"）是国内 A 股市场最大的汽车上市公司。上汽集团努力把握产业发展趋势，加快创新转型，正在从传统的制造型企业向为消费者提供全方位汽车产品和出行服务的综合供应商发展。

在移动出行领域，随着人们出行需求的增长，出行服务也变得复杂化和多样化。目前市场上已经有一些互联网平台的公司正在探索移动出行平台的建设，上汽集团期望充分利用在汽车产业链上的资源优势，通过整合生态构筑具有自身特色的移动出行服务平台。

在移动出行服务领域，充分考虑不同出行者在不同场合的出行需求，从而为其提供无缝的移动出行体验，是数字化时代移动出行服务产品的最大特征。如何通过实时的组合服务来满足复杂的场景，连接合适的服务供给方，也是这一类用户所关注的焦点。

1. 用户触点

从原有的基于移动端应用并通过网约车呼叫来被动地满足用户碎片化的出行需求，到多终端、全渠道的无缝移动出行服务体验，用户触点也从移动设备扩展到车内互联终端、智能家居等。上汽集团基于统一用户数字身份标识来分析用户数据，根据偏好推荐产品组合、定价组合，从被动响应升级为智能推送，为客户提供一站式个性化出行服务。

2. 资源供给

从简单的连接乘客和司机的点到点需求撮合的资源供给模式，转变为无处不在的连接方式。上汽集团建立开放平台，实时对接需求方与供给方，统一数据平台，打通不同服务需求，实现服务智能调度从连接"出行者—车辆"，到连接"出行提供者—车务服务""车辆—车务服务""出行者—生活服务"等多元化的资源供给与撮合方式，为出行服务打造完整的生态闭环体系。

3. 平台运营

从传统的基于直观经验和规则的运营方式，转变为运用人工智能和结合业务经验，以实现智能调度、智能推荐、智能匹配和智能组合。上汽集团通过在平台上建立原生的人工智能运营能力，提高服务响应速度、加速业务迭代。在这个过程中，以移动技术、大数据、人工智能、开放平台为代表的数字化技术，将成为整个移动出行平台持续发展和进化的关键因素。平台不断累积的数据和迭代的算法，也将成为数字化时代移动出行平台的增长引擎。

由此可见，在这个全新的移动出行业务中，向各类用户提供各种多样化、智能化的产品和服务都是由数字化能力来定义与承载的。它们具备以下几个共同特征：这些商业模式提供的服务均以用户为核心，无论用户是以乘客、司机的身份出现，还是以运营者的身份出现；所提供的服务是随时随地的、按需的，其背后是数据的支持；产品所承载的服务具有跨界的特征，体现了传统的出行和生活服务、金融服务等跨行业的有机融合。

总结：知识就是力量，数字化知识就是商业力量

在本章中，我们回顾了数据在数字化时代的增长潜力。犹如原油经过精炼和加工后生成产品价值，数据被人们比作"数字化时代的石油"，有助于我们理解数据经过处理和提炼后生成商业价值。此外，我们还强调了数字化时代的特点是各种数据呈指数级爆炸式增长。达文波特教授称此为数据分析 3.0。

随着数据分析越来越重要，我们正在见证机器学习的快速发展，它指的是软件拥有从处理大量数据中学习的能力。更多的组织了解到了数据的潜力，并着手开发和创新与数据相关的商业模式。政府机关正在开放它们的数据库，以鼓励创造新的价值。越来越多的组织选择任命一名首席数据官，由其负责管理和推广这一新的非常重要的资产。我们可以关注航空业、银行、保险、信用卡、零售以及其他了解数据作为资源的重要性的产业组织，并且指定首席数据官作为高级管理人员，负责识别和利用这项新的潜在资源。

组织若能利用内部创建的数据并将其与外部数据、机器学习系统、人工智能和高级分析进行集成，并能够开发和创新与数据相关的商业模式，将会成功地在数字化时代创造出其自身的竞争优势。

在收集、恢复、利用、更新、分配等方面管理良好的数据，就是商业力量。

第7章 人与机器的角逐:从图灵、费曼到冯·诺伊曼

如果人们不相信数学简单,那是因为他们没意识到真实世界有多复杂。

——约翰·冯·诺伊曼(John von Neumann)

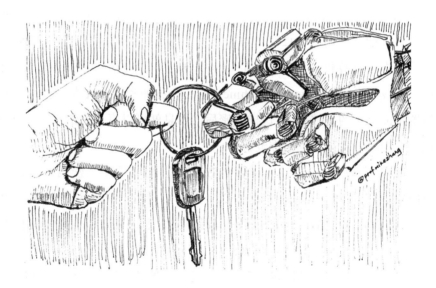

数字化变革的一个重要力量是人工智能。很多组织都蓄势待发，不想错过这个重要的历史机遇。关于人工智能的美好前景，很多文章和书已经做了非常详细的描述，我们在这里不再赘述。相反地，在本章我们对人工智能面临的挑战做了一些深度思考。**因果关系**和**过度拟合**是人工智能目前面临的最大挑战。我们通过三个故事来回顾过去100年间人与机器展开的多次角逐，计算机科学家在机器学习方面对模型的**预测能力**做出了巨大贡献，而与此同时，经济学家在因果分析方面对模型的**解释能力**做出了巨大贡献。我们将探讨两个学科如何能够结合起来，让经济学的模型帮助我们解决人工智能中的因果关系和过度拟合两个问题。在我们看来，**人工智能就是人（人类）和工（工具）结合在一起产生的智能**。

图灵的故事

100年前，欧洲人发明了一种能够做乘法的机器，用来处理较大的数字乘法。比如，先输入"128"，再输入"21"，就会算出乘积是"2688"。那时还没有电子计算机，这就是人们用来加速计算的机器。后来德国人在第二次世界大战时发明了Enigma Machine，它是一种加密用的机器，输入"A"时，机器可能显示的是"C"，这样加密后的信息就可以直接发给友军，即便敌方截获了加密的信息，也很难破解。

图灵（1912—1954，英国著名数学家、逻辑学家、密码学家，被誉为"计算机科学之父""人工智能之父"，是计算机逻辑的奠基者）在此时做出了巨大的贡献，他破解了德方的加密机器，从而让英国获得了战争的胜利。

图灵是一位天才数学家，他有以下几个著名的贡献。

第一，他提出了"图灵机"。图灵说有一种逻辑计算结构，可以把它想成一个虚拟机器，所有问题简化为二进制的0和1之后，通过逻辑计算就可以得到最终答案。图灵机的概念后来果然成为现实，我们现在使用的所有编程语言都可以说是"图灵完备"（让一切可计算的问题都能被计算，这样的虚拟机或编程语言就叫作"图灵完备"）。

第二，图灵在自己的一篇论文中提出"图灵测试"。测试由一个人类考官提问，左边是计算机回答，右边是人类回答，当人类考官无法判断哪个是计算机，哪个是人类的时候，则可以认为该计算机通过了图灵测试。今天的智能对话机器人在对特定问题的回答上，可以认为已经通过了图灵测试，比如微软的小冰、iPhone 的 Siri、亚马逊的 Alexa 等。

但同时图灵测试也给人类带来了一个巨大的问题：图灵测试让我们认为人工智能的终极目标就是机器变得和人一样。很多人认为计算机在以后真的会变成人、替代人，让人类失业，或者计算机要毁灭人类。所有这些想象，都是从图灵测试中来的。

这个假设是错的。爱因斯坦曾说过一句话："只有两样东西是无穷的，一是宇宙，二是人类的愚蠢，而我对前者是否无穷并不肯定。"大仲马也说过："让我最无奈的是，人类的思维是有限的，但人类的愚蠢是无限的。"很多心理学家都总结过人类会犯的各种错误，诺贝尔奖获得者丹尼尔·卡尼曼（Daniel Kahneman）在他的著作《思考，快与慢》中总结了他和其他学者发现的非常多的人类的谬误：在很多场景下，人类做出的决策都与正确、理性的决策相差甚远。这些谬误意味着，犯错误这件事会永远困扰着人类。不是因为人类想犯错，也不是因为人类教育程度不高，而是因为人类大脑的设计并不完美。在快速处理一些问题时，人类大脑会选择走捷径，这时聪明的人类会犯愚蠢的错误。

也就是说，人类并非完美的物种。那么，我们人类为什么非要让计算机把超越人类作为最终目标呢？我们真的需要计算机像人类一样做决策吗？完美模拟人的智能机器，实际上也并不智能，当一个机器完全模拟了人的智能，就会像人一样犯各种错误，没有什么智能可言。

我们可以定义一下"弱人工智能"（artificial narrow intelligence）：比如 AlphaGo 下围棋的能力很强，但它不会开车；微软的人脸识别功能非常好，但让它以同样的算法下围棋，它就做不了，这些单一用途的人工智能都叫作"弱人工智能"。

"强人工智能"（artificial general intelligence）则是机器可以做人类做的任何事。我们说到人工智能的时候常常会想象强人工智能，但恰恰是弱人工智能能够在很多场景帮助人类做更好的决策，以目前机器学习的发展来看，强人工智能一方面不容易实现，另一方面也没有必要实现。

所以这里有三个结论。

（1）完全模拟人的机器并不智能。

（2）人工智能的发展不一定非要完全依赖于模拟人。

（3）"弱人工智能"强于"强人工智能"。

费曼的故事

理查德·费曼（1918—1988，1965年诺贝尔物理学奖得主）是著名的物理学家，他曾讲过一个故事。

某天下午，费曼坐在巴西的一家咖啡馆中思考，这时进来一个卖算盘的日本人，打算向咖啡馆推销算盘。这个日本推销员说用算盘更便于记账（当时还没有计算机），但是咖啡馆老板表示不想买。

咖啡馆老板说：既然你说这个东西计算很快，那我随便找一个顾客（碰巧就是费曼），你们两个比试一下，看看机器和人谁的运算更快。比试开始，首先是算加法，费曼的速度完全没办法和算盘比，他还没读完数字，日本推销员就已经用算盘算出得数了。后来费曼说要增加难度，算乘法，这时用算盘需要更多步骤，所以费曼和算盘的速度差不多。这下，日本推销员说，这不行，我们要找一样更难运算的：开立方根。费曼同意了，于是咖啡馆老板随机选定了1729.03这个数字。费曼作为一个物理学家，碰巧知道12的立方是1728（一英尺等于12英寸，求立方体体积时，这种运算是很常见的），所以他只需要知道剩下的1.03怎么开立方。很快，在几秒钟内，费曼通过使用"泰勒公式"算出了小数点后5位的得数，给出了 12.0025，这个数字和正确答案 12.00238……的误差是 10 万分之一。几分钟后日本推销员才喊出 12，费曼完胜算盘。

人与机器的角逐实际上各有优劣：人的直觉和经验是机器无法模仿与超越的，而机器在弱人工智能方面是胜过人类的。一个简单的人造计算器没有智能，但是可以在计算 6 位数乘以 6 位数的乘法上胜过人类。100 年前那个人造的手摇计算机在计算速度方面已经超过人了。

机器确实有比人做得更好的地方，但是在需要直觉和经验的场景下，机器往往无法胜过人。人和机器在做决定时，用的是两种不同的方法。人是用直觉，直觉是人将各方面知识综合在一起形成的，直觉让人快速得到一个解决答案。机器用的是"梯度下降"算法，这是在求解机器学习算法的模型参数时，最常采用的方法之一。

机器做决策只有一个方法，就是先让人类找到"损失函数"，然后让损失函数最小化。从这方面看，机器没有任何智能——是人写出损失函数，然后让机器执行优化算法。所以人们对机器的期望不能太高：机器在弱人工智能层面可以做得很好，但是用梯度下降的范式不可能产生强人工智能。

现在我们常说的人工智能，与以前的人工智能最大的区别是：以前，人通过写计算机程序来制定规则，然后输入一些数据，让计算机算出结果；而现在，是人把数据和结果输入进去，通过监督和非监督学习的算法，让机器来学习并得到规则。以前的人工智能叫作"专家系统"，是基于规则的；现在的人工智能则更多是让系统根据数据去自动优化，学习底层逻辑。

就如所有机器一般，人工智能在某个方面可以很强大，但是复杂的算法常常被掩盖在简单的界面里，使用者在不理解底层逻辑的情况下使用，可能会产生极坏的效果。就好比把机关枪交给一个三岁的小孩去用，结果会难以想象。

我们举几个例子。

有一位美国朋友给我们发来一张优步的自动驾驶汽车的照片，从中我们发现一处不对劲的地方：禁止左转的红灯亮的时候，车居然向左转弯了。后来我们讨论了这个问题，原来是因为训练自动驾驶时使用的是人类驾驶的数据记录，有人在禁止左转的红灯亮的时候左转过，导致机器学到了这样一个行为。所以，人并不是一个完美的物种，如果机器完全向人学习的话，也会学到人的一些坏习惯。

几年前，几位北航的教授做过一个研究，根据人们乘坐北京地铁进站和出站的情况，画出一些曲线，把人分成几种类型。例如，游客会去圆明园、香山；购物者会去西单、王府井；而小偷的行为曲线与正常人群是非常不一样的。

是否可以用人工智能分析所有人的行为轨迹，找出小偷呢？可以。

但是另一种分析方法则是比较危险的。美国新泽西州的警监说："我们用大数据技术能够算出什么样的人会比较容易犯罪，并算出他们在什么时候会犯罪，这样就可以提前预警。"

这让我们想起科幻片《少数派报告》，这里最大的问题就是，这样的计算依赖的是人不可改变的数据平均值。平均来讲，黑人的犯罪率更高，但是并不代表每个黑人的犯罪概率都高，用平均值算出来的结论如果推广开来，对黑人的个体就是很不公平的，而在很多场景下是很危险的。

从算法上讲，我们不能只看平均效果，还要看个体行为。这与抓小偷的区别在于：美国新泽西州的警监抓罪犯的方法，是根据对方的年龄和肤色这些自身无法改变的因素来判断的，这样会冤枉好人；而前面抓小偷的方法，则是根据对方的行为，根据行为的判断就没有问题。

很多人工智能算法试图追求的都是平均效果，但如果聚焦到人的话，结论就会完全相反。可见，人工智能不是万能的，结果要靠人去解读，人和机器要一起合作才是最优的。人工智能有两个非常深刻的课题需要解决：一是过度拟合的问题（假如给了系统太多的自由度，让它学到一些不该学的东西，那么它在样本内的表现很好，但是在样本外就很差）；二是因果关系的问题（即便能发现两个变量的强相关关系，也不能代表其中一个导致了另一个的发生)。

这两大挑战,是人工智能目前急需解决的问题。

冯·诺伊曼的故事

冯·诺伊曼(1903—1957,数学家、计算机科学家、物理学家,是20世纪最重要的数学家之一,也是现代计算机、博弈论、核武器和生化武器等领域的科学全才之一,被后人称为"现代计算机之父""博弈论之父")是人类历史上非常聪明的一个人。

1945年之前,他参与"曼哈顿计划",为美国研制原子弹做出了贡献;接着,他又开始研究计算机,帮美国研发出最早的计算机(ENIAC和EDVAC)。图灵是将计算机逻辑结构想清楚,冯·诺伊曼则是把计算机体系真正呈现出来(现在我们的计算机还是在沿用所谓的冯·诺伊曼体系),所以二人都是"计算机之父"。

冯·诺伊曼在数学、物理学、工程学、经济学、管理学等诸学科领域都有极为重大的贡献。他在1944年和摩根斯特恩(Morgenstern)出版了一本博弈论的著作,直接影响了经济学的方法论,直到今天,经济学中的很多研究还在用他们提出的博弈论思想和效用函数工具。诺贝尔经济学奖于1969年首次颁奖,可惜冯·诺伊曼在1957年就去世了。

不同学科的研究方向各不一样,目标也不一样。比如:

传统的计算机科学和机器学习人工智能,都是在做预测,可以锻炼出很强的**预测能力**。例如"地心说"本是一个错误的理论,但根据这个理论,人们能预测到明天的太阳会东升西落,并算出日出和日落的时间,所以"地心说"可以做出很好的预测,但是不能做出很好的解释。

解释能力来自对底层运行机制的了解,这个是经济学家感兴趣的话题。举例来说,"进化论"可以解释人类为什么是从猿猴进化而来的,但是没办法预测我们人类在未来会进化成什么样子,所以"进化论"有很强的解释能力,但是没有很强的预测能力。

有没有办法让人在这两方面同时做好？目前因为学术分工，计算机科学家在研究方法上把预测能力推向了极致，而经济学家也有很多方法把解释能力推向极致。

把两者结合起来是我们的终极目标，这方面做得最好的是诺贝尔经济学奖得主赫伯特·西蒙（1916—2001，20世纪科学界的一位通才，其研究工作涉及经济学、政治学、管理学、社会学、心理学、运筹学、计算机科学、认知科学、人工智能等领域）。西蒙是目前人类历史上唯一一位同时获得了经济学最高荣誉诺贝尔经济学奖和计算机科学最高荣誉图灵奖的人，对各个领域都贡献巨大。我们需要像他和冯·诺伊曼这样的人一样，既懂得经济学的底层逻辑，能够透过现象看本质，又具有科学家的思维，能用计算机科学思维做出很好的预测。

总结

人工智能的两大挑战（过度拟合和因果关系），也许可以用经济学的方法来指导。经济学的因果分析方法在过去20年间得到了非常大的发展，而这些对计算机科学家来说是很陌生的。人工智能和经济学因果关系研究的未来发展需要互相参考对方的方法，也许根据冯·诺伊曼的理论发展出来的经济学方法最终能解决一些困扰着根据图灵的理论发展出来的人工智能的挑战。

本章我们通过三个小故事，回顾了过去100年间人和机器的角逐。结论其实很简单：我们不需要担心机器替代人类，也不需要机器以人类智慧为最终目标，当机器的强大运算能力和人的强大经验结合起来的时候，当经济学的因果分析方法能给人工智能的两大挑战提供解决方案的时候，人工智能的终极目标就实现了，人（人类）和工（工具）结合的智能才是真正的人工智能。

第8章　数字化时代下的商业创新

领袖与跟风者之间的区别就在于创新。

——史蒂夫·乔布斯（Steve Jobs）

引言

在本书的第一篇中,我们回顾了商业环境中数字化技术的几种概念和方法。我们特别关注了数字化变革的重要性。这是一个动态的过程,对于一个组织在数字化时代追求成功是至关重要的。连接这些概念的一个共同主线是创新这一概念。本章着重探讨创新与数字化之间的特殊联系。正如我们将看到的,包括数字化在内的任何创新必然以不同的方式开展(在风险、潜力、速度等方面都会有所不同)。更重要的是,创新越来越取决于数字化这关键一环的发展。

在本章中,我们将对传统意义上的创新和颠覆性创新进行进一步探讨,并特别对数字化颠覆性创新进行讨论。我们将研究哈佛商学院克莱顿·克里斯坦森教授在其著作《创新者的窘境》[1]中提出的颠覆性创新模式。关键点是:数字化一方面加速了创新,另一方面也加速了颠覆性创新的进程。

创新是数字化变革过程中最重要的问题之一。管理一家企业从来都不是一件容易的事,但在当今时代,管理似乎变得更加复杂,存在多变性、不确定性、模糊性以及发展趋势的复杂性等。这些共同构成了巨大的挑战。在现代社会下,人们取这些特征的首字母缩略合成一个新词,即 VUCA(不稳定、不确定、复杂、模糊)。[2]数字化变革大幅加速了这一趋势。这是一个"危"与"机"并存的时代!每个组织都必须根据环境的变化来调整定位,以便在新环境中找到应对挑战的方法。创新正是帮助组织解决这些新挑战的一个重要工具。

数字化变革的一个关键结果是数字化颠覆。显然,一些组织还没有在内部实现创新,尤其是颠覆性创新。它们没有意识到创新的力量,也没有开始采取行动来应对数字化时代下的挑战。数字化时代打击了许多组织,使它们

---

[1] Clayton Christensen. The Innovator's Dilemma, The Revolutionary Book That Will Change the Way You Do Business, Harper Business, Reprint October 2011.

[2] Nathan Bennett, James Lemoine. What VUCA Really Means for You, Harvard Business Review, January-February 2014 Issue.

丧失了竞争优势，甚至有些已经破产。但令人惊讶的是，仍然有一些组织认为数字化变革不会对它们造成影响。它们选择了观望而非采取行动，彻底忽视了改革创新的重要性。

类似的短视行为是常见的。美国著名的市场营销学者西奥多·莱维特（Theodore Levitt）教授早在1960年就注意到这一现象。那时候，数字化时代还远未到来。在《哈佛商业评论》一篇名为"营销短视"的文章中，[1]他强调管理层有必要准确定位组织所处的市场和行业，以便妥善应对竞争与威胁。与此相反，许多组织倾向于"钟情"自己的商业模式、产品或服务，而没有意识到应该投入时间和资源来把握新的机遇。错过发展可能会使它们失去市场份额，甚至导致破产。莱维特的主要论点是：一些组织错误地倾向于考虑自己的产品或服务，而不是从客户的角度进行考虑，思索如何给顾客带来价值以及什么才是真正重要的。它们错误地认为它们知道如何在市场中存活。例如，铁路公司由于将自己定位在铁路行业而不是运输行业来经营，故而失去了与航空公司、公交公司及其他公司竞争的机会。

创新

在定义什么是创新之前，让我们先定义一个相关的基本术语：**竞争优势**。哈佛商学院的迈克尔·波特教授对我们所理解的竞争优势和商业战略两个概念做出了很大贡献。在他看来，竞争优势有两个主要来源。[2]

（1）**成本领先**。组织通过保持行业中最低运营成本，即为客户提供较低的价格，来寻求竞争优势。

（2）**差异化**。组织通过寻求比竞争对手更独特的差异化产品来取得竞争优势。差异化可以表现为多种维度：设计、便捷性、多种选择、个性化定制、销售点和销售方式等。

---

[1] Theodore Levitt. Marketing Myopia, Harvard Business Review, 1960.

[2] Michael Porter. Competitive Advantage：Techniques for Analyzing Industries and Competitors, Free Press, 1998.

竞争优势是一个动态的概念，每个组织都必须随着时间的推移维持和发展自己的竞争优势，这并不是一蹴而就的。如果成功的话，它将是一种可持续的竞争优势，也是每一位首席执行官的梦想。

> **竞争战略**
>
> 组织的竞争战略是一项长期的行动计划，其目标是维持和发展组织相对于竞争对手的竞争优势。

波特教授指出，企业战略需要围绕其独特定位来制定：在价格、差异化方面，或者综合两者考虑，公司的产品或服务相对于竞争对手而言有何不同。

图 8-1 展示了组织获得竞争优势的主要途径：高质量的产品和服务，高效的业务流程以及将高效转化为低价的能力，高水平的客户服务及快速回应客户需求的能力，以及随着时间的推移利用创新为客户创造价值的能力。从很大程度上说，创新是所有方面的一部分。

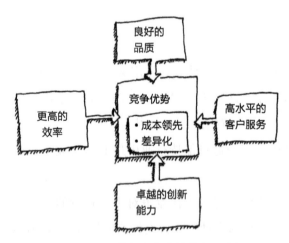

图 8-1 组织获得竞争优势的主要途径

让我们简要地定义一下创新的概念，并注意到它固有的二元性：创新包含了机遇和风险，两者是不可分割的。我们看到，数字化技术已经成为一个组织最重要的创新动力之一。数字化技术创新，可以相对更容易地开发软件、灵活构建新的商业模式，并能简单地通过互联网和移动设备传播创新成果。

在当今社会，一个组织如果不采取恰当措施将创新作为其核心目标整合进商业战略，就有可能丧失其竞争优势，并最终招致失败。

> **从竞争优势到创新的定义**
>
> 创新是一种组织性的过程，其目的是通过改进或开发一种新的产品/服务/商业模式/业务过程，或者它们的组合，为客户和组织创造价值。

每种产品/服务/技术都会过时，被其他产品/服务/技术所取代，这是迟早的事。图 8-2 展示的是创新的 S 形曲线，它描绘了创新最初如何由少数客户驱动，进而经历扩大采用、传播和增长，达到成熟和饱和，最后随着下一个浪潮或下一代的出现而衰落或被取代的过程。

S 形曲线在我们的日常生活中，一直在逐步发展。

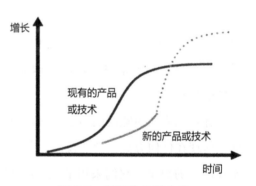

图 8-2　创新的 S 形曲线

- 磁带取代黑胶唱片，光盘取代磁带，电子音乐文件取代光盘。
- 移动电话迅速取代固定电话，紧接着早期的移动电话迅速被智能手机取代，而智能手机则一直处于更新换代中。
- 平板电视取代 CRT（阴极射线管）电视，智能平板电视随之取代平板电视，高清液晶电视取代智能平板电视，随之又被 LED，进而是屏幕更大、图像更清晰的 OLED 电视所取代，现在又出现了 4K 电视。
- 电子版百科全书取代纸质版百科全书，而维基百科之类的众包电子版百科全书则随之取代了电子版百科全书。

- 网上购物模式正逐步取代实体商店和购物中心的购物模式。
- 无人驾驶汽车正逐步取代混合动力车和电动车。
- 在中国,同一家公司——腾讯推出的两个应用,微信取代了QQ。

有时一项新技术或产品的更新换代可能需要几十年或更长的时间(时间跨度可能为电子版百科全书取代纸质版百科全书所用的时间,或基于GPS的导航取代纸质地图的时间,抑或是移动电话取代固定电话所用的时间等)。⊖

如图8-3所示,在罗杰斯提出的创新采用曲线里,反转的U形曲线表示不同时期接受新技术的人口百分比,单调上升的曲线则表示随着时间变化接纳创新的累积人口百分比。创新者的数目最少,约占总人口的2.5%。早期接受者往往容易接纳新事物,并时刻做好准备去尝试,他们约占总人口的13.5%。随着时间的推移,几乎所有人都采纳了创新。想想今天还有多少人没有智能手机。对于那些引人注目的迟到者,罗杰斯称其为"落后者",他们大约占总人口的16%,一群很难适应新事物的人。追求创新的组织必须理解S形曲线及其反映的信息:创新扩散需要时间。当然,不同的产品会经历不同的扩散过程。

让我们先从更宽泛的角度——超越创新产品或服务本身来看待创新。创新可以体现在任何方面:商业模式、包装、购买便捷性等。例如,考虑实施商业模式创新的组织,它们采用了把产品(如汽车)替换为服务的新商业模式。近年来,我们看到越来越多的组织提供"小时租赁"的商业模式(像Zipcar提供的租车服务,或劳斯莱斯提供的喷气发动机租赁服务);由通信公司提供的商业模式,也称为"使用后"模式,主要表现在实际使用后再进行计费付款,而现在这种计费模式被统一费率系统所取代;可乘坐多种公共交通工具的月卡或充值卡,将取代仅能乘坐单种交通工具的单程票;通过iTunes、网易云音乐等平

⊖ 埃弗里特·罗杰斯(Everett Rogers)教授曾研究过创新扩散这一现象,他在20世纪60年代推出创新采用曲线,该曲线主要通过百分比来展示人们在接纳新事物的速度和意愿方面之间的差异。Rogers, Everett (16 August 2003). Diffusion of Innovations, 5th Edition. Simon and Schuster. ISBN 978-0-7432-5823-4.

台购买数字化单曲将取代购买整张音乐专辑；许多组织的 IT 部门正从购买和拥有独立硬件与软件转变为按使用付费的云计算模式等。

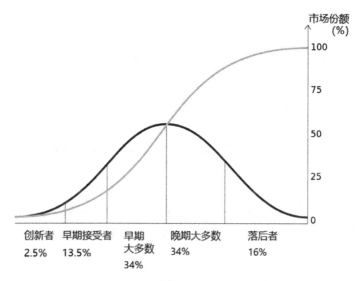

图 8-3　创新采用曲线和创新扩散

在当今的数字化世界中，管理者必须了解创新的 S 形曲线和罗杰斯创新扩散曲线的原理。不论曲线发展速度快慢，这些曲线都代表了组织当前的产品、服务、技术或商业模式的实际情况。因此，组织必须着手实施持续性创新，以确保其产品、服务、技术或商业模式将持续取得进展。

S 形曲线非常清晰地表明了**创新的双重性**：不是你的组织成功开发创新，就是你的竞争对手。数字化时代使 S 形曲线的二元性更加明显。在最理想的情况下，哪个组织能更快地利用数字化技术实施和传播创新，它就能在商业领域中取得成功。以下是双重性的几个例子。

（1）**创新的积极方面**。让我们观察一下通常被视为创新型的组织，包括微软、Facebook、谷歌、苹果、亚马逊、Netflix 和特斯拉，以及它们的中国同行百度、今日头条、腾讯、优酷。基于数字化技术，这些公司应运而生，因此它们通常被称为"数字原住民"或"数字土著"。对于这些公司来说，数字化技术是其业务和运营模式的基础。相比之下，像沃尔玛、哈雷－戴维森或前进保险这些公司,它们是早于数字化时代的资深组织,被称为"数字移民"。今天,许多被称为"数字移民"的组织在数字化时代取得了显著的成功。"数字原住民"和"数字移民"这两种类型的企业都是利用数字化技术进行创新的良好例子。如果仔细观察,我们能了解到它们是如何开发产品、服务、商业模式和运营模式的。这便是数字化技术的积极方面。

(2)**创新的消极方面**。让我们来看一下过去是行业领导者而如今遇到困难的企业。

- 柯达,数码摄影发明者,后来错过了创新技术革命未能及时转型。("他们亲手杀死了自己!")

- 手机制造商领先者诺基亚、摩托罗拉和黑莓,它们在智能手机革命中未能及时抓住机会并及时转型,如今面临的境遇是或被变卖给其他企业,或仍在努力进行自我修复。亚马逊通过 Kindle 和 iBooks 让读者体验并过渡到电子阅读的模式,基于此,Borders 连锁书店遭受冲击。

- 唱片连锁店 Tower Records,在创新趋势下受到巨大冲击,不得不向 MP3 数字化音乐及 iPod 和 iPhone 等音乐播放器转型。

- 影像视频租赁连锁店 Blockbuster 在别的公司推出一种创新的商业模式(在线订购电影并能在家中通过邮件接收)后濒临破产。

以上是一些组织无法将数字化技术与商业模式结合以致失败的例子。它们都曾是自己领域的领先者,但最终因为竞争对手的创新宣告失败。这是创新的消极面(从竞争对手的角度来看是积极面)。

图 8-4 将创新描述为无止境的波动,但随着时间的推移,变化幅度会越来越小,最终形成"过度竞争"。"过度竞争"这一术语是由理查德·戴维尼(Richard D'Aveni)教授在 1994 年出版的《过度竞争》⊖一书中提出的。

⊖ Richard D'Aveni. Hyper-competition: Managing the Dynamics of Strategic Maneuvering, Free Press, March 1994.

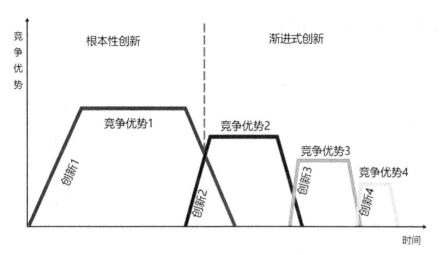

图 8-4　竞争优势的变化幅度越来越小

颠覆性加速是一个过程，我们可以通过几个例子加以展示。

- 大英百科全书停止出版印刷本读物，被电子化百科全书取代是在 244 年之后。
- 从胶片相机到数码相机，转型的时间为 164 年。
- 手机用户数量超过固定电话用户数量用了 125 年。
- Windows 操作系统在 iOS 和安卓操作系统问世后失去其行业领先地位用了 25 年。
- 便携式导航设备（PND）出现 20 年后，被 Waze 和百度地图这样的应用程序取代了。

图 8-5 展示的是以色列的一家初创公司 Waze，以 10 亿美元的价格被谷歌收购，迅速占领市场的例子。Waze 通过独特的智能手机集成——配备 GPS 和众包内容，成功地创建了一个导航系统，可以实时更新交通流量、是否出现交通堵塞与事故等信息。短短几年内，该公司在全球拥有 5000 万用户。值得注意的是，从公司成立到获得如此多的客户，时间非常短。由此可以得出，

创新迅速扩散是数字化时代的特征之一。

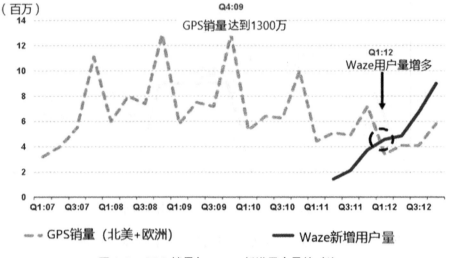

图 8-5　GPS 销量与 Waze 新增用户量的对比

创新与数字化之间的联系

普拉哈拉德和克里施南所著的《企业成功定律》一书对创新与数字化技术之间的特殊联系提出了一个有趣的观点，他们描述了一个包含三部分内容的概念模型并建议企业采用，从而有助于其在创新新纪元中取得成功。

- **N=1**。即便公司服务于数百万顾客，但仍旨在为单个独特的顾客（N=1）和用户体验（个性化）带来价值上的创新。

- **资源 = 全球（R=G）**。利用全球资源和人才来应对创造独特客户体验的挑战。

- **共同创造价值**。在知晓客户要求后，与客户进行沟通，以此反馈客户体验，或与其他客户分享体验。这种反馈是为新客户和组织创造价值的重要方式。

⊖ C.K. Prahalad, M.S. Krishnan. The New Age of Innovation: Driving Concreted Value Through Global Networks, McGraw-Hill Education, April 2008.

我们来举一个例子,这个例子包含了新时代创新的三个组成部分。亚马逊开发了 Kindle,使购买该产品的数百万客户中的每一个都能建立自己的数字化图书馆,他们能随时调整字体大小和背景颜色,记住他们阅读的最后一页,甚至可以在另一台设备上继续从该页阅读。

通过亚马逊网站购买书籍很方便。此外,网站记录了客户的所有购买情况,同时(通过人工智能推荐引擎)还会向该客户推荐可能适合他的图书,并且告知他其他客户购买类似图书的情况。所有这些特征都体现了 Kindle 实现了 N=1 这一原则,也就是说,Kindle 为客户提供了高度个性化的体验。

在开发 Kindle 这样的电子设备上,亚马逊本身没有相关的专业知识,因此该公司充分利用世界各地的供应商资源进行制造。这便是 R=G 的作用原理。

最后,一些读者在阅读完书籍后,会在亚马逊网站上对这本书做出反馈。新的潜在购买者可以从这些反馈中获得对这本书的大致印象,有时这是影响他们购买的一个重要因素,而这正体现了共同创造价值这一原则。其他许多网站,包括猫途鹰、Booking.com、Netflix,也应用了普拉哈拉德和克里施南提出的三个原则。

图 8-6 展示了普拉哈拉德和克里施南提出的模型,该模型建立在组织的技术架构上,组织的社会架构作为屋顶,R=G 和 N=1 原则则作为支撑"房子"的左右支柱。数字化系统在结构的上部(屋顶)和下部(地板)都做出了重要贡献。

屋顶联系着组织系统、文化、决策过程、风险准备、团队合作等,换句话说,与组织的 DNA 相关联。数字化技术对鼓励敏捷性、创新和协作的组织文化发展做出了很大贡献。

地板体现了数字化技术对灵活创新的商业实践的影响,主要体现在与业务合作伙伴和分包商构建网络联系、实施复杂的资源规划系统和供应链管理系统、管理客户关系、运用社交网络,以及使用物联网、大数据、机器学习和高级分析等方面。

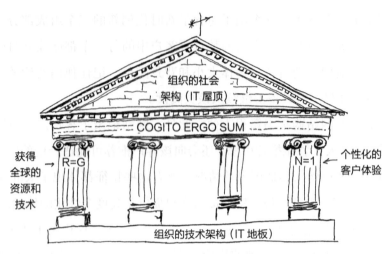

图 8-6　新时代的创新模型

2010年，本书作者之一张晓泉教授的博士导师、麻省理工学院的布莱恩约弗森教授在接受采访时提出他对数字化技术如何激励和加速创新的看法。[⊖] 他将数字化创新的周期描述为四个阶段，这是一个自我发展的、不断加速的循环过程，如图 8-7 所示。

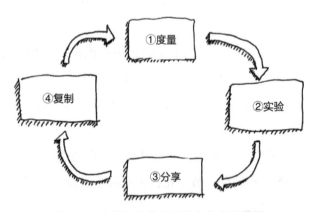

图 8-7　布莱恩约弗森的数字化创新周期

我们来看一下这个周期的四个阶段。

⊖ Erik Brynjolfsson. The Ways IT is Revolutionizing Innovation, MIT Sloan Management Review, April 2010.

（1）**度量**。数字化技术可以支持数据的采集和存储，并产生变量，正如布莱恩约弗森所说，这项技术是非常精确的。不久前，数据仍在业务范围内进行存储，例如谁进行了购买、购买何物、在哪天购买、购买了多少等。但是现在，数据则以更高的分辨率进行收集，布莱恩约弗森称之为纳米数据。以下为具体实例。

- 点击流（clickstream）数据。在进行购买决策之前，用户会对商品进行浏览并关注商品细节，用户浏览时产生的日志信息便是点击流数据。通过这些纳米数据，我们可以对用户在网站上的体验有很多发现。
- 信标数据。这类数据分析手机的位置，它们能够对智能手机与天线之间的地理距离进行测量。这项技术可以分析购物中心、商店或超市特定货架的顾客的特征。
- 计算机电话集成数据。计算机电话集成系统能够对用户呼叫过程中产生的数据进行管理，精确地连接呼叫用户，并分析用户连接服务中心的时间以及在不同服务代理之间传输的次数等。
- 物联网数据。由物联网技术和传感器创造出的非常棒的高分辨率事件和数据流。

这些在几年前尚不存在或由于其庞大的数据量而无法储存的纳米数据流，现如今从组织的角度看，已成为产生深刻见解的基础。我们可以用显微镜来打比方：显微镜的发明，让人们看到了全新的世界，为科学和健康领域的发展带来了大量的发现。与之相类似，今天数字化技术让我们更好地分析以前看不到的现象，并给我们带来了不久前还无法获得的新发现。

（2）**实验**。数字化平台允许我们进行实验，并在实际推行前观察反应。例如，谷歌等很多公司都在用 A/B 测试的方法向不同的访问者展示不同的网页，通过评估他们的反应来确定最优方案，只有在确定完成后，才会向所有顾客统一推出。金融机构有时也会先向不同客户提供不同的备选方案，并评估他们的反应以确定最优利率。在传统的环境中，实施这样的实验极具挑战性，有时是不可能完成的；而在数字化的世界中，这样的实验变得简单易行。

（3）**分享**。无论距离或地理位置如何，数字化技术都能够快速和相对容易地允许大量的员工、同事或合作伙伴相互协作。通过协作和分享，对产品、服务、业务流程或商业模式进行创新和改进。此外，组织还可以通过数字技术实现与庞大的客户群体合作（众包），共同开发创新，获得新产品或现有产品的新特性。

（4）**复制**。数字化技术的另一个特性是能够以几乎零成本的方式快速部署新的业务流程。例如，组织可以制定新的业务流程，并使用数字化平台部署和实施业务流程。过去，如果没有数字化技术的支持，一项新的业务流程的部署需要大量的资源，而现在，即便是拥有众多地点的全球业务，也可以快速完成在组织中部署创新性业务流程的工作。

我们非常清楚这一点：在这个时代，不把创新作为核心价值之一的组织将面临消失和被淘汰。今天，这被称为"要么创新，要么死亡"。组织会从商业世界中消失，因为有更具创新性的组织将取代它们。这可能是残酷的，但颠覆性创新理论（如下所述）一再证明，即使是行业领导者和创新者的组织也会面临这一命运。这是数字化时代的达尔文主义原理的体现。得益于数字化技术，创新的步伐不断加速，这是机遇（积极方面），但也是风险（消极方面）。组织必须积极主动创新，不断更新，改进竞争对手也正在开发的创新模式。如果组织是被动而非主动创新，则可能会面临因为对竞争对手的创新反应过慢而造成组织失控甚至完全消失的风险。

正如我们所提及的，创新还取决于组织对失败的准备程度。很明显，并非所有新想法最终都会实现。希望利用创新的组织必须为失败做好准备，虽然这感觉是个悖论。亚马逊首席执行官杰夫·贝佐斯曾说过："世界上最容易失败的地方是亚马逊。"事实上，亚马逊试图开发的一些创新理念也曾遭遇失败（比如Fire平板电脑）。但是，一些成功的策划方案（AWS云服务、Kindle电子书、Alexa虚拟助理和Echo音箱等）使亚马逊成为世界上最重要和最具影响力的公司之一。

我们认为,创新的力量和速度(无论是积极还是消极方面)都正在增长。总的来说,过去,非技术型组织通常在创新方面投入收入的 5%～10%,而这主要根据它们从事研发的员工数量或致力于创新的预算份额来衡量。如今,它们将高达 20% 有时甚至超过 30% 的收入用于创新。对于像谷歌或 Facebook 这样的数字化技术密集型组织,它们会将大部分收入用于创新。在现代化组织中,有很大一部分劳动力在很大程度上参与促进创新,例如创建创新实验室、与高科技行业持续合作、任命创新副总裁、设定创新日、制定面向创新的关键绩效指标和激励措施等,所有这些都是创新组织必须采取的重要措施。管理层应该不断地研究如何增加创新机会,以免淹没在创新带来的风险浪潮之中。

颠覆性创新

哈佛商学院的克莱顿·克里斯坦森教授非常感兴趣的一个问题是:一些非常成功的曾经是其所在行业的领导者的组织是如何失去竞争优势而导致其分崩离析并破产的?他在 1998 年出版的畅销书《创新者的窘境》(*The Innovator's Dilemma*:*When New Technologies Cause Great Firms to Fail*,该书后来重新命名为 *The Innovator's Dilemma*:*The Revolutionary Book That Will Change the Way You Do Business*)中展示了其关于颠覆性创新的经典理论。⊖ 凭借这本书,他成为世界上最有影响力的管理创新思想家之一。他的理论解释了为什么创新一方面代表创造竞争优势的关键杠杆,另一方面却可能破坏甚至毁灭组织现有的竞争优势。该理论确切地描述了柯达、Blockbuster、Borders、HMV、诺基亚、黑莓、摩托罗拉和其他一些公司的境遇,以及这些公司的管理层如今面临的困境(通过"后见之明",我们现在知道这些公司选择了错误的应对方向)。

⊖ Clayton Christensen. The Innovator's Dilemma, The Revolutionary Book That Will Change the Way You Do Business, Harper Business, Reprint October 2011.

克里斯坦森区分不同类别的创新

持续性创新

这一过程是指组织投入资源开发和增强产品或服务而不开发新市场的过程。这是维持和提高竞争优势的重要过程。一般来说,这个过程依赖于倾听和理解组织主要客户的需求,并引导下一代产品或服务的开发。新一代产品或服务具有丰富的新功能、更快的速度、更好的型号,通常价格也更昂贵。

颠覆性创新

这一过程描述了产品或服务从较低级的地方进行市场渗透,速度不定,有时更快,有时更慢,从产品或服务的角度进行改进,直到最终将领先公司提供的产品或服务边缘化,并破坏现有的市场。颠覆性创新通常表现为以下两种形式之一。

低端颠覆性创新

这类创新模式通常从功能较差、价格较低的产品开始,在成功地占据低端市场后,速度不定地进行改进,直到拥有一家领头公司所占有的部分市场为止。

新市场颠覆性创新

这描述的是新市场创新模式,其市场定位不是现有产品的顾客,这主要是由于他们支付不起,或者这些产品不满足他们的需求。

在此我们将简要探讨**低端颠覆性创新**模式。图 8-8 中的虚线表示客户能使用或接受的产品功能。正如大家所看到的,由于客户成熟度的提高和经验的积累，随着时间的推移，虚线呈上升趋势。相比之下，上方实线代表生产商提供的产品功能。最初，产品的功能会低于客户的预期水平（一开始每种产品都只包含部分功能），有时它会吸引现有产品的非客户人群；进而通过不断创新，产品得到改进。在特定时间点上，产品提供的功能会超出客户的需求水平或使用的能力范围。

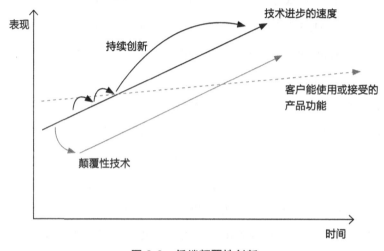

图 8-8　低端颠覆性创新

我们以微软的文字处理软件 Microsoft Word 为例。当 Microsoft Word 进入市场时，它是一个基础的文字处理器，能实现的功能相对有限。随着时间的推移，微软投入了大量资金来提高 Microsoft Word 的功能。如今，Microsoft Word 拥有丰富的功能，我们大多数人只使用它的部分而非全部功能。图 8-8 中下方实线表示竞争对手试图打入市场引入新产品，新产品在功能上有所改进。一般来说，新产品功能性较低，因此它更适合现有产品的非客户群，他们往往寻找更便宜的产品（考虑一下谷歌文档对 Microsoft Word 的影响）。

随着时间的推移，新产品不断改进，直至性能达到或超过客户的预期水平，于是新产品可以取代旧产品。它开始将现有产品挤出市场，直到最终成功地迫使行业领先者退出市场。这一创新类型的另一个例子是数码相机，它最初由柯达研发而成。不幸的是，柯达的管理层认为其功能逊于传统胶卷相机,从而忽略了这个新科技,转而继续投身于他们熟悉的技术以及基于旧技术而获利的传统胶卷。富士(Fuji)则不同,它抓住了发展数码相机的机遇,并开始在市场中崭露头角。一开始,新出现的数码相机比胶卷相机质量差,但逐渐地它们变得越来越精密,直至将传统相机挤出市场。相似的事件也发生在 MP3 播放器上。起初,MP3 的音质逊于磁带播放器和光碟。索尼因旗下拥有一度引领市场的 Walkman 随身听而决定对 MP3 不予理睬。但是随着苹果的 iPod 出现,MP3 开始进步,紧随其后的 iTunes 商店导致 MP3 开始占据更大市场。当 Sony 决定对此做出反应的时候,已经太迟了,以至于被强行踢出它曾经引领多年的市场。

图 8-9 显示了颠覆性创新的第二种类型,针对尚未存在的市场的创新,也就是说,针对非领先组织客户的市场创新。很显然,引领者并没有把注意力集中在这一部分客户上。从图 8-9 中可以看出,竞争者创造了一个新市场,该市场具有不同的维度,有时不如传统市场(尽管新产品本身并不劣质),同时竞争者努力将市场推向不同类型的客户。随着时间的推移,新市场不断增长并渗透到主要市场,扰乱领先组织的市场。我们来看以下例子。

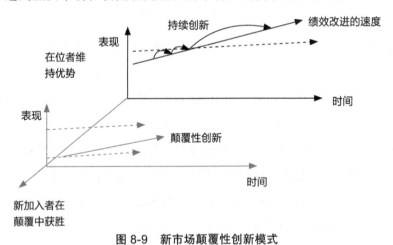

图 8-9 新市场颠覆性创新模式

- **施乐 vs. 佳能**。施乐公司在开发复印机时,目标市场为商业市场,施乐公司强调提高产品质量和复印速度,鼓励不断开发更高质量的复印机。复杂的设备自然生产成本也会更高，适合要求较高的客户，一般为需要大型设备的客户。此时，一家日本公司——佳能开始开发新一代复印机，这些复印机专为家庭市场设计，成本更低，而且更简单。施乐忽略了这个市场。随着时间的推移，小型号的佳能复印机在家庭市场取得了巨大的成功。佳能开始专注于技术，使仪器更加精细化，并开始向商业市场迈进，最终佳能的商业客户数量超过了施乐。

- **美国西南航空公司 vs. 传统航空公司**。美国西南航空公司开发了低成本航空和廉价航班的市场。与大型传统航空公司相比，其产品和服务质量相对较差。美国西南航空公司的航班上，没有配备空乘人员、餐食和相关的娱乐系统设备。类似于乘坐公共汽车，航班上的座位在登机时随意分配，并且只能在网上订票。每人允许携带一个小提包，每增加一个手提箱就要进行收费。美国西南航空公司的竞争对手更多是公共汽车旅行公司，而非大型航空公司。这种商业模式非常成功，许多客户倾向于坐廉价飞机，因为不必考虑所有额外的服务。今天，美国西南航空公司是世界上规模最大、利润最高的航空公司之一。多年来一直主导市场的传统航空公司则状况不佳：一些正在亏损，一些要求法院保护债权人，一些已经被出售或与其他航空公司合并，或破产消失。传统航空公司也曾试图建立类似的商业模式，但大多以失败告终。

- **美国玩具反斗城**。2018 年，美国玩具反斗城帝国倒闭。其主要原因是在激烈的竞争中不敌阿里巴巴和亚马逊等电子商务巨头，并在与沃尔玛等零售巨头抗衡中因提供巨大折扣而遭受巨大损失。这是颠覆性创新的典型例子（在后面的章节中，我们将其称为"杀手式创新"），主要体现为新的电商公司渗透到传统公司市场，提供传统公司无法提供的客户价值。

我们也可以看看那些成功应对颠覆性创新的公司。早在数字化时代（成为数字移民）之前，这些组织已经经营了很长时间。

约翰迪尔（John Deere）是农业设备（拖拉机、联合收割机等）的领先制造商。该公司在开拓机器人技术和数字化应用的同时，在农业设备领域仍保持着突出的地位。此外，该公司还扩展了新的业务线——为农场管理提供解决方案。如今，它为农场主提供了购买综合解决方案的选择，主要体现在将农业设备与农场管理软件相结合，其中包括一组监测土壤质量的传感器和摄像头，以及计划种植、施肥和收割的智能算法。创新和数字化变革并没有使约翰迪尔变成一个不再生产农业设备的组织，相反，它利用自身优势扩大业务范围，利用新技术的优势，包括物联网、大数据和机器学习的智能算法，扩大产品范围，提供创新的商业模式，更好地为客户服务。

由此我们可以得出结论，组织成功应对数字化变革和颠覆性创新的挑战，适应数字化时代是有可能实现的。为此管理层需要承认业务环境中发生的变化，制定清晰的愿景，并定义一个清楚的数字化路线图，其中包括制定资源预算和实施数字化项目。

克里斯坦森在他的书中是这样描述**创新者困境**的：由于不断改进创新而获得领导地位的组织管理层必须决定投资方向，是开发新产品还是持续性创新。一般来说，这种新产品是为服务低端市场或为打开新用户市场而设计的。据推测，大多数面临困境的管理者将决定继续投资于持续性创新，因为持续性创新改善了现有产品，面向高端客户，因此也具有更高的回报率。

成功的首席执行官在商学院学到的并多年来都付诸实践的模型，如投资回报率（ROI）、内部收益率（IRR）、净现值（NPV）等，在不久的将来都会失效。的确，这是一个困境，没有简单的解决办法。因为运用这些工具的投资者会优先考虑投资持续性创新而非颠覆性创新。克里斯坦森教授又写了几本书——《创新者的解答》[1]和《创新者的基因》[2]，对如何应对这种困境提出了建议。

---

[1] Clayton Christensen, Michael Raynor. The Innovator's Solution : Creating and Sustaining Successful Growth, Harvard Business Review Press, November 2013.

[2] Clayton Christensen, Jeff Dyer, Hal Gregsen. The Innovator's DNA : Mastering the Five Skills of Disruptive Innovators, Brilliance Audio, May 2014.

2016年，查尔斯·奥赖利和迈克尔·塔什曼共同撰写了《引领与颠覆：如何解决创新者困境》，在书中他们也提出组织在应对颠覆性创新时将要面临的挑战。他们研究发现创新可分为两大类。⊖

- **开发**（exploit）。这类创新主要产生于组织现有资产并可通过创新不断改进。这类创新相对平稳，主要方向在于提高效率，大多数组织的管理者对此感到满意。因为这类创新与他们日常的业务相关：改进或改良现有产品，以接近市场等。他们了解客户并熟知顾客期望，因此利用现有资源应对挑战相对容易。

- **探索**（explore）。这一类型的创新需要组织离开舒适区，去探索未知的新市场、产品和商业模式。从管理者的角度来看，这一类型的创新要求他们冒险进入未知领域，存在较大风险。对此，管理者会有所顾虑，可能会决定不做尝试。

尽管探索型创新面临挑战，但是奥赖利和塔什曼认为组织应该制定一项包含这两种创新类型的组合。他们说："无论一家公司的规模大小、业务成功与否，我们都认为它的管理层需要提出这样的问题，即如何才能通过提高效率来利用现有的资产，并不断探索，从而不因市场和技术的变化而被逐步取代？"

电灯的发明并非来自对蜡烛的不断改进。
——奥伦·哈拉里
（Oren Harari）

⊖ Charles O'Reilly, Michael Tushman. Lead and Disrupt：How to Solve the Innovator's Dilemma, Brilliance Audio, September 2016.

数字化颠覆

商业创新与数字化技术有着长期的联系。在早期，这种联系可以描述为**支持期**，意味着数字化技术支持业务和运营的各个方面，但在大多数情况下，它仍然主要是在后台运作处理。近年来，这些联系处于不断变化中：数字化技术越来越重要，对**差异化**、**创造竞争优势**和开发新的商业模式的贡献也越来越大。实施客户关系管理系统、开发高级分析应用程序、帮助客户通过各种渠道与公司进行沟通、运用数字化技术提高物理产品属性等需求，早已是组织必须达到的目标。当前的数字化技术，包括互联网、云计算、移动电话、社交网络、大数据、机器学习、传感器和物联网等，已经成为企业创新和开发敏捷性的基础架构，并且已成为企业核心的一部分。数字化技术是组织创造竞争优势和提高客户价值的重要组成部分，通过它，组织可以在应对竞争对手时更加敏捷，高效地做出反应。

由于数字化技术不断进步和创新发展，许多行业包括旅游、卫生、出版、金融服务等，正在转型升级。在这种情况下，数字化颠覆创新应运而生。

> **数字化颠覆创新**
>
> 这是颠覆性创新的特殊例子，即基于新的或现有竞争对手使用的数字化技术的一种创新模式。这种创新通过产品、服务或进入市场的方式，破坏现有组织的存在，破坏其产品与服务。数字化颠覆创新可能会对现有组织甚至整个行业造成破坏。

2013 年，Forrester 的高级顾问詹姆斯·麦奎维（James McQuivey）教授出版了《颠覆：数字经济的创新思维和商业模式》[①]，该书广受好评，书中描述了一种强有力的、紧急快速的数字化创新现象。

---

① James McQuivey. Digital Disruption：Unleashing the Next Wave of Innovation, Amazon Publishing, February 2013.

图 8-10 摘自麦奎维的著作，描绘了广为人知的颠覆性创新过程与数字化颠覆创新之间的差异。他指出，数字化时代带来了 3 大巨变。

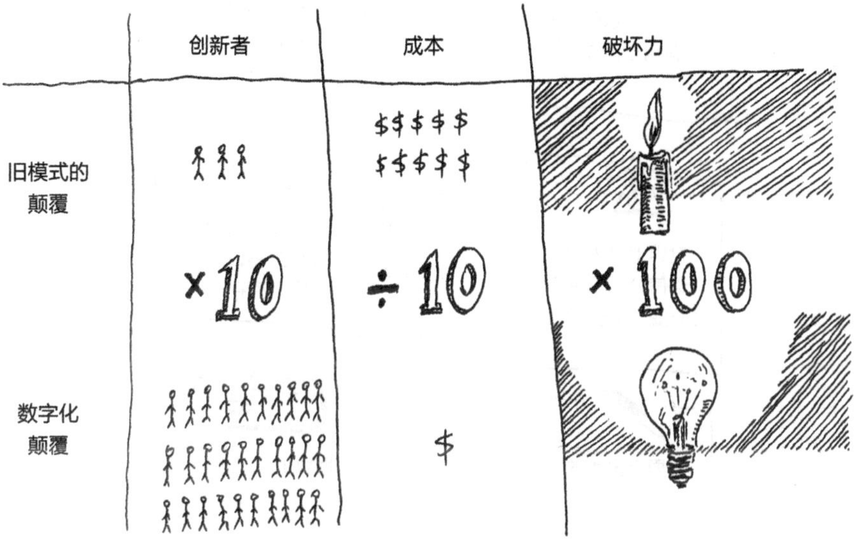

图 8-10　数字化颠覆的力量

- **从事创新工作的人数是之前的 10 倍**。想想那些致力于开发创新应用程序的年轻人，他们成功地引入了创新的商业理念和商业模式。
- **创新开发成本是之前的 1/10**。对比开发任何数字化应用程序的成本与开发物理产品的成本之间的差异。
- **超过 100 倍的数字化颠覆和改变力**。结果是破坏力增加了 100 倍。

数字化颠覆近在眼前，并迅速蔓延开来。值得注意的是，使用数字化技术的组织几乎不需要实物资产来打乱整个生产部门。它们只需要一定数量的计算机，使用云技术、开源应用软件，就可以很快地进行开发和创新。

我们看到一批组织正在转变为具有高市场价值的大型企业，它们在相对较短的时间内，利用数字化技术获取了巨大的市场份额，如图 8-11 所示。

让我们简要回顾一下图 8-11 中出现的数字化颠覆案例。

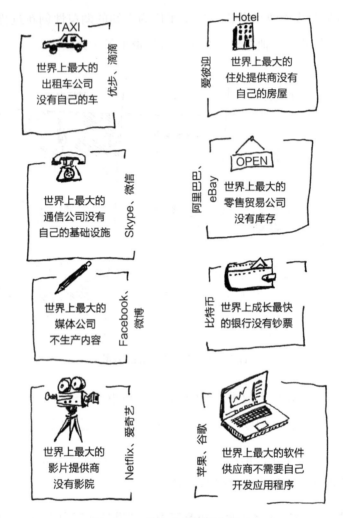

图 8-11 数字化颠覆已经发生

- **优步，世界上最大的出租车服务公司之一，然而它没有专属于自己的出租车**。在短短几年内，优步成为最受欢迎的出租车预订、食品配送、交通共享和出行应用程序之一。截至 2018 年底，该公司年总预订额约为 100 亿美元，过去 3 年的市值在 480 亿至 700 亿美元之间波动（大约是达美航空或卡夫食品等公司的 1.5 倍）。至今，优步仍在各城市间与出租车司机协会、市政当局和政府法规沟通协调。2017 年 6 月公司遭遇了管理危机，首席执行官进行了更迭。但不可否认的是，优步已经声名在外，全世界数以百万计的人最喜欢用它叫车。

- **爱彼迎，世界上最大的向游客提供公寓出租服务的公司之一，同样地，它也没有隶属于自己的旅店或公寓。**爱彼迎成立于美国旧金山市，它的成立使短期（周末或几天时间内等）租赁公寓和房屋的方式产生了全球性的变化。它使公寓业主能够开发利用现有资产。爱彼迎已成为酒店订房的替代方案。2018年，它的市值高于310亿美元，超过了万豪、喜达屋等大型连锁酒店（其中包括喜来登品牌）。目前，这家公司在应对现有的酒店公司和市政府问题上也遭受着日益严峻的困难。

- **作为世界上最大的通信公司，ZOOM、Skype、微信和WhatsApp都没有属于自己的通信基础设施。**尽管世界上最大的通信公司在宽带通信基础设施上投资了数十亿美元，但也存在一些公司利用电信运营商的基础设施，提供不同类型的沟通方式（如消息、对话等）。一旦客户转向使用这些数字化通信渠道时，传统的电信运营商便遭受巨大损失。2011年，微软以85亿美元收购了Skype，2014年Facebook以190亿美元收购了WhatsApp。这些公司都有数亿用户。

- **阿里巴巴，世界上最大的零售贸易公司之一，没有实体商店。**阿里巴巴相当于中国版的"亚马逊"。它成立于1999年，创办之初是作为B2B平台提供服务。在2018年11月11日"光棍节"的一个小时内，阿里巴巴营业额达到100亿美元。其在纽约证券交易所首次公开募股的总规模达250亿美元，这是全球规模最大的公开募股集资。实际上，阿里巴巴的业务是提供平台，让卖方和客户进行交易，因此它并没有自己的商店与库存商品。

- **作为世界上最大的媒体公司，Facebook本身不生产内容。**16年前，马克·扎克伯格在其哈佛大学宿舍创建了Facebook，它使全世界近30

亿人能够相互交流和上传内容。公司不推出自己的内容，而是让用户自己创建内容，互相分享。

- **SocietyOne 是一家澳大利亚的初创企业，它的业务内容是提供 P2P 贷款，然而该公司没有实际资本。**把现金放进钱包或口袋去消费的观念逐渐过时。像 Kickstarter 这样的众筹公司，苹果支付（Apple Pay）和三星支付（Samsung Pay）这类电子钱包支付方式，全球通用的网上收付款平台（PayPal），以及在亚马逊、阿里巴巴、帝科思（DealExtreme，DX）、京东、拼多多等在线电子商务网站上购买产品这种形式的出现，已经大大减少了人们对现金货币的需求。如今初创企业的一个热点是金融科技，这是数字化颠覆的一个主要项目。例如，SocietyOne 公司将投资人与借款人直接联系起来，资金在投资人和借款人之间流动。与银行不同，公司本身没有资本。该平台绕过商业银行，优势在于贷款速度快、利息有竞争力、一次性贷款额度大、无须每月支付费用、提前还款不罚款、贷款计划灵活，可申请高达 35 000 美元的贷款，期限为 2 年、3 年或 5 年，以及完全网上操作，方便快捷。借款人申请后，72 小时内便可到账户领取贷款。自 2013 年来，SocietyOne 已发放了总额为 4500 亿美元的贷款；Zopa 从 2015 年开始发放了 12 亿英镑的贷款；Assetz Capital 从 2013 年开始发放了 15 亿英镑的贷款。

- **中国的车车科技为车主配置最适合的车险，而它本身不承担任何和车相关的风险。**车车科技为保险行业的公司做数字化变革，一共经历了三个阶段。第一个阶段为保险公司提供了移动化的解决方案。各个公司通过移动互联网为车主提供了查询功能，并给保险公司的业务人员提供了定损系统。第二个阶段解决了 to C 遇到的瓶颈，通过大数据实现了去中介化，增加了行业透明度。第三个阶段通过数字化给上下游产业赋能。这个阶段主要解决的是 to B 的问题，把传统保险公司线上和线下的基础设施结合在一起形成闭环。

- **Netflix 是一家提供大容量数据和电影制作的公司，但它没有一家独立的电影院。**传统电视正逐步被互联网电视和随时随地的电视点播节目所淘汰。Netflix 最初是一家电影租赁公司，用户通过美国邮政服务租借和返还 DVD 进行消费（这一模式扰乱了 Blockbuster 创建的商业模式，最终导致 Blockbuster 诉诸法院寻求保护）。2016 年，一家传统商业模式的爱尔兰公司 Xtra-vision 宣布关闭 28 家门店。但在相当早期的阶段，Netflix 发现了通过互联网传输内容的潜力，截至 2020 年 2 月，平台已拥有超过 1.8 亿用户。近年来，它开始制作自己的原创内容和电影，向电影和内容行业发展，而这又扰乱了有线电视公司的运转。

- **苹果和谷歌，作为世界上最大的两家应用程序提供公司，它们本身并不开发这些应用程序。**2007 年，iPhone 的问世促进了软件产业中的一环——应用程序的发展。App Store 和 Google Play 使数百万软件开发者能够销售其开发的应用程序，从而促进了独立软件产业的快速发展。例如，今天 App Store 有大约 220 万个应用程序可供下载，而 Google Play 有大约 280 万个应用程序可供下载，促使 3 亿访客能够在近几年内完成大约 12 亿次下载。各种研究表明，仅在欧洲，就有约 63 万名程序员在开发苹果应用程序，而他们都不是苹果公司的雇员。

令人惊异的是，上述公司都不拥有传统意义上的物理资产。它们拥有的唯一资产是一个惊人的商业理念、优秀的软件工程师和他们开发的数字化平台。它们都使用互联网、移动网络和云基础设施。得益于这些设施，它们成功地影响了整个行业，并迅速成为具有巨大市场价值的优秀组织。这便是数字化颠覆的体现。

数字化颠覆现象引起了学术界的广泛关注。2015 年 3 月，《麻省理工斯隆管理评论》期刊发表了题为"与平常资源竞争"的文章，这篇文章由来自法国的三名教授——弗雷德里克·弗瑞（Frederic Frery）、泽维尔·勒科克（Xavier Lecocq）和凡妮莎·华纳（Vanessa Warnier）联合撰写而成。[1]他们意识到，几十年来，一个很有影响力的竞争战略理论——基于资源的观点（resource-based view, RBV）有可能是错的。该理论认为组织需要用难以模仿的、独特的和不寻常的资产或资源（如专利、品牌、独特的资源、生产过程及组织文化等），来为自己创造竞争优势。多年来，组织一直致力于通过这些资源来获得竞争优势。但现在，就在过去的几年里，我们看到了一种新型组织，它们中的大多数都是数字化的，通过开发数字平台进行快速传播，吸引大量的客户并创造竞争优势，在这一过程中，它们几乎没有依靠独特的资源。基于此，我们得出的结论是：数字化创新改变了游戏规则，加速了颠覆进程。组织必须了解这一趋势并合理利用，为抵御新的竞争对手做好准备。

总结：唯有付诸行动

除了许多无法应对数字化颠覆的例子外，还有许多组织将数字化技术视为商业机会，并利用它来改变它们的业务方式，从而提高竞争优势。这些组织及时抓住了机会，巧妙地利用新技术的优势。

在数字化竞争时期，数字转型并非解决商业问题的最快方法。这是一个持续的、复杂的、资源密集的、机会和风险并存的过程，**需要高级管理层持续的承诺**。无论数字化变革能够带来多大的便利，它都不仅仅是单方面的倡议，更是良好的数字化愿景、组织决心和数字化领导力一起协作的产物。组织必须检查和改进数字化成熟度，融合数字化技能和数字化领导力，才能成功应对数字化挑战。

组织需要了解数字化带来的好处，并思考组织如何能与数字化保持同步发展，同时利用新的数字化技术来提高业务绩效并创造竞争优势。那些不采取适当措施应对的组织正处于危机中，它们可能会发现自己正在失去客户

---

[1] Frederic Frery, Xavier Lecocq, Vanessa Warnier. Competing with Ordinary Resources, MIT Sloan Management Review, March 2015.

并走向失败。那些运用数字化技术的初创企业正在进入它们的市场并扰乱市场——开始"偷它们的奶酪"。没有采取应对措施的组织将被甩在后面，而意识到这种现象并成功利用数字化技术的组织不单单能在数字化旋涡中生存，而且将改善其战略定位、提高利润并促进良好的发展。

管理层必须明白，商业竞争已经转移到了数字化领域。因此，一个组织能否利用数字化技术开发和生成数据，已经成为一个关键性的问题。正确运用数字化技术的手段是将其作为一项战略性的基础设施和**投资**，而非仅当成**支出**。管理层必须使用数字化技术来重塑组织，以取得竞争优势，驾驭数字浪潮，走向商业成功。

对数字化时代的一个重要洞见是：**将技术和业务分离开来是错误的**。商业的长期成功愈发依赖于组织利用数字化技术的能力。数字化技术并非单单应用于电子商务、内部业务流程、面向客户进行营销与信息传递，组织必须明白，**如今数字化技术正改变组织的所有业务范围**——组织提供的产品和服务、业务运行模式、商业模式、组织与利益相关者的关系，以及组织事实上的业务核心。这便是数字化核心的意义所在。它并不是指使用这种或那种数字化技术来支持业务流程，而是指使用这种技术来改变组织的核心业务，使其适应新的数字化时代。

企业必须认识到商业战略和数字化战略是一体的。它们不是两个独立的策略。最终，每一个企业都将成为数字化企业——如今商业战略和数字化战略正在内化为组织的数字化商业战略，正如乔治·韦斯特曼在题为"你不需要数字化战略"的文章中所写。⊖事实上，"数字化战略"这个术语多少有些误导人，因为它不是一种可以单独实施的战略，我们需要的是适应数字化时代的商业战略。在这种背景下，我们可以将数字化变革过程视为一个漫长的旅程，在这个过程中，商业战略和数字化战略合为一体，成为组织的数字化商业战略。这是一个向数字化组织转变的过程，数字化技术将在活动的各个

⊖ George Westerman. Your Company Doesn't Need a Digital Strategy, MIT Sloan Management Review. October 2017.

方面被运用，直到它们成为战略和商业模式不可分割的一部分。

要在这一过程中取得成功，组织必须变得灵活和敏捷，在竞争对手或新的组织进入或渗透市场、破坏组织的竞争地位之前，快速感知、识别、理解、学习和采用新的数字化技术。这是一个不断转型的过程。当新技术不断加速出现，新的组织将创造性地利用新技术开发创新的商业模式，这便是这一过程永不停息的原因。在这一过程中，数字化将成为组织 DNA 的一部分。

意识到数字化这一变革力量的企业应当尽早开启数字化之旅，并适应新的数字化商业环境。这样的组织才能够在创造巨大竞争优势的同时取得成功和发展。正如我们在前面提到的，**"数字化时代的达尔文主义"**一直在全力发展。组织必须明白，能够随着变化不断进行改变，方能生存和成功。这可以通过正确的数字化领导来实现，本书第 14 章会详细探讨这个问题。

第 9 章 技术推动创新的五个角度

我们正在用技术改变世界。

——比尔·盖茨（Bill Gates），微软前首席执行官

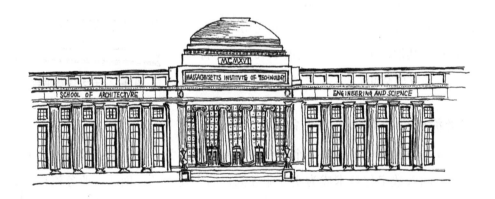

引言：数字化的作用

本章我们将介绍数字化推动创新的五个角度。这些角度我们也称为数字化的创新平台。

每个平台都展现了如何利用数字化技术支持创新。数字化技术对创新的支持凸显了数字化平台的丰富性、多样性、深度，以及作为创新基础设施具有的巨大潜力。

从五个不同的角度看数字化技术推动创新，有助于管理层和数字化领导者了解这些技术具有推动创新发展的潜力。**管理者需要熟悉这些平台，并了解它们与组织战略和竞争优势的关系。**

图 9-1 展示了我们将在本章中讨论的五大加速创新发展的平台。

这五大平台在图 9-1 中被描绘成大小相近的矩形。然而事实上，第一个平台大约占 90%，展示了组织对创新活动的技术投入力度。我们预计，随着数字化技术和应用的进一步发展，其他四个平台（总共占 10% 左右）将有更大的发展空间。

图 9-1　五大创新平台

业务流程创新的数字化平台

支持数字化创新的第一个平台与业务流程有关。每个组织都有许多业务流程。随着数字化技术成为实施业务流程的主要工具，创新、业务流程和数字化技术之间出现了明显而直接的联系。让我们来看看它们之间划分为三个层次的联系。

大型：蓝海创新

蓝海创新[○]指的是改变游戏规则和进行市场重组的创新性突破。自 2007

[○] W Chan Kim, R Mauborgne. Blue Ocean Strategy, HBS Press, 2004.

年以来，苹果旗下 iPhone、iTunes 和 App Store 的整合就是一个很好的例子。苹果的创新之处在于开发一款设计新颖、用户界面独特的智能手机，并构建平台以便用户能够下载自己喜欢的音乐、电影和应用程序。

iPhone 允许用户通过多种方式获得个性化的用户体验。我们可以很明显地看出，数字化技术对 iPhone 产生的影响：除了集成设备本身的技术外，苹果还运用了数字化业务流程来支持其运作。从用户在应用商店进行注册开始，紧接着是用户对产品进行搜索和应用程序展示搜索结果，之后便是对用户进行收费。从苹果公司的角度来看，支持提供创新数字化服务，有利于开发由内容和应用程序创建者共同构成的"生态系统"，实现云备份和自定义用户配置文件等高级服务。所有这些都是智能手机核心战略的一部分。使用数字业务流程促使了 iPhone 引发智能手机革命。

在这个例子中，数字化技术是实现创新的一个必要组成部分，它将用户的设备从移动电话转变为随时可供客户使用的移动"计算机"。

其他例子如 Netflix 的流媒体、亚马逊的网店、Salesforce 的云 CRM，都表明数字化是蓝海创新的核心。

中型：流程创新

苹果商店（及其应用程序）是一个出色的例子，展示了数字化技术是如何成为新市场核心业务流程的核心的。几年后，安卓便复制了苹果的做法，随之 Windows 也借鉴了苹果的做法。大多数公司使用业务流程创新——运用技术，它们对一个或多个核心流程进行改造[⊖]。

有关这一类的创新例子包括：

- ZARA。利用数字化技术，ZARA 时尚零售连锁店构建了基于"快时尚"的独特价值主张，即快速响应不断变化的时尚趋势。从想法到制成衣服并摆放在货架上，ZARA 只需几周，而不是像竞争对手一样，

⊖ Howard Smith, Peter Fingar. IT Doesn't Matter – Business Processes Do, Meghan-Kiffer Press, 2003.

耗时几个月。

- **苹果专卖店**。如果将苹果专卖店与沃尔玛、家得宝（Home Depot）或任何其他零售连锁店进行比较，我们将看到另一种创新的方式。在苹果专卖店里，有更多配备了（苹果）移动设备和条形码阅读器的销售人员，他们帮助客户完成订单（顾客无须排队等候结账），并通过手机无线连接到打印机打印客户的收据。在这里，创新数字化技术的作用也很明显：这些商业实践得以设计与规划，归功于智能设备、打印机、条形码阅读器等的存在。这是与销售有关的创新。所有这些技术也适用于沃尔玛等零售店，然而苹果首先创新性地重新设计了销售流程。

- **乐购**。这家大型零售商为韩国市场推出了位于地铁站内的虚拟超市，命名为 Home Plus。地铁站里有各种产品的照片，顾客用手机购物，然后在同一天内东西就会被送到家里。顾客还是像以前那样选择物品，但是场地换到了地铁站里占地不多的地方，流程的创新使这家零售商用很小的成本得到了巨大的回报。

小型：渐进式创新

这一创新来自持续改进业务流程。由于当今大多数业务流程实现了数字化，因此在改进价值链之前，可以有限地进行快速且细微的转变并对过程进行测试。例如：

（1）**西维斯药店（CVS）**。麻省理工学院的布莱恩约弗森和麦卡菲撰写的一篇文章举例说明了这家大型药店连锁店如何改进业务流程，以检查购买药物客户的医疗保险覆盖范围。⊖在整理分析了客户投诉之后，CVS 设计了一个新的业务流程，实现了在客户进店时核查他们是否达到医保资格（而不是等到客户结账时再进行核查），这大大提升了客户的满意度。缘于这一业务流程实现了数字化，CVS 能够快速更新业务流程，并复制拓展到数千家药店。

⊖ Erik Brynjolfsson, Andrew McAfee. Investing in the IT that Makes a Competitive Difference, Harvard Business Review, 2008.

（2）**苹果专卖店**。过去，当顾客想买东西时，销售人员会与顾客接触，询问是否需要帮助。例如，顾客想买一个 iPad，销售人员会消失几分钟去仓库取产品，而顾客则在一旁等待。为了提高效率，苹果公司决定改进这一流程。如果顾客有兴趣购买一个 iPad，那么销售人员会在移动终端上输入他的订单，然后继续查看客户还想买什么。与此同时，当他和顾客聊天时，另一位销售人员会带着 iPad 出现。销售过程中的这一微小变化产生了业务价值：销售人员始终与客户保持联系，减少了客户改变主意、空手离开商店的机会。当然，销售人员也可能会说服顾客购买其他产品，如键盘或新 iPad 的外壳。苹果公司之所以可以在零售过程中做出这个微小的改变，并快速高效地应用到数百家商店中，是因为这一过程实现了数字化。苹果公司在一些商店测试了这一转变并进行结果分析后，才将这一转变部署到数百个分店中。

对创新过程做数字化的平台

第二个平台是利用数字化技术直接支持创新。创新不是在虚空中进行的，而是产生于战略、支持创新的文化、以创新为中心的管理以及明确的创新组织目标。为了促进创新，组织建立了鼓励创新的内部文化，并开发了支持创新的业务流程。创新过程需要与许多其他因素进行复杂的资源整合，这些因素包括员工、业务合作伙伴、客户、创新实验室等，它们共同开发和检验创新想法。数字化技术可以成为支持创新创造的重要平台。这些技术能以多种方式推动创新，如通过基本的协作工具支持团队工作，使用更先进的协作工具允许全球团队协调工作，以及用于测试仍处于初级阶段的产品或服务观念的仿真工具。

创新过程经历了三个连续的创新演变阶段。

（1）**个人创新**。19 世纪是发明家的时代。像爱迪生和特斯拉这样杰出的发明家，仅在有限的支持下，就从无形的想法实现了实际的发明。

（2）**组织创新**。20 世纪是组织创新的时代。像贝尔实验室、施乐、IBM、通用电气、3M、微软实验室、高通等知名公司以及参与国防或太空计划的组织都了解创新的重要性，并广泛投资鼓励创新文化的发展。它们促进了创新型组织的发展，而这些是由从事创新产品和服务的研究人员在高级实验室孕育而来的。

（3）**开放式创新**。21世纪初，我们进入了开放式创新时代，组织与商业伙伴、投资者、初创企业、外部专家、合作者甚至竞争对手建立联系。这一时代创造了组织创新时代不存在的新机遇。组织及个人与外界各方的联系更加紧密，不同专业与业务目标的人员可以通过团结、整合更好地完成工作。如今，学术研究与创新密不可分，学术研究人员通常由感兴趣的公司资助进行研究，并签署专利协议等。像谷歌这样的公司鼓励所有的员工和客户参与创新。查理斯·里德比特（Charles Leadbeater）是研究创新主题的高产作家，他提出了"we-think"一词[1]，强调向开放式创新的过渡，这与"I-think"的个人所领导的原始创新模式有所不同。

数字化技术与向开放式创新过渡的转变密切相关。数字化是改进组织内部沟通（包括电子邮件、门户网站、信息系统管理、论坛）的先决条件；如今，数字化技术是组织进行内外沟通（内部网、互联网、移动网络、社交网络）的平台。组织和利益相关者（实际客户、潜在客户、网红、专业人士等）之间进行思想和知识交汇，力求双方都能理解和吸收。开放式创新时代相对"年轻"，但仍然对组织（如何管理和何时分享知识产权）和IT部门（必须支持广泛的沟通渠道）提出新的挑战。麻省理工学院的麦卡菲博士是集成技术和商业领域的专家之一，他提出了"企业2.0"，强调在互联网开放的Web 2.0工具的潜在应用[2]，以加强组织内外部协作。技术的差异化，包括维基、博客、RSS、Mashups等，都渗透到企业中，促进了改进协作和创新工具的诞生。

协同办公系统Salesforce Chatter和之后建立的Slack是基于Web 2.0工具提出的思想和结合云计算而开发的产品，它们支持双向和多渠道的内外部交流。其他公司开发了下一代产品，如Panorama's Necto，其产品成功地将

---

[1] Charles Leadbeater. We-Think, Mass Innovation, Not Mass Production, Profile Books, 2009.

[2] Andrew McAfee, Enterprise 2.0 – New Collaborative Tools for Your Organization's Toughest Challenges, Harvard Business School Press, 2009.

广泛的商业智能洞察力与集成协作功能进行有机结合。

另一个关于网络的例子是由高智发明公司（Intellectual Ventures LLC，2017年更名为Xinova）提出和逐步发展的，它连接了一个由4000名创新人才组成的网络（创新人才需要之前有专利才可以加入网络，习移山教授和张晓泉教授都在这个网络之中），这些创新人才帮助它解决问题。创新请求（request for innovation，RFI）发布后，将会通过电子邮件发送给网络系统中的4000名发明者（创新人才）。然后，发明者可以使用Xinova网站提交解决方案，并根据系统支持的业务流程继续跟进。这有助于他们与网络中的其他发明者展开协作、互相交流，甚至联合提供解决方案。另一个类似的平台是Agorize，它连接了500万从事创新的人，帮助他们发布问题和提供解决方案。

业务分析平台

第三个创新平台是业务分析平台。这一平台能分析处理数据、以智能化形式表现（可视化）和提取数据的有效信息（商业洞察力）。多年来，我们看到数字化技术在收集、管理、分析和向决策者提供数据方面取得了巨大和惊人的进展。

汤姆·达文波特教授是分析组织能力和竞争优势之间联系的主要学者之一。[⊖]他发现，许多组织已经清楚了业务分析的潜力，并且能创新使用并将其作为业务战略的一部分来创造竞争优势。达文波特称这些组织为"分析型竞争对手"。

多年来，业务分析平台取得了长足发展。起初是在大型设备上运作的决策支持系统（DSS），它只能提供非常有限的分析能力；然后是高层管理信息系统（EIS），它通过智能可视化为高管提供数据；之后是专用于分析需求的数据仓库，以及灵活智能的多维分析工具（OLAP）；再之后便是广泛使用智能算法分析大量数据的数据挖掘系统；发展到今天，演变成大数据和处理不同

⊖ Thomas H Davenport, Jeanne G Harris. Competing on Analytics – The New Science of Winning, Harvard Business School Press, 2007.

类型海量数据（结构化数据如表格，非结构化数据如电子邮件、照片、语音、视频、社交网络数据等）的方法。

业务分析平台的另一大发展是增加了内存数据库（IMDB），它对大量数据进行压缩并放入主内存以加快分析响应速度。SAP 于 2010 年开发并开始销售其创新平台 HANA。HANA 技术⊖可以改变以往管理组织运算的方式和将数据转换为信息的速度。与"期末报告"不同，它可以随时对数据分析进行访问："即时"和"按需"分析。同时，SAP 基于开源 Hadoop 系统开发了一种新技术，该技术能够处理海量数据，并在合理的时间内做出响应。这些技术刚刚开始渗透到组织运算中，无论是在内部应用程序中还是在云计算中，它们都代表了业务分析产生的巨大创新潜力。

在支持创新方面的一项应用是推荐引擎。如今，许多网站如亚马逊、Netflix、今日头条、抖音，都运用了推荐引擎。这些公司多年来斥巨资开发智能算法和机器学习算法，以为每个用户制订一套独特的推荐方案。这些算法可以快速、高效地分析用户偏好和搜索的相关信息数据，快速找到类似用户群，从而推荐用户可能希望看到的书、文章或影片。利用类似的大数据处理方法，IBM 对分布在城市各处的传感器进行数据分析，从而将一座普通城市转变为智能化城市。

我们仅仅接触到了大数据时代的"皮毛"，商业组织也刚刚开始利用这个平台进行创新，但很明显，这些分析平台对创新产生了巨大的影响。通过管理和分析大量不同类型的数据，组织可以获得之前无法获得的洞察力。在数字化时代，那些睿智地采用这类平台实现业务目标并不断开发创造竞争优势的组织将成为行业里的"领头羊"。

数字化构成要素作为创新的平台

第四种类型的数字化平台使用现有要素来开发创新。举个例子，领英改变了人们见面、取得联系和招聘员工的方式，但领英也是其他系统的组成部分，

⊖ SAP HANA (www.saphana.com)。

这些系统使用应用程序接口来获取个人资料、公司、职位空缺等方面的数据。

领英是使用现有要素进行创新的一个例子,其他组织可以(通过适当的API 接口)连接这些要素,并将其应用于寻求创新。一个在数字化环境中运营的组织需要思考如何利用这些组件实现价值链,有时可以围绕这些现成的要素构建一个完整的组织。

一般来说,今天的许多业务创新都是基于现有部分的创造性再组合实现的。像 1800Flowers 这样的公司通过结合现有的平台改进了花卉行业的价值链,开发了一个有吸引力的网站,由联邦快递为客户提供送花服务,以及连接到信用卡平台支持信用卡付款并且得益于 Facebook、Zynga(在线游戏)发展蒸蒸日上。Face.com(一家以色列初创公司)最初是利用 Facebook 图像进行人脸识别,后被 Facebook 收购。Dropbox 作为一个提供文件共享的系统,最初它是以亚马逊的 AWS 作为核心文件系统来运行的。

数字化技术在现有要素中的作用与在平台中的作用是不同的,在平台中的作用我们在前面已讨论过。在第一个平台中,数字化为创建创新业务流程提供了基础设施;在第二个平台中,数字化支持创新流程;在第三个平台中,数字化技术通过业务分析支持创新。一旦现有要素能正确组合,便可以快速实现创新。管理者必须清楚如何合理使用这些要素并与业务流程相联系,从而创造性地提出方案。开发这些能力需要积极和持续的实践,而不仅仅是纸上谈兵。追求创新的道路,需要通过学习、实验、实践、提高技术能力,以及提出更多创造性的方式来利用新机遇。

使用现有要素进行创新,可以延伸为使用通用要素作为技术化基础设施进行创新。这一类别的创新平台还包括云计算和移动技术,这两者都可以作为创新的重要基础。

使用云计算要素的案例

云计算的创新价值与虚拟化技术的发展息息相关。从《创新首席信息官》[⊖]

⊖ Andi Mann, George Watt, Peter Matthews. The Innovative CIO: How IT Leaders Can Drive Business, 2012.

引用的图表（见图 9-2）展示了运用云技术可能实现的目标——节省资本和运营支出，实现敏捷性（快速、轻松地响应变化的能力，见本书第 3 章），并最终实现收入增长。

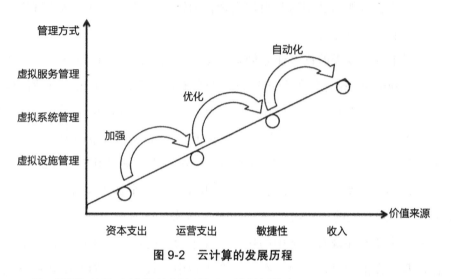

图 9-2　云计算的发展历程

三种不同类型的云计算给创新带来不同的影响。

- **IaaS：基础设施服务**。通过 IaaS 可以快速安装新系统，并享受高级别的备份和运算能力，从而快速满足公司的需求。

- **PaaS：平台服务**。PaaS 通过内置的数据安全服务、内置生存性、世界各地的可访问性以及对不同用户设备的支持，促进了云应用中新的应用程序快速发展。例如，Salesforce.com 提供了一个开发平台，它可以帮助开发人员快速开发和部署云应用程序，解决了技术复杂性。平安云可以让中小型的金融机构一键生成整个的金融解决方案。你可以根据你公司的要求快速开发和安装基于互联网的应用程序。如今，微软将其 Office 软件包作为云服务（Office 365）提供，并开发 Azure 为企业级云环境，用于服务器和操作系统开发应用程序的运作。

- **SaaS：软件服务**。SaaS 可以快速安装现有的应用程序。开发应用程序的投资将成为一项运营支出（Opex），其中包括使用支出。与内部开发或采购相比，使用数年云服务的成本通常要低得多。组织可以快速安装新的应用程序并测试其适用性，如果结果满意，则可以推向市场扩大用户。反之，如果应用程序不令人满意，则终止开发这项应用程序，这使得犯错的成本相对较低。如今，大多数软件都可以作为云服务购买，包括 SAP、Microsoft Dynamics、Oracle 应用程序以及 Salesforce 和许多其他软件。

成本只是云应用中的一个维度。例如，使用 Gmail（不同于内部电子邮件系统）不需要特殊的训练指导，用户可以自己去学习如何使用，并根据自己的喜好来更新版本。Gmail 有过滤垃圾邮件和其他有用的选项等特殊功能，这些可以作为商品（正如卡尔的文章[⊖]中所说）。IT 经理需要审查这些技术化平台，并思考如何快速实现创新。

使用要素的案例：移动技术

移动技术和创新存在着紧密的联系。能够运行应用程序的智能设备的出现，引发了一场巨大的创新浪潮。公司很快就学会了如何使用这项技术来改善客户体验和提高组织的可及性，增加采购，以更加便捷的渠道获取信息。那些习惯于日益强大的智能手机和移动设备的员工，希望公司的 IT 部门能够让他们的设备连接到公司的网络，以便在公司的任何地方运行程序。客户、供应商和业务合作伙伴之间也希望彼此能通过智能手机联系。内置 GPS、数码相机、蓝牙、NFC 等技术促使公司为客户提供创新服务。例如，银行不仅可以向客户提供咨询服务，还可以向客户提供智能化的通过支票照片存款的业务；当我们进入零售店的范围，零售商感知到讯息后会给我们发消息，向我们传递最新的市场营销信息；医疗服务机构则使用装有特殊传感器的智能手机远程跟踪检测血压和其他健康参数。

⊖ Nicholas G Carr. IT Doesn't Matter, Harvard Business Review, May 2003.

Gett、优步、来福车和滴滴的出现改变了出租车市场。用户可以根据其当前位置和附近可用汽车预订车辆。在乘车时,他们可以对司机打分,并在到达目的地时使用智能手机支付费用。毫无疑问,这对出租车站和出租车调度员产生了巨大的影响。这是一个很好的例子,说明了技术平台的力量及其对创新的贡献。可谓,一切皆有可能,天空才是极限。

自己动手的创新平台

第五个平台是有关公司构建自己的创新平台的能力。一些商业巨头已经建立了自己的平台,如苹果在线应用商店、谷歌安卓 Play 商店。这些公司开发的系统是协作性生态系统的基础设施,允许任何开发人员创建应用程序,并以低廉的价格或免费出售给数百万用户,与平台所有者分配利益。事实上,中国的阿里巴巴是连接 B2B 公司的平台;亚马逊的 Kindle 和苹果的 iBook 等电子书是允许出版商和作者以方便创新的方式销售作品的平台。

这里的核心思想很简单。自己动手不单单限于创新,而是创新生态系统的中心。YouTube 允许"网红"开频道,优步允许司机驾驶,GoGoVan 允许司机运送货物等。

顾客享受差异化,创新生态系统的领导者获利,最重要的是,小型创新者享有现成的创新市场。我们认为第五个平台是最先进的商业模式,甚至可以带动全社会的创新。

总结:创新在不断创新发展中

在这一章中,我们回顾了五种不同的将技术与创新联系起来的方式。每个平台都有促进组织创新的潜力,并且都对创新有不同的贡献。此外,以不同的方式将平台进行整合,最大化发挥平台优势,有助于进一步促进创新。

大多数组织都很了解第一个创新平台,我们通常称之为标准的数字化创新应用。认识和运用其他四大平台(平均而言,它们只占典型组织活动的一小部分),有助于公司在竞争激烈的环境中生存和发展。我们称之为"对创新做创新"(innovating innovating),即创新本身也需要创新。

第 10 章　数字化旋涡

数字化颠覆不会关心你个头的大小或者谁是你的朋友。

——迈克尔·韦德（Michael Wade）教授，

IMD 商学院的全球数字化业务转型中心主任

引言

当我们分析数字化对组织的影响时，必须从内部和外部两方面进行分析。内部涉及组织自身的性质，外部则涉及行业的性质。

有些组织在数字化对其特定行业的外部影响方面知之甚少，或者内部准备不足以应对数字化，它们会发现多年来一直忠实地服务于它们的商业模式不再奏效，它们在该行业的位置将会动摇，甚至会因为遭到打击而失去竞争优势。

在高层管理人员完全内化数字力量的组织中，管理层能够及时地对市场做出适当的反应，寻找利用数字化力量的方法，利用数字化技术提高客户体验，研发灵活和先进的业务流程，并引入创新的商业模式。

之前我们提出了数字化颠覆性创新的主题。我们认为数字化的出现加速了颠覆的步伐，这种现象现在被称为数字化颠覆。它带给诸多行业快速且通常是致命的巨变。

数字化变革使不同行业之间的界限变得模糊。例如，苹果公司多年来一直被认定为是一个个人电脑制造商，它通过一系列的创新产品，如iPod、iTunes、iPhone、iPad、Apple Pay、Apple TV和Apple Watch在市场上取得突破，并渗透到其他业务领域（如音乐、相机、手表、支付、手电筒、广播、电视等）。这个公司已破坏了许多行业的现有平衡，并模糊了它们之间的界限。

许多行业，包括媒体和新闻、旅游和酒店业等，都在经历由数字化变革引起的一个快速而深刻的变革过程。在这个过程中会产生新的竞争对手，它们会打乱行业现有的秩序，提供新的价值给客户，并快速占据大量市场份额。

例如，很多年来电信巨头们都在对网络短信收费，这是它们的一项重要的收入来源，但是之后出现的WhatsApp、微信、Snapchat等新兴势力，凭借免费提供服务的商业模式，短时间内便占据了数以亿计的客户市场（见图10-1）。当电信巨头们的摇钱树逐渐枯萎时，它们只能在一旁观望。

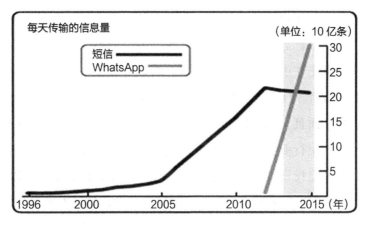

图 10-1　WhatsApp 信息量的快速增长

可能产生数字化颠覆的行业

很多行业（包括金融、出租车、住宿和酒店、印刷和出版、音乐等）都正在经历着数字化力量的影响。这不再是仅仅少数几个行业发生的边缘现象，而是已经发展成一个广泛而且在不断扩大的演变。仅仅几年前，数字化技术还在以这样或那样的方式进行实验，而现如今它正在众多行业产生着巨大而有力的数字化旋涡。像机器学习、3D 打印、增强现实技术、比特币以及区块链、自动驾驶车辆等新技术正在进入商业应用领域，而且还有可能颠覆其他行业。

普华永道（PwC）战略咨询集团在其名为《战略＋商业》（Strategy+Business）的线上杂志中预测，所有商业机构都将在未来几年内经历一些颠覆性的过程。它称当前的商业动态正在引领我们走上一条永久性变革的道路。文中强调，虽然这些变化会带来风险，但它们也能够为善于经营管理和利用变化的组织提供机会。《战略＋商业》中一篇题为"七个令人惊讶的颠覆"⊖的文章指出，七个行业会使颠覆过程加剧。

- **汽车行业**。深刻而显著的变革正在重塑汽车行业。品牌忠诚度正在逐

⊖　Strategy+Business. 7 Surprising Disruptions, 2017 Industry Trends.

渐消失。不断提高燃料效率和安全组件的需求，新的环保排放标准的出现，这些都需要使用新材料。不仅仅是电动汽车，所有汽车的各种设计需求正在引领新的生产过程。数字传感器使车辆中的应用程序不断推陈出新。且看"车联网"：它具有互联网功能，可以从外部系统接收信息，而且它也可以从其传感器传输数据。汽车制造商们现在有义务与其传统行业界限以外的供应商和专家们合作——汽车制造商们正在加入风险投资基金和为创业公司提供服务的投资基金，以便更接近这些创新的发展方向。它们自身对这些行业的创新发展也产生了影响，它们应该增加研发预算，专注于能够为它们提供针对不断扩大的安全和环保需求的创新解决方案。自动驾驶汽车的研发正取得进展，并将引发一场巨大的经济变革。共享汽车的出现，让汽车所有权的基本理念遭到了挑战。

- **物流和运输业**。这个行业正面临着来自3D打印机的新业务的威胁。随着使用这种新的数字化技术"打印"产品及产品零部件的可能性越来越大，海陆空的物流和运输服务需求将会继续缩减。新技术意味着不再需要将部件从一个工厂运输到另一个工厂进行组装。多种研究表明，由于3D打印的出现，41%的空运量、37%的海运量以及25%的卡车运输量存在消失的风险。自动化汽车的引进无疑也将为这个行业带来日新月异的变化。

- **支付**。智能手机集成的电子钱包和电子货币，使支付系统和服务已经成为一个全球化的行业，且正在我们的眼前发生着变化。我们看到了一个越来越强劲的电子交易趋势。在一些国家，如肯尼亚，这种支付方式也是小额交易的首选（M-Pesa）。随着数字支付变得越来越普遍（区块链带来了这方面的革命），客户将会越来越信任数字化系统（如微信支付或支付宝）。我们还可以预测信用评分系统（一个相对较旧的用于记录和查找客户信用的评级系统）将会被更先进和创新的系统所取代，新的系统会考虑更多参数并借鉴更多种类的数据资源。

- **医疗保健服务**。经济压力、持续上升的医疗费用支出，以及客户医疗保健方面评估能力的提高，将导致医疗服务行业与我们如今所了解的大不相同。随着风险转移到各种服务的提供商那里，这个行业将会变得更具竞争力和更透明。医疗保健服务提供商将需要制定明确的战略，以做好应对这些挑战的准备，并将决策建立在对其客户进行更深入的分析上。3D打印技术也将带来曾经无法想象的改进和创新。3D打印机从2000年开始发展，如今已经能够生产出人造器官、身体部位、假肢等。使用数字化技术实现医患间的电子访问将成为一种远程接受护理的公认方法。例如，American Well等公司已经将数百万患者与它的医生联系起来，并进行远程视频咨询与访问。平安好医生等网站让边远地区的患者也能够向大城市的医生咨询。遗传学和医药科学的最新发展将很快引入个性化医疗的时代。可穿戴计算机将实时监控相关客户的健康状况，并将相关信息传送给各种服务提供商。

- **制造业**。很多制造业企业仍认为自己对数字化颠覆和数字化变革的影响有"免疫力"，它们认为这些变化主要影响直接向客户提供产品和服务的组织（B2C）。从长远看，这种想法可能会非常危险。一些工业竞争者已经理解了数字化变革的重要性，并且正在利用数字化增强产品、提高其供应链、增强产品设计流程、升级和自动化生产过程、更好地监控其设备等。一些大型制造商如通用电气、飞利浦（Philips）、西门子（Siemens）等正在大力投资物联网及商业分析，以获得明显的竞争优势。数字化工业环境现如今甚至拥有了自己的名字：工业4.0或工业物联网（Industrial IoT）。

- **零售业**。与之前所想的电子商务会对商铺造成致命打击不同，如今看来，许多零售商已经意识到将物理渠道（商铺）与数字化渠道整合并开发出综合的全渠道来提升客户体验的重要性。客户需要这种多渠道，他们希望快速访问更多、更新的相关产品信息，并寻求更透明的价格和库存量指示，并且可以选择在线上或线下购买产品。新的数字化技术允许线下商店随时改变任何商品的价格，而这在过去是一项很烦琐、高成本且容易出错的工作。时尚连锁店正在开发数码镜子技术，让顾客可以看到不同的衣服穿在他们身上的样子。博柏利是一个著名的英国时尚品牌，它经历了数字化变革，并且使数字化和全渠道体验化为其收入的来源之一。吉野家和麦当劳已经在其分支机构推出大屏幕菜单显示屏，以便客户将他们自己的订单汇总在一起，用电子方式付款，并花更少的排队时间领取他们点的东西。几乎是一夜之间，很多餐厅都实现了扫码点餐。

- **电信业**。电信公司正在不断地努力使其避免仅仅成为电信基础设施的提供商，并且正在试图渗透到越来越多的领域。它们看到其他人使用它们运营的基础设施中所提供的视频、音乐、娱乐节目、移动应用、电子钱包等内容。它们认为它们的竞争地位和先进的高品质电信提供商的形象正在逐渐消失。它们会加倍努力将自己定位为高品质内容的供应商，并且将充分利用流经其网络的大量数据流。它们将尝试渗透到如智能家庭、智慧城市等新领域，开发应用程序以吸引客户，为高带宽客户提供技术支持服务系统等，以捍卫它们的竞争地位。

数字化旋涡模型

"数字化旋涡"这一术语源于全球数字化业务转型中心（该中心是瑞士IMD商学院和思科的一个合作项目）发布的一篇研究报告，题为《数字化旋涡：数字化颠覆如何重新定义行业》[1]，这个报告对941位首席执行官或副总

---

[1] Joseph Bradley et al. Digital Vortex: How Digital Disruption is Redefining Industries, Global Center for Digital Business Transformation, an IMD and Cisco Initiative, June 2015.

裁级别的高级管理人员进行调查，他们来自13个国家的12个行业，包括食品、工业产品、金融服务、零售、技术服务、健康、电信、教育、旅游和酒店管理、制药、媒体和娱乐，以及石油、天然气及公用事业基础设施（如电、水等）供应商行业。研究覆盖的公司非常多元化，代表了各种各样的行业，年销售额从5000万美元到100亿美元不等。

这项研究的结果非常有趣、吸引眼球，而且令人惊讶。参与调查的高管们认为，未来五年内（2015～2020年），数字化变革浪潮将颠覆其商业领域中10个领先组织中的4个。然而，45%的被调查组织认为这种问题不需要在执行管理层或董事会中进行讨论；43%的组织没有预见到它们所在行业面临的颠覆威胁，它们也还没有在它们的高管或董事会中认真地讨论过这样的问题。

显然，旋涡和湍流的力量在各种各样的行业之间变化着。调查参与者被问道："在你所在行业中，你认为未来5年内会有多少公司因为数字化颠覆而失去前10名的地位？"答案令人惊讶：平均有3.7家公司。在某些行业，参与者估计的这个数字平均下来可能超过4家，而在受影响较小的行业，估计出的平均数约为2.5家。在图10-2中，酒店、餐厅、旅游以及金融服务为数量最多的行业（10家公司中将有4.3家公司会被取代），与此同时，在石油和天然气领域，数量最少（10家公司中将有2.5家公司会被取代）。

接受调查的高管们还被问到，他们认为哪些行业在数字化颠覆后会发生重大变化，甚至可能对当今这些领域的领先者构成生存威胁。令人惊讶的是，41%的参与者都认为整个行业都将受到生存威胁，包括旅游和酒店管理、零售、媒体和娱乐以及金融服务。

尽管数字化带来的风险很高，但45%的调查参与者都认为这个问题并不是管理议程中的首要问题，有些人更愿意一切照旧，静观其变。仅有25%的受访者表示他们正在积极处理数字化颠覆问题，并认真考虑通过取代现有的产品或服务来颠覆他们自己行业的可能性。从这个角度来看，此项研究表明参与调查的高管和公司对现实的看法与实际现实之间存在巨大差距。一方面，数字化旋涡正在扰动众多的商业领域，使新的组织脱颖而出，而同时让以前领先的公司逐渐沉沦（"旧王已死，新王当立"）；另一方面，参与调查的组织中的一些高级管理者尚未对这些问题做适当的考虑，这一点既有趣又令人担忧。

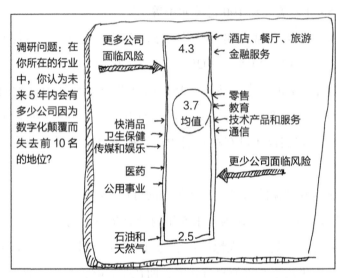

图 10-2　未来 5 年内可能失去前 10 名地位的公司分类

调查人员选择旋涡作为隐喻，旨在更好地解释说明数字化变革是如何影响各个商业领域的。它像一个真正的旋涡——例如一个龙卷风，当空气猛烈地旋转时，被刮起的物体越是接近中心（越接近旋涡的风眼）就会遇到越强大的风压。作者在报告中指出："鉴于数字化颠覆的混乱和复杂性，在这个快速演变的竞争格局中难以辨别出模式或'自然的法则'……旋涡的构造有助于理解数字化颠覆是如何影响企业和行业的。旋涡施加的旋转力，会将围绕它的所有物体吸引到其中。"

让我们看一下真正的旋涡和数字化旋涡的三个相似之处。

（1）**旋涡将物体拉向它的中心**。越靠近旋涡中心，速度越会呈指数型增长。

（2）**向中心的移动是混乱的**。在一瞬间，旋涡捕获的物体可以从其外缘快速移动到其中心，或者它也可以在旋涡周边旋转并逐渐朝中心移动。这个路径无法被精确预测。

（3）**向中心的移动可能是具有破坏性的**。当向中心移动时，陷入旋涡的物体在与其他物体碰撞时会被冲散，并且由于碰撞的力量也会与其他物体重新组合。

这项研究指出："数字化旋涡是各个行业向'数字化中心'无法避免的运动，其中商业模式、产品和价值链在最大限度上被数字化。"研究人员指出，数字化旋涡的想法来自对调查结果的分析。参与者通过对调查问卷中的四个参数进行排名，来估计由数字化导致的行业颠覆预期程度。

（1）**投入**。使用数字化技术来改变现有商业逻辑时的金钱投入。

（2）**时机**。需要多久该行业才会被数字化颠覆影响，数字化颠覆的过程发生得有多快。

（3）**方式**。颠覆性公司将在特定行业遭遇的障碍，它们解决这些障碍时使用何种商业模式。

（4）**影响**。颠覆性过程影响的范围和程度。例如，它对组织所占的行业市场份额的影响，以及对受到影响的组织所构成的风险。

对于上述四个参数，通过调查问卷可以给参与调查的公司做行业排名。一个行业的排名是指特定行业中商业模式背景下的数字化颠覆的可能性。研究人员将行业排名转化为该行业与旋涡中心的接近程度。位于中心附近的行业是更加数字化的，在这个行业成功运营的公司是数字化组织。旋涡模型并不意味着中心附近的行业或企业会消失。值得注意的是，在这些行业中运营的组织面临着巨大的风险，它们必须提升创新和数字化变革水平才能继续生存下去。旋涡中心附近行业的组织面临着失去竞争优势的风险，它们必须对新竞争对手的出现和新商业模式的出现做出快速的反应。结论就是，这些组织必须迅速变得敏捷化、创新化和数字化。

在前面有关商业模式的章节中，我们讨论了三种类型的数字化变革。这三种变革中的每一种都可以对不同的行业产生不同的影响。例如，在石油和天然气领域，数字化变革主要影响公司的业务流程，但并不影响其生产和供应给客户的最终产品（天然气、石油）。智利的 Codelco 是世界上最大的矿业公司之一，由于它采用了数字化技术，包括机器人技术、大数据、计算机视觉识别和物联网，它的采矿效率和降低矿工自身风险的能力得到了提高，因此成了一个数字化大师。

在音乐和娱乐领域，可以同时实现几种类型的数字化转换：将传统的调谐器或音乐播放器转换为数字化升级的播放器；将实物产品（如一张 CD）转换为全数字化产品（MP3）；通过虚拟商店销售产品，商店能立即向客户提供产品（通过 iTunes 销售并通过互联网将音乐文件发送到客户的设备中）；以及开发以服务为基础的商业模式（例如，给定歌曲数量的订阅，或者限定时间段内的订阅等）。

图书出版行业可以一次进行三个类似的转换。当然，这些行业的数字化变革能力会更高。

所提供的产品或服务具有很高的数字化变革潜力的组织，将会更加接近旋涡的中心，反之则离中心会更远些。

图 10-3 呈现了将前面所讨论的行业排名转换为靠近旋涡中心的程度，也就是该行业的数字化水平。从原则上讲，也可列表格并按排名列出 12 个行业，但是旋涡的可视化模型传递了更有力的信息，且更好地描绘了数字化颠覆在这些行业中的力量。

（1）最接近旋涡中心的行业是**技术产品和服务**。这个行业中的组织面临着激烈竞争。它们的产品主要基于数字化技术，而且正处于为实现相关技术改进和创新的永无休止的竞争中。这些组织的竞争压力在不断加剧。例如，计算机设备制造商受到大型云服务提供商如 AWS、亚马逊、微软、谷歌、Salesforce 等的威胁。一些云服务提供商甚至根据自己独特的规范自己制造服务器。个人电脑制造商的销售份额正在经历持续下降的过程，它们减少份额转向平板电脑或者云计算设备，如谷歌的 Chromebook 等在 Chrome OS 上运行，它只需要提供一个网络浏览器，所有其他服务都通过互联网提供。未来的 5G 会让这样的模式越来越普遍，从硬件的底层改变信息的获取和处理。手机制造商也在进行着凶猛且无休止的竞争，围绕着创新设备和操作系统软件开发硬件功能和特殊的应用程序。

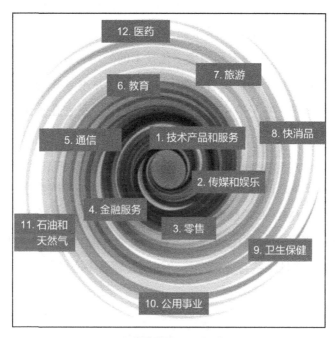

图 10-3　IMD 商学院数字化旋涡模型（2015 年）

（2）第二名是**传媒和娱乐**行业。报纸和杂志市场相对于其数字竞争对手而言在不断缩减，这些竞争对手中的一些免费提供产品或服务或者以相对较低的价格提供产品或服务。之前我们已经对音乐公司进行过讨论，这里不再赘述。

（3）第三名是**零售**行业。大型零售商如亚马逊、阿里巴巴、eBay 以及众多中国公司，在他们的电子商务网站上提供方便快捷的购物体验，并且通过大型国际物流或快递公司，快速地交付到客户手中。近年来，越来越多的实体零售商关门或缩减其实体店，而且速度正在加快。

（4）第四名是**金融服务**行业。所有银行都在竞相提供数字化服务。针对小众的公司正在进入市场，为客户提供投资组合管理、贷款、众筹、点对点（P2P）贷款、汇款等。移动支付也加入了支付系统的竞赛中（Apple Pay、

Samsung Pay、Google Pay、WeChat Pay 等)。

这项研究将**石油和天然气**作为距离旋涡中心最远的行业。在这种基础设施行业的组织并未直接受到数字化变革对其核心产品所构成的任何威胁,但是它们正在努力利用数字化技术来提高生产力,优化业务流程,控制钻井设备等。Codelco 就是其中一家利用数字化技术的公司,并被视为数字化大师。

这项研究虽然并未涵盖所有已知行业,但这并不意味着未提及的行业可以避开数字化颠覆。鉴于数字化变革的发展速度以及它在越来越多领域的快速渗透,据推测,其他行业也将在某些阶段遭受到影响,并且在接近旋涡中心时被颠覆。

由于各个行业之间存在差异,因此它们在运用和开拓数字化技术能力方面也存在差异。IMD 商学院后来又开展了另一项研究,[⊖]检查各个行业的变化,图 10-4 展现了两年后(2017 年)各个行业在旋涡中的相对位置。显然,变化确实存在,并且一些行业已经移动到接近旋涡中心的位置。

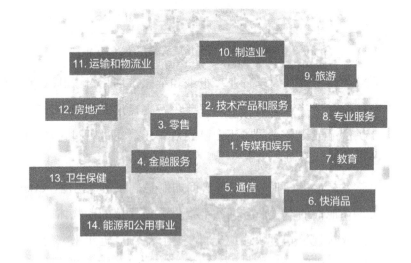

图 10-4　数字化旋涡中各行业的情况(2017 年)

⊖ Michael Wade. The Digital Vortex in 2017: It's not a Question of "When", IMD Center Research, October 2017.

数字化旋涡的强度：一些说明性的示例

随着时间的推移，数字化颠覆的步伐也在加快。数字化旋涡变得越来越强烈，且越来越多的行业被吸引到中心。老牌知名企业很可能已经发现它们也感受到了"热度"。很多我们熟知的"新星"，它们或是大型公司或是初创公司，通过使用数字化技术和创新商业模式让行业中的许多知名组织大吃一惊——也因此打破了许多行业的平衡。我们将用几个案例来解释说明这些变化。

- IBM的深蓝（Deep Blue）国际象棋计算机，在1997年赢了世界冠军卡斯帕罗夫（Garry Kasparov）一场锦标赛级别的比赛，这是计算机首次击败冠军棋手。在此之后，IBM凭借其Watson计算机再次成功地让世界惊叹不已。这台计算机可以回答用自然语言提出的问题。2011年，Watson在益智问答游戏"Jeopardy"中赢得了一场特别比赛，对阵"Jeopardy"的两个超级冠军——布拉德·鲁特（Brad Rutter）和肯·詹宁斯（Ken Jennings）。Watson能够快速回答事前未知的极具挑战性的开放式问题。在比赛之前，Watson在4TB的存储空间中存储了大约2亿页的内容，并且在比赛期间没有连接互联网。Watson在人工智能的基础上与自然语言处理、大数据、并行处理以及其他一些功能创新集成。IBM将Watson的技术定义为一种新型计算的起源：认知计算。这些具有认知能力的系统在2013年Watson推出时，才成为现实。如今，这项技术已经迈出了它医学诊断的第一步（重点在肺癌上），并且正在进入其他领域，包括法律，它可以在一瞬间找到复杂的判例。这项技术潜力非常大并且有可能颠覆以前免受数字化颠覆影响的其他行业，因为它们主要基于的正是人类的认知能力。

- 爱彼迎利用"共享经济"的创新模式，破坏了全球酒店业的平衡。该公司建立了一个技术平台，搭建了一个供应（有兴趣在短时间内出租公寓的公寓业主）和需求之间的虚拟市场（数百万有兴趣在短期内租用公寓或单人房的客户）。爱彼迎让酒店业大吃一惊，并且迅速吸引了数百万的潜在客户。在一些主要的城市中，酒店业开始反击并阻止爱彼迎进入其市场，试图通过工会或市政当局及政府推出新法规，避免酒店业受到损害，批评爱彼迎模式所引发的税务问题。酒店业突然发现自己在向旋涡的中心移动，并且不得不使用数字和其他手段来应对竞争。许多连锁酒店迅速开展自己的数字化变革，以便为客户提供更好的酒店体验。

- 优步、来福车、滴滴等颠覆了出租车行业，并让数百万人能轻松地使用他们的智能手机打车以及查看附近可用的出租车或私家车位置和多久到达，甚至乘客可以直接付款给司机。在一些法规允许的国家里，这些平台实际上可将任何司机转变为潜在的出租车司机，他们可以兼职（或全职），在生活中提供有偿乘车服务。这便是另一个成熟行业受到了一种新的数字化商业模式的影响，并迅速被数字化旋涡所席卷的例子。

- 苹果通过 Apple Watch 进入可穿戴计算机领域，Apple Watch 是一款与 iPhone 相连接的智能数字手表，并能提供一系列新功能，其中一些功能可以检测手表佩戴者的健康状况。苹果公司不是第一个进入这个新市场的公司，三星、LG、小米和其他一些公司也已开始进入这个市场，但是每当苹果进入任何市场时，都会产生某种新的数字化颠覆。尽管销售速度令人失望，但这些新型数字手表仍有可能颠覆许多行业，如手表、检查血压和其他健康参数的监控设备、医疗服务部门以及整个医疗行业。这些智能手表可以实时向医疗中心或主治医生传输数据，并且在任何参数出现意外偏差时立即发出警报。数字化旋涡也在威胁着这些行业。

- 苹果也已进入了支付服务领域，传统上这项服务由信用卡公司以及 PayPal 和 Square 等公司控制，当然还有银行。使用智能手机和 Apple Pay，客户无须使用信用卡即可轻松快速地进行购物。三星已开发出一款名为 Samsung Pay 的类似产品，该产品于 2015 年先在韩国后在美国推出。拥有大约 20 亿客户的 Facebook 也决定进入支付领域，使用信使（Messenger）平台进行点对点汇款，后来通过 WhatsApp 进行汇款。最近 Facebook 重金投资区块链，在为未来的支付做铺垫。受到严格监管的支付服务行业进入速度相对缓慢，而且可能无法满足预期，但最终数字化旋涡肯定会威胁与干扰信用卡和支付行业。

- 特斯拉汽车公司由埃隆·马斯克（Elon Musk）创立，最初制造高端电动汽车。2017 年，它也开始制造较便宜的车型，并且宣布将生产电动卡车。尽管其他电动汽车公司，包括以色列竞争者 Better Place 宣告失败，但特斯拉仍显出成功的迹象，它的汽车销售情况良好。它决定聚焦于高端汽车市场，并且开发创新的制造技术，以减轻车的重量，同时提高电池质量，使其汽车在每次充电后行驶的距离越来越长。只需看一下特斯拉汽车的仪表板，我们就可以了解到它所涉及的数字化技术范围。仪表板是 17 英寸屏幕的平板电脑，驾驶员使用它来控制几乎车辆的所有功能，包括导航、打开车顶、打开和关闭窗户、调节照明，以及操作娱乐中心。随着公司不断地改进汽车的控制软件（操作系统），它可以远程地更新已安装的版本，而不需要车主将汽车开去汽修厂。因此，汽车的功能提升无穷无尽，并且还有为车主增加的动态新增值项目。它通过提供自动驾驶（Auto Pilot）的先进功能，在自动驾驶汽车方面进展顺利。特斯拉正在深化巨大的汽车制造业数字化旋涡，并且推动所有大型汽车制造商投资新车型，提供电动和混合动力汽车，开发共享交通的商业模式，以及增加在其车辆中的数字化技术应用。

- 特斯拉汽车公司还宣布推出一款能源墙（Powerwall）产品，这是一种家用电池组，在非高峰时段使用太阳能电池板或电网充电，而在夜间或高峰时段电费较贵时作为家用能源。电池组包括逆变器，逆变器可将直流电转变为家用电器使用的交流电。如果电网断电，电池组还可以作为备用电源。与工业电池的外观不同，特斯拉对其进行了系统设计，使它可以漂亮地被安装在房屋的墙壁上。特斯拉通过能源墙产品及在电动汽车电池制造过程中所积累的知识进入能源行业。能源墙系统包括许多数字化组件，可控制它的运行以及它与电网的连接。显而易见的是，数字化旋涡正在逼近大型的电力公司，以及电池制造产业。

- Waymo 是 Alphabet（谷歌的母公司）旗下的子公司，专门研发自动驾驶汽车。它的实验模型在拥挤的加利福尼亚道路上成功地穿越了数百万英里，而且很少发生事故。这种车广泛使用数字化技术。大型汽车制造商也在开发全自动或部分自动驾驶汽车。一些自动化功能已经开始出现在梅赛德斯 – 奔驰、宝马、奥迪、雷诺 – 日产（Renault-Nissan）、沃尔沃、丰田等品牌车中。其中一些品牌已经提供了相对便宜的具有自动化功能的型号，如无须驾驶员干预的自动停车（如日产的逍客）。据传，苹果也在考虑进入这一领域。所有这些公司仍然面临着涉及技术和监管挑战的诸多问题。例如，软件必须能够预测行人和其他驾驶员在路上的意图。当自动化驾驶车辆"看到"路边的行人时该如何去做？或许这个人打算走进街道，那么该车要减速还是停下，又或是继续行驶？人类能够判断（虽然并非总是正确）行人和其他驾驶员的意图与有时不负责任的种种行为，但自动化驾驶汽车仍然难以应对人类非理性的挑战。尽管如此，据推测，几年内我们将看到自动化驾驶汽车在公路上驰骋。

数字化旋涡将威胁到越来越多的行业，它将模糊各个行业之间的界限，并将导致新的商业模式出现，也将重新定义商业环境。

总结：种种迹象表明你的行业将经历数字化颠覆

许多首席执行官和组织所担心的问题之一，就是如何确定他们所在的行业是否将会被数字化颠覆。很多行业中的知名公司还没有意识到正在发生的颠覆,当它们知道这种情况发生在它们的行业时,已为时过晚,这一点尤为令人担忧。零售业中没有人预料到亚马逊会购买一家有机食品公司(Whole Foods)并开始直接与食品连锁店竞争。亚马逊还决定与银行业巨头摩根大通(J.P. Morgan)和巴菲特管理的伯克希尔 – 哈撒韦公司(Berkshire Hathaway)合作,成立一家为其数万名员工提供医疗服务的公司。虽然这家医疗服务公司只为这三家公司的员工提供医疗服务,但这些举措引起了其他健康保险公司的一些担忧。众安保险公司是由传统的平安保险公司与互联网公司腾讯和阿里一起成立的,这家公司做网上保险业务,并在最近拿到了中国香港特别行政区政府颁发的虚拟银行牌照。

一篇题为"你的行业即将被颠覆的三个信号"的文章中描述了三个迹象[1],可以提醒你,你的行业面对数字化颠覆时会很脆弱。

(1)**你的行业受到严格的监管**。如果你的行业受到了严格的监管,则可能表明颠覆即将来临。多年来,监管体系一直关注金融行业,但是过去的监管体系在未来不一定有效。相对而言,在受到严格监管的行业中,组织往往竞争力不强,因为它们受到监管的保护,变得很官僚主义和低效。新的基于数字化技术的组织倾向于超越监管,监管机构难以推行原本给旧组织制定的规则。例如,酒店业管理的法规在处理爱彼迎的时候并不是非常奏效,就好像出租车行业的法规对优步不太有效一样,电视广播法规对在线观看电影的网站(Netflix)也不是很有效。运输法规同样也难以应付自动驾驶车辆,医疗设备的医疗保健法规也将无法应对"入侵"其领域的创新数字化设备。因此,如果你的组织在严格监管的行业中运营,那么你应该考虑到数字化颠覆可能会到来,并且可能威胁到你的公司。

(2)**你的客户被迫投入大量精力管理他们的成本**。潜在颠覆的另一个信号是你的客户必须投入大量精力来了解你的成本和计费结构。任何行业的成

---

[1] Megan Beck, Barry Libert. Three Signals Your Industry is About to Be Disrupted, MIT Sloan Management Review, June 2018.

本都受供应链的影响，其中很多中间商只增加成本而不增加客户体验。特斯拉与之不同，它直接向其客户销售汽车，中间没有汽车经销商。如果你公司的产品要求客户与各种实体进行复杂的谈判以降低成本，那么数字化颠覆即将来临。例如，保险公司将不得不应对数字化保险公司竞争的挑战——这些保险公司在其业务流程中不需要保险代理人。

（3）**你的客户体验不足**。这可以被视为前两个信号的一种不必要的副产品：你的行业根本不习惯提供高品质的客户体验。这种情况常常发生在缺乏激烈竞争的行业中。客户经常会抱怨服务质量吗？例如，客户过去常常抱怨出租车公司及其司机。优步和滴滴能够迅速渗透到该市场，就是因为它们提供了不同的高品质的客户体验。

如果你的公司所在的行业是以一个或多个这样的信号为特征的，则不建议等到颠覆开始，最好立即开始着手解决该问题。你不应该躲在行业规则后面，你的组织必须努力提升客户体验，并采用更简单、更清晰的成本结构。如果你不这样做，其他一些公司将会做到这一点，并且有可能会给你的业务带来不可挽回的损失。

总之，数字化旋涡模型提供了一个不同行业数字化变革强度的概念和图形表示。在这些行业运营的组织，以及未纳入该研究的行业（汽车工业、物流和运输、公共交通、政府和公共机构、非营利组织等）的组织必须承认这样一个事实："骑墙"的观望态度在数字化时代是行不通的。

第11章 数字化成熟度

领导数字化变革是令人兴奋的,但企业是否具备应对变革的数字化成熟度?

——萨潘·阿加瓦尔(Sapan Agarwal),
弗若斯特沙利文咨询公司(Frost & Sullivan)

引言：数字化成熟度

组织在数字化进程中必须采取的第一步是评估其数字化成熟度。组织在多大程度上准备好开始成功的数字化变革？如果组织的目标超过了成熟度，很可能会惨遭失败；如果组织太过低估自己，那么它将在这趟数字化变革之旅中毫无所得。这便是评估一般成熟度以及持续评估每个项目的成熟度如此重要的原因。准确、深入地了解数字化成熟度是促使组织进一步发展和取得数字化变革成功的关键。

世界上不存在两个处于同一起点的组织。每个组织都有自己独特的优缺点，**因此其数字化变革过程也将是独一无二的**。这解释了即便来自同一个行业的类似组织，复制、粘贴某一个组织的数字化变革计划也是不行的。

这一领域的许多出版物和研究报告清楚地表明：一家公司在数字化变革方面是否能取得成功在很大程度上取决于**数字化成熟度**。数字化变革对任何组织来说都是一个重大的挑战，失败的可能性相对较大。为了提高成功的概率，组织必须理解并衡量其数字化成熟度。以下是数字化成熟度的定义。

> **数字化成熟度**
>
> 数字化成熟度是一种组织性的措施，反映了公司准备好使用数字化技术的水平，以及当前实施数字化技术在开展业务和创造竞争优势方面的范围、深度和有效性。

评估组织数字化成熟度的公认方法是评估对于成功实现数字化转型至关重要的维度。这些维度通常包括：

- **数字化愿景和战略**。公司是否制定了连贯的数字化愿景和与之相匹配的战略来实现这一愿景？愿景和战略的清晰程度，以及与所有员工的沟通情况好坏。

- **组织文化**。什么是组织文化？它鼓励创新吗？组织是否鼓励员工尝试新想法，以及组织是否准备好承担创新过程中的风险？

- **客户体验**。组织提供的客户体验质量如何？客户体验是否具有持续性？体验是否具有高质量？组织使用什么渠道与客户接触，客户对他们所接受的服务满意度如何？

- **业务流程**。组织的业务流程质量如何，在多大程度上具备数字化和敏捷性？

- **技术技能**。技术技能水平如何？哪些是组织所欠缺的？是否有留下组织人才的程序？

- **技术**。组织的技术架构如何？是封闭的还是开放的，能应付新的挑战吗？其敏捷度如何？IT部门的开发和操作流程是否支持实现敏捷性开发？组织对先进技术了解多少？

成熟度评估应作为一面镜子，用于生成组织多维度的简要情况。这些情况会尽可能客观地反映组织对数字化变革所做的准备，包括其优势和劣势。有时它还会提供同一行业中类似组织的相关基准作为参考。以下是数字成熟度评估的一些假设示例和可以得出的一些结论。

- 在评估过程中，发现组织在 **IT 架构、工作程序和方法论**这三方面存在严重的缺陷，不适合数字化变革（因为它们过于僵化，不敏捷）。该组织深陷过时的系统和技术之中，这些系统和技术难以修改并且无法与新的数字化渠道（如网站、移动应用程序、高级数据分析、可计算应用程序等）集成。组织应该在开始数字化变革前就发现这些现象，它们为建立一个缩小差距的行动计划提供了一个重要的基础。缩小差距可能具有挑战性，需要投入大量资源和时间，但忽略当前的数字化成熟度，盲目开始数字化之旅是有风险的，错误评估事实状况最终可能导致组织无法成功实现数字化变革。

- 在评估过程中，发现组织文化相对薄弱。**组织文化保守，不鼓励冒险和创新**。这种组织文化会严重阻碍数字化变革，为此组织需要创新文化，修改现有业务流程，并准备在采用新业务流程中承担风险。了解这一弱点使组织能够根据数字化变革的需要采取措施，改变其组织文化。

- 评估表明，**数字化举措由组织的许多不同部门实施，但没有一个全面的管理方法或共同的战略愿景**。数字化变革的成功需要管理层针对所有数字化举措制定清晰的战略愿景，并采取相应的行动以实现其目标。在这种情况下，组织应建立一个数字化执行委员会和数字化领导团队，投入时间和精力来定义战略愿景，并制订企业范围内的数字计划，这是一种综合性的和全面的方法。

如果一个组织在没有评估其是否做好充足准备和了解相关优缺点的情况下进行数字化变革，那么它就会在数字化变革过程中遭受风险，并在之后逐渐显现出来。

衡量数字化成熟度的模型

让我们简单了解一下在评估组织的数字化成熟度时使用的一些模型（关于下面介绍的模型的更多详细信息，可在公开出版的资料中找到）。这里提出的大多数数字化成熟度模型都涉及开发它们的咨询公司所拥有的知识产权，因此以下描述不包含用于评估组织数字化成熟度的详细问卷或加权计算。然而，了解这些模型所使用的维度可以帮助组织从自己的角度制定相关的评估标准。当然，还有一些额外的数字化成熟度模型（如普华永道、加特纳和Altimeter提出的）可能会有所帮助，但在这里我们不进行赘述。

麦肯锡的数商

2015年，著名的全球商业咨询公司麦肯锡发表了一篇题为"提高数商"

的文章。○这篇文章介绍了麦肯锡提出的专有指标——数商（DQ），用于评估一个组织的数字化成熟度，就像评估一个人的智力一样。数商是基于四个维度的加权分数，每个维度用于测量数字化管理实践的多个领域，总共 18 个领域。图 11-1 给出了数商模型的主要结构。

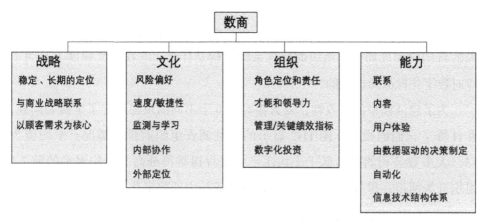

图 11-1　麦肯锡提出的数商模型

对于模型中的每一个领域，麦肯锡通过详细的问卷调查来评估组织并确定相应的分数。麦肯锡的数商模型为每个领域分配一个权重，并计算组织的整体加权分数，范围从 0 到 100。对于组织来说，了解和分析其优势与弱点是很重要的，因为这些优势和弱点会反映在组织每个主要维度和领域所获得的分数上。这将使其能够为数字化变革之旅制订自己独特的行动计划。让我们简单了解一下四个主要维度。

（1）**战略**。与组织的数字化战略相关的一系列问题：与数字化相关的一切业务都有明确的战略吗？数字化战略是否与业务战略紧密结合并支持业务战略？战略是否以客户为中心？

（2）**文化**。与组织文化相关的一系列问题：组织的风险偏好是什么？组织是否灵活？它是否能快速评估问题并得出结论？组织内部各部门之间的协作程度如何？组织如何彻底检查外部并采取行动来提高外部协作水平？

○ McKinsey & Company. Raise your Digital Quotient, December 2015.

（3）**组织**。与组织结构相关的一系列问题：是否有明确的角色和责任定义，特别是数字化方面的定义？组织培养人才和领导能力吗？组织是否有明确的治理流程和关键绩效指标？

（4）**能力**。与组织为数字化做好准备和配备相关技能等相关的一系列问题：组织与所有利益相关者及渠道的关系如何？内容管理质量如何？组织在关注客户体验方面是否恰当？其决策过程是否基于数据分析？其各种业务流程的自动化程度如何？组织的信息系统架构是什么，它在多大程度上是为了应对数字化挑战而构建的？

为了验证模型的有效性，麦肯锡对 150 个不同的组织进行了全面的调查，并计算了它们的数商。图 11-2 显示的是被调查组织的排名情况。平均值为 33，大多数公司的排名低于平均水平。麦肯锡将得分高于平均水平的前 2/3 组织分为两组：得分为 40 ～ 50 的称为"成长中的数字化领导者"，得分超过 50 的称为"有成就的数字化领导者"。

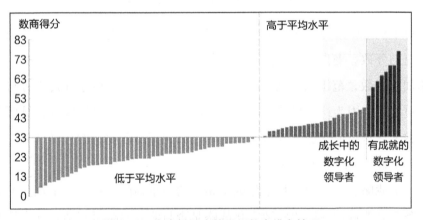

图 11-2　麦肯锡调查的组织数商排名情况

IDC 的数字化成熟度模型

全球市场情报研究公司 IDC 分析提出了计算和数字化技术的发展情况与趋势，也发布了评估数字化成熟度的模型[⊖]。图 11-3 显示了组织数字化发展的

⊖　Meredith Whalen. A Digital Transformation Maturity Model & Your Digital Roadmap, 2014.

五个不同阶段，从最低阶段——组织甚至不认为它对数字化有需求（"数字抵制者"）到最高阶段。在最高阶段，组织正使用数字化技术来影响其运营甚至是其他组织（成为"数字颠覆者"）。

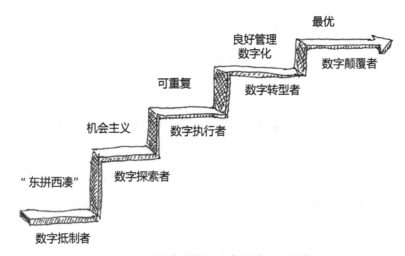

图 11-3　IDC 数字化成熟度发展的五阶段模型

- **第 1 阶段：数字化变革的"东拼西凑"方法**。"数字抵制者"是一个不能识别数字化变革会带来威胁的组织，在某种程度上说，它反对整个数字化改革。这样的组织当然不鼓励实施数字化计划。管理层尚未制定数字化战略愿景，将数字化置于次要地位，同时反对不同业务部门推行数字化计划。高级管理层不发起、不指导或不协调数字化变革。这类组织提供的客户体验较差，只会在面对威胁时才使用数字化技术。

- **第 2 阶段：数字化变革的机会主义方法**。"数字探索者"以机会主义的方式应对挑战，允许业务部门启动和试验各种数字化技术。管理层知道正在进行的数字化变革，但认为其与自己所在的部门无关，因此不必耗费精力制定数字化战略愿景。管理层和董事会都没有讨论过数字化变革，更没有集中指导或协调数字化计划。这种类型的组织生产的数字化产品和经验不一致，难以集成。

- **第3阶段：采取有序、统一和可重复的数字化举措，成为"数字执行者"**。这是一个承认和理解数字化变革的组织，并在解决问题的政策上达成了一致。组织对解决方法和治理过程进行了定义，确保统一执行数字化计划，集中管控项目，并管理相应风险。组织制定了数字化的愿景，尽管这一愿景并没有得到高度的重视。该组织管理结构分明，其中包括执行委员会、情况报告部门和风险管理部门，有助于各部门推进数字化计划的实施。组织提供一致的产品和经验，但缺乏创新。

- **第4阶段：通过系统化的管理方法，成为"数字转型者"**。组织有明确的战略愿景，并确保整个组织进行高效沟通。执行管理层和董事会将数字化确定为一个优先的主题。该组织已经制定了数字化转型路线图并开始实施，同时也已经组建了一个数字化团队来领导变革。团队由首席执行官亲自领导，或者由新上任的数字化首席执行官领导，或由市场营销副首席执行官和信息技术副首席执行官共同承担责任。行业领先者会提供世界级的产品和经验。

- **第5阶段：通过最优方法，成为"数字颠覆者"**。组织正在实施数字化转型计划，并且可能已经处于高度发展中。通过采用创新的数字化模型，组织改变了原有的商业模式，甚至影响了其所在的行业和其他行业。该组织对数字化时代有着透彻的了解，通过发展中的共享经济成立联盟，创建或加入更广泛的商业生态系统中，利用数字化技术实现差异化和取得竞争优势。这一阶段，组织对现有市场重新进行定义，并根据自身优势创造新的市场。

2015年，IDC对317名IT经理和业务部门经理的样本进行了评估，同时也评估了其组织的成熟度阶段。研究结果表明，大多数（超过60%）组织处于第1阶段～第3阶段，处于第4阶段的组织只占14%，而第5阶段——数字化成熟度水平最高的组织，只有8%。研究还显示，14%的组织样本处于第 1 阶段，这意味着它们不认为数字化变革是其运营发展过程中的风险。

麻省理工学院和凯捷的数字化成熟度模型

让我们简要了解一下由麻省理工学院数字商业中心和全球咨询公司凯捷联合开发的数字化成熟度模型。这一模型耗时三年，涵盖 30 个国家的 390 个组织，其中 184 个组织的年销售额超过 10 亿美元。这项研究的结果发表在学术期刊和《引领数字化》⊖（由韦斯特曼、邦尼特与麦卡菲三人联合撰写而成）这本书中。书中对这一研究问题进行了细致的分析，并且展示了加权指标，指标通常运用于研究人员得出关于被调查组织数字化成熟度水平的结论。

该数字化成熟度模型将组织的指标划分为两个不同的轴：纵轴是数字化技能和能力，横轴是数字化领导能力。图 11-4 显示了这两个维度以及每个维度中测量的对象。

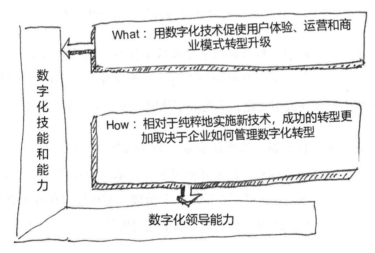

图 11-4　MIT 数字化成熟度模型的两大维度

研究人员使用了问卷调查方法，问卷包含许多不同主题的问题，在某些情况下，他们还对管理者进行了个人访谈。每个组织都有两个排名，分布于

⊖ George Westerman, Didier Bonnet, Andrew McAfee. Leading Digital：Turning Technology into Business Transformation, October 2014.

横轴与纵轴。

图 11-5 中的圆点表示沿两个轴中的任一轴组织的排名情况。研究人员将排名划分为四个象限，代表组织数字化成熟度的阶段。

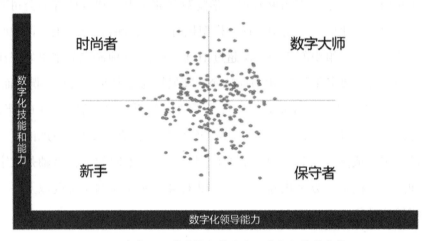

图 11-5 麻省理工学院提出的分为四个象限的排名情况

- **第 1 阶段：新手**。高管对数字化及数字化对公司的潜在价值带来的影响持怀疑态度。组织有可能会进行一些数字化实验和项目，但是组织里几乎不存在数字文化，这是数字化成熟度一个非常初级的阶段。

- **第 2 阶段：保守者**。组织已确定了数字化愿景，但仍处于早期阶段。组织有一些数字计划，但是在业务范围内数字技能和大多数系统都未能合理发挥作用。尽管存在治理，但治理范围仅停留在各个业务单元，而不是整个组织级别。组织正采取措施发展其数字化技术和能力。

- **第 3 阶段：时尚者**。组织热爱新技术，并使用先进的数字技能，如利用社交网络和移动应用程序，然而这些数字技能本质上是不同业务单元实施本地计划的产物。高级管理层尚未制定全面的战略愿景，各种数字化举措之间的协调度非常有限，数字文化主要存在于单个业务单元的层面。

- **第 4 阶段：数字大师**。高管明确定义并施行清晰的数字愿景与战略，治理范围不单单停留在各个业务单元，而是整个组织级别。作为组织广阔发展前景的重要组成部分，数字化计划正在不断实施。

研究表明，被定义为"数字大师"的组织在绩效表现上有很大的优势。例如，记录显示，"数字大师"所获得的利润比样本平均水平高 26%，而"新手"所获利润比样本平均水平低 24%。事实证明，数字领导水平对于一个组织能否成功转型为"数字大师"尤为重要。研究确定了"数字大师"的四个特点。

（1）**强烈的愿景**。为了成功实现数字化变革，高级管理层必须制定清晰的愿景，明确提出组织希望如何在数字化时代运营，包括与不同目标细分市场的客户建立何种关系，其运营模式和业务流程将如何随数字化而不断变化，组织对创新的商业模式的看法等。对于数字化变革这一主题，高级管理层发表的一般性且不具有约束力的言论，不足以作为支持数字化变革的基础。管理层必须投入时间和资源，在整个数字化进程中对指导性愿景有明确的定义与设想。

（2）**员工参与度**。员工积极参与是数字化变革成功的必要条件。正如高管一样，员工也需要理解、联系与相信公司的愿景。管理层需要对提出的愿景做出解释说明，并与员工沟通，确保每个人都清楚。管理层还必须审查是否存在与员工双向沟通的渠道以便他们也能回应、评论和分享他们的想法。组织内部的社会网络、知识管理系统、组织门户，所有这些都是管理层在愿景传播和同化过程中应该使用的工具。

（3）**治理**。对所有与变革和优先级相关的事物进行清晰的治理，是数字化之旅成功的必要条件。被归类为"数字大师"的组织对治理规范进行了清晰的定义，包括选择监控项目以及投资数字化技术。一些公司设立了首席数字官职位，以协调它们的数字化变革工作，确保工作中及时解决重要问题，促进以技术为基础的新业务理念能被广泛接受等。其中一些组织将"治理者"这一角色交给首席信息官或首席营销官，或者一个由多个副总裁组成的管理团队。

（4）**与 IT 部门建立牢固的关系**。在被定义为"数字大师"的公司中，高级管理层、各业务部门和 IT 部门之间建立了牢固而紧密的关系。每个人都必须理解双方的业务范围，能有效地进行沟通。管理层必须熟悉 IT 世界，准确了解系统情况和部门的技术能力，以及具备应对数字化变革挑战的能力、与首席运营官和其他关键人员进行战略性对话的能力。同时，IT 人员必须学会用商业语言进行交流，并解释数字化技术如何改善业务成果。IT 经理必须找到方法使他们的部门更灵活，能够快速响应不断变化的需求。研究中的一些组织采用了双模 IT 这一模型，因此处理客户应用的部门将使用像 SCRUM 或 DevOps 这样的敏捷开发方法，而那些处理后台应用程序的部门将继续使用瀑布（Waterfall）这一经典方法。

SAP 的数字能力框架

数字能力模型，也称为数字能力框架（digital capability framework, DCF），它是由欧洲跨国软件公司 SAP 成立的业务转型研究院开发的（该研究院现在是 SAP 内部的一个部门，称为数字化思想领导与支持部门）。在开发数字能力框架时，许多学术研究人员与 SAP 的高级业务顾问合作。在改名之前，研究院设计出一些模型，提出了一些研究方法并出版了一些书籍。其中一些模型在《数字化企业转型》[⊖]一书中进行了描述。数字能力框架背后的理念是，寻求成为数字化企业的组织必须判断识别出其潜在的业务价值及可能带来的风险。其基本假设是，数字化变革的目标是将组织转变为一个具备清晰的商业战略、商业模式以及成功在数字化时代运营和竞争所需能力的组织。基于此，组织必须开发一系列能力，并将重点放在一些目标上。组织转型为数字化企业的动力是集成业务能力和实现战略目标。值得注意的是，将组织转变为数字化企业并不是要使现有的业务流程自动化，而是要借助数字化技术提

⊖ Axel Uhl, Lars Alexander Gollenia. Digital Enterprise Transformation: A Business-Driven Approach to Leveraging Innovative IT, 2014.

供的新功能和制定新的业务处理方法。正如我们在本书中多次提到的，这是将技术作为一个推动者，因为数字化技术是帮助实现目标的基础设施，而并非目标本身。

对业务转型管理（business transformation management，BTM）综合方法的完整描述超出了本书的范围。我们需要特别关注数字能力框架，它显示了组织要成为数字化企业需提高的三大能力和三个主要目标。衡量这些能力和目标的方法是使用数字化成熟度的方法或模型。

图 11-6 展示了数字能力框架的六个组成部分——三大能力和三个目标。

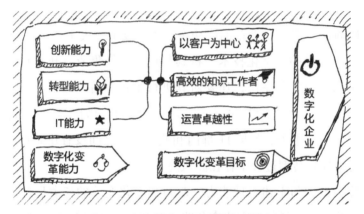

图 11-6　数字化变革所需的能力与目标

我们首先来了解一下成为数字化企业所需的三种能力。它们可以被称为数字化变革的推动力量。

（1）**创新能力**。对于组织来说，创新意味着能够定期地将观点转化为产品与服务，这些产品与服务有助于促进业务流程敏捷化、快速化。组织必须投资开发创新这一能力。创新不是自然就存在的，也不是自发而成的，而是在很大程度上依赖于组织文化而生。对于公司来说，理解创新是实现成功的重要因素之一，是至关重要的。当今处于全球化时代，竞争强度不断增加，世界各地越来越多的公司参与到市场竞争中。公司必须投入资源到创新中，设定相应职位，对员工进行创新培训（如培训他们的设计思维能力）、管理创新计划组合、从失败中学习（再一次强调，创新产生于不断的失败中）、定义创新的关键绩效指标等。

（2）**转型能力**。正如我们在书中强调的，转型是一个漫长而富有挑战性的过程。要想取得成功，组织必须具备一定的领导和管理能力。为此，组织必须明确定义相关负责人，明确数字路线图中各种举措的优先顺序，必须组建领导团队并发挥长期作用，分配适当的资源和劳动力等。至关重要的是，参与转型过程的员工必须具有高度的积极性，并彻底了解他们参与创建的内容。公司需要进行有效的沟通，使所有利益相关者都能理解并紧跟数字化变革的步伐。我们意识到，转型是具有挑战性的，公司可能尚不具备相关能力，但绝不能忽视投资开发这些能力和技能的必要性。

（3）**IT能力**。数字化变革的成功在很大程度上取决于公司的IT部门，IT部门必须选择正确的数字化技术，将其与现有系统集成，开发新功能，并帮助用户接纳新的数字化系统，还要对其进行维护和后续运营。为了成功，IT部门必须采用新的业务流程（如DevOps、双模IT、敏捷等）。IT部门负责管理运营和服务这一主干。如果IT部门和业务部门之间没有建立真正的合作伙伴关系，将会导致转型过程中存在高风险。

数字能力框架与上述三种能力一起对数字化变革的三大目标做出了明确的定义，这些目标是任何数字化变革路线图的必要组成部分，如下所示。

（1）**以客户为中心**。人们普遍认为在数字化时代客户位于核心地位。组织与客户进行沟通交流的渠道多种多样，通过新的升级的数字化产品和优质创新的服务可以为客户提供价值。组织必须检查产品供应情况和用户体验的质量，并了解"客户消费"这趟旅程的体验效果。所有这些都是创新产品和服务的基础，也是创造高质量用户体验的一部分。在数字化时代，用户更积极主动、知识更丰富，他们往往会阅读产品的相关信息且对产品做出响应，并广泛使用社交网络。数字化组织还必须学习如何在这个数字化新世界中工作、发挥作用并且融入其中，成为其一员。在前面章节中，我们描述了韦斯特曼的九大影响领域模型，第一个是用户体验，可见这是数字化变革中的一个重要元素。

然而，在我们看来，组织必须选择适合它们的目标，而不仅仅是关注客户。例如，有些组织的业务战略侧重于运营效率和成本领先，或侧重于在其他领域创造差异化。例如，一个为医院开发先进医疗设备的组织可以将其战略着眼于创新，而不仅仅是以客户为中心。

（2）高效的知识工作者。在数字化时代成功的另一个重要因素与组织所雇用的知识工作者和人才有关。他们必须使用门户、组织内部使用的协作工具、知识管理系统、商业智能系统和大数据等技术，确保组织在恰当的时间拥有恰当的信息，同时保证质量。在全球数字化时代，这些技术工具是必不可少的。

（3）运营卓越性。如果组织的内部业务不能实现高效、敏捷和智能化，那么它就不能提供高质量和高效的用户体验。组织必须设立相关的内部信息化系统，如用于资源管理的 ERP 系统、用于客户关系管理的 CRM 系统、用于供应链管理的 SCM 系统、用于管理电子采购的电子商务技术等。当然，所有这些系统都是提高组织运作效率、确保业务过程的高质量以及进行有效的持续性改进的基础。

从这一简短的概述中可以看出，数字化变革取得成功需要专业的能力、技能和明确的目标。数字能力框架将数字化成熟度分为五级。

- **第 1 级：初始级**。这一级别的特点是特殊的、混乱的，且过程是不成熟、不稳定的，没有明确判断数字化能力的基准。

- **第 2 级：反应级**。在这一级别中，组织将建立数字化原则，并传达给相关人员。虽然没有定义整个组织的流程，但基本确保达成最小化的一致意见，允许重复以前类似成功的项目。

- **第 3 级：定义级**。这一级别的特点是对项目实施组织内部计划，建立了格式化的组织内部标准流程，允许参与定制相关项目。

- **第 4 级：管理级**。在这一级别中，组织实现了过程标准化，并运用定量统计技术对（数字化）产品质量进行了预测。

- **第 5 级：卓越级**。组织按序实施项目。与此同时，流程在不断改进。系统会分析问题，并且能对未来资产价值做出评估。

数字能力框架使用蛛网模型来说明组织的当前情况以及对未来做出展望，如图 11-7 所示。六大构成要素中的每一个都由 1～5 的成熟度等级来衡量，其中 1 表示初始级，5 代表卓越级。

组织应该评估其数字化成熟度，并明确其想要达到的水平。蛛网模型可用来标记组织的当前状况（深灰色区）以及对其数字化变革的前景做出展望（浅灰色区域）。

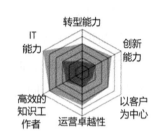

图 11-7　数字能力框架关于数字化成熟度提出的蛛网模型

根据构成要素和组织的当前状态，不同要素到达第 5 级所需的时间不同，可能需要更多或更少的时间。对于组织来说，试图让六大要素在同一时间内达到第 5 级是不可能的。更实际的是，目前处于第 2 级的创新能力应争取在一年内达到 4～5 级。

总结：一个不断进化的过程

在这一章中，我们介绍了数字化成熟度的概念，它描述了组织在数字化变革过程中的不同阶段，以及组织迎接数字化挑战需要具备的能力，并且我们还提出了几种不同的模型来评估一个公司的数字化成熟度水平。我们建议组织在数字化变革过程开始之前，先评估数字化成熟度并缩小差距，之后再进行重复评估，不断缩小差距。

综上所述，本章旨在向读者展示评估数字化成熟度可使用的不同模型，期望组织通过认知这些模型能够构建一个综合模型，利用现有模型的多个部分来获得评估组织数字化成熟度的最佳工具。

第 12 章　IT 不再重要吗

变者，如蛇蜕皮；

革者，化茧成蝶。

——昆士兰科技大学教授诺尔赞·萨佛丁（Norizan Safrudin）、

迈克尔·罗泽曼（Michael Rosemann）、简·C. 雷克（Jan C. Recker）,

迈克尔·根里希（Michael Genrich）

引言

尼古拉斯·卡尔（Nicholas Carr）在《哈佛商业评论》上刊登的一篇文章从一个恰当的出发点来探讨一个重要的主题——商业战略、竞争优势和数字化技术之间联系的本质。这篇题为"IT 不再重要"[1]的文章引起了强烈的反响。卡尔在文章的最后一段写道：**"信息技术不再是创造竞争优势的重要因素，我们应该把它作为一种无差异化商品来对待。"**

卡尔曾担任《哈佛商业评论》的执行主编，是一名管理和技术顾问，他的文章在知名的业界刊物上广泛发表，影响力非常大。此外，他的文章还引发了公众和专业人士对影响力的讨论，产生了一系列连锁反应。旁观者可能会惊讶于为什么一篇带有挑衅意味的短文会引起如此热烈的反应，而这反应既有义愤填膺的，又有积极支持的。读者可以在搜索引擎中查找"Nicholas Carr"，来了解他带来的滚雪球般的影响。

只要管理者和决策者、企业主和董事会继续将数字化力量视为对其业务的"唯一"帮助，这篇文章的重要性就会持续发挥作用。我们认为，IT（现在越来越多的人称其为数字化）无疑是一种帮助，但它也是一种文化、一种商业模式、一种生存威胁、一种机遇，以及创新所需基础框架的核心组成部分。

之后出现了一系列以"重要的是如何利用 IT""为什么 IT 很重要""技术不那么重要——但仅仅在哈佛"为题的文章。它们引用了卡尔的文章，并在《计算机世界》(Computer World)、《信息周刊》(Information Week)、《纽约时报》(The New York Times)、《华盛顿邮报》(The Washington Post)等其他业界刊物和大众媒体上发表。许多专业会议都讨论了卡尔提出的问题，他成了一名明星讲师和演说家。微软的比尔·盖茨、惠普的卡莉·菲奥莉娜（Carly Fiorina）、太阳（Sun）公司的斯科特·麦克尼利（Scott McNealy）、英特尔的克雷格·巴瑞特（Craig Barrett）等（当时）科技行业的杰出人物、计算机行业的高级经

---

[1] Nicholas G Carr. IT Doesn't Matter, Harvard Business Review, May 2003.

理、专业人士、顾问和学者对卡尔的文章做出了回应。卡尔创建了一个网站[一]可供查阅各种评论。风波平息后，卡尔出版了一本名为《IT 重要吗：信息技术与竞争优势的衰败》[二]的书，引发了第二轮激烈的争论。

卡尔成功地提出了一些关键问题。

- 信息技术在现代商业环境下充当什么角色？
- 企业投资信息技术的方式正确吗？
- 这些投资是否实现了预期目标？
- 信息技术真的已经成为任何一家公司都可以购买的无差异化商品并能很快抵消竞争对手享有的竞争优势吗？
- 信息技术革命结束了吗？

一个有趣的挑战是：如何处理卡尔的结论与我们今天熟悉的商业现实之间的矛盾。在当前情况下（2019～2020 年），数字化技术，特别是信息技术，提供了持续的业务创新平台和创新商业模式，包括业务流程化、业务智能分析、客户关系管理、企业资源规划、供应链管理、知识管理和协作、关键绩效指标和平衡计分卡、电子商务、机器学习和机器人技术等。

这些都是至关重要的问题，影响着所有商业组织及其管理者、技术制造商和供应商、顾问，甚至是任何想要了解数字化时代本质的人。

数字化技术不再是竞争优势的来源吗

尽管许多管理者得出的结论是，信息技术的广泛分布必然意味着一种竞争优势，但卡尔认为，这一结论从根本上是错误的。他的论点是，稀缺性而非普遍性才能创造一种战略优势。在他看来，一个组织可以利用它所拥有的

[一] www.nicholasgcarr.com.

[二] Nicholas G Carr. Does IT Matter – Information Technology and the Corrosion of Competitive Advantage, Harvard Business Review Press, April 2004.

独特资源来获取竞争优势，或者通过以一种不同于其他组织的运营方式来获得竞争优势，即通过创造差异化的方式。

> **什么是信息技术和数字化技术**
>
> 在我们看来，数字化技术作为一个整体，是信息技术的延伸，包括一系列创新的技术，如人工智能、机器人技术、3D打印技术、无人机、区块链技术等。这些都不是传统意义上的信息技术，而是技术基于相似组件的延伸。这些组件有强大的处理器和内存、快速和复杂的通信工具与协议、能够高速和大量存储多种格式数据的快速数据库、执行复杂算法的软件等。总之，我们在文中交替使用"数字化技术""信息技术""数字化力量"这三个术语。

为了支持自己的论点，卡尔指出信息技术和其他技术之间的相似性，比如蒸汽机、铁路、电网、电报、电话和消防车。他认为，每一项技术都有三个确定的主要发展阶段。

（1）**突破阶段**。在这个阶段，技术是私人专有的，用户很少，因此可以通过既稀缺又专有的技术来提供竞争优势（通常称为专有优势）。

（2）**拓展阶段**。在这个阶段，技术快速传播，并有能力刺激商业和生活方式发生变化。另外，随着时间的推移、分散度的提高，技术的竞争优势趋于下降，导致一段时间内竞争优势逐渐减弱。

（3）**广泛分散阶段**。在这个阶段，技术变得普遍和明显，因此几乎不为人注意，成为一种接近看不见的无差异化商品。在这个阶段，技术所赋予的竞争优势是非常微弱的。

当技术发展到第三阶段的时候，它不再是创造力、创新或竞争优势的源泉，而是一种无差异化商品，一种人人都能获得的原材料。

电力就是个恰当的例子。一开始，电力只是一项少数用户可以使用的专有技术，并为这些用户提供了竞争优势。随着时间的推移，它成为每个人都可以使用的公共基础设施技术，不再被视为一种战略资源。由于每个人都可以使用电力，所以它只是生产过程中的一个投入，而不是竞争优势的来源。如今没有任何一个组织围绕电力来制定战略，而是将资源投入到可以有效和节约地开发电力方面，并应对相关风险，如故障或停电。

卡尔区分了以下两种类型的技术。

- **专有技术**。这种技术有供不应求、少数用户、受专利保护、拥有商业机密和独家许可等特征。例如，制药公司专利药品的生产，其过程由一个工业企业、一家可以为产品提供较长保质期包装材料的食品公司等组成，是一个独特的生产过程。

- **基础设施技术**。这种技术可以轻易获得，人人都可以使用。技术越普遍，使用者越多，其价值就越大。例如，铁路的价值随着其地理范围的扩大和车站数量的增加而提高；同样地，随着越来越多的计算机接入互联网，互联网变得越来越有价值。一些专有技术最终成了基础设施技术。

卡尔总结道：只要一项技术是专有的并且供应不足，它就是竞争力的来源。随着技术的广泛分布和普遍使用，它就成了一种生产要素，而不是一种竞争要素。

卡尔认为，信息技术也有相似的发展路线，从供应短缺的专有技术，变成了人人可以使用的基础设施技术。卡尔指出，尽管无法预测信息技术扩张时期的准确终点，但有迹象表明，信息技术目前更接近其拓展阶段的终点，而非在突破阶段。信息技术正在成为每个人都可以使用的基础设施。互联网实际上正在加速信息技术的商品化趋势。越来越多的组织可以通过使用外部供应商提供的云服务和网络服务，如同获取电力或通信等基础服务一样，来解决信息相关的问题。

为了支持自己的论点，卡尔指出信息技术的广泛应用、IT 供应商成为基础设施提供者、光纤的过剩以及IT产品中多余的功能。他提到了两个著名的组织，它们依靠信息技术的基础来创造竞争优势。它们分别是美国航空公司（它的SABRE预订系统第一个实现了"飞行常客"的想法）和美国医疗用品供应公司（American Hospital Supply，它的ASAP系统将医院和药房连接到供应网络）。随着时间的推移，当竞争对手开发了类似的系统，甚至更好的系统时，这些组织就失去了竞争优势。随着相关信息技术的标准化、普遍化和实用化，竞争障碍将迅速减少。

据卡尔估计，在信息技术上浪费资源可能会冒很大的风险，甚至会出现竞争劣势，而并不会出现竞争优势。一方面，由于信息技术已经成为一种无差异化商品，所以其价格不断下降；另一方面，信息技术几乎被集成到每一个业务流程中，进而需要大量的开销，这对于一个组织来说是沉重的负担。为了维系业务，组织必须在信息技术上花费越来越多的钱。卡尔的结论是，组织应该对这些投资进行约束，并且更全面地检查投资回报（ROI）。同时，只对必要的业务进行谨慎投资。卡尔举了个人电脑、服务器和软件领域的例子。这些领域的产品不断地推陈出新。一般情况下，客户不需要升级其中的大部分产品，因为升级可能不会带来任何附加值的增加，而且升级成本可能会很高。他指出，硬盘空间的持续扩展有利于电子邮件、照片、文档、视频和文件的存储，而这些扩展与生产流程或客户服务无关（值得注意的是，在大数据时代，信息技术是重要信息的来源，可以用来分析、创造差异化和形成竞争优势）。

在卡尔看来，数字化技术与火车、电力和汽车一样，是商业所需的一项现代基础设施。不可否认的是，这些技术已经成为现代商业发展的支柱，而**数字化技术创造出竞争优势的潜力却正在消失**。他说，组织现在很容易受到信息技术大众化所带来的风险的影响，比如停工、故障、不可靠的供应商、安全漏洞甚至是恐怖袭击。任何信息系统的关闭都可能对组织造成严重的损害，有时甚至会使组织完全瘫痪。卡尔的观点是，组织在权衡如何利用信息技术获得竞争优势上投入了太多时间，而忽略了这里面枯燥的工作，也就是应该如何处理信息技术的成本带来的固有风险。

卡尔的建议如下。

- **减少投资**。研究表明，只有很少的信息技术的投资可以带来竞争优势。在这种情况下，由于技术正日益成为无差异化商品，一个组织在这方面浪费资金只会带来非常严重的后果。因此，限制这方面的投资是非常恰当的。

- **跟随其他人的脚步**。摩尔定律告诉我们，耐心等待可以降低一个组织面临技术迅速过时的风险。处于领先地位并不是合算的，最好是让其他人成为创新试验的领导者。除非与创新有关的风险比较低，否则做一个跟随者是更好的选择。

- **关注风险和弱点，而不是机会**。由于技术故障具有很大的破坏性，所以一个组织会发现自己应该更多地关注信息技术的风险（如系统崩溃和故障、病毒、数据安全问题、数据窃取）问题，而不是如何用信息技术本身创造机会。

围绕卡尔的文章所展开的广泛讨论，可能有助于我们更准确地把注意力放在信息技术在现代所扮演的角色上，从而有助于防止在过于简单化的观点中犯错。就像任何一个新生行业一样，信息技术也会出现错误的、失败的或者不必要的投资，而且一项技术并不是总能符合相关生产商、供应商和咨询公司的高期望。然而，在我们看来，不应该让这些错误导致我们得出不正确的结论。

信息技术不是同质化的

卡尔将信息技术定义为处理数据的数字分析、存储和传输（通信）的技术集合。这是对一个非常宽广的领域过于简单的定义。在我们更深入地讨论卡尔的看法之前，我们先来定义两种主要的数字化技术类型：基础设施和应用程序。

- **基础设施**。基础设施由硬件、软件和通信技术组成，包括各种应用程序构建和操作的必要基础。例如，服务器、工作站、有线和无线通信设备、存储系统、操作系统、数据库管理系统、数据通信系统、控制和检测系统、网络时代的数据保护软件、法规遵从性软件、拥有软硬件功能的软件（EAI，企业应用集成）、数据仓库软件（ETL，抽取、交互转换、加载）、无线技术（如移动电话、Wi-Fi、定位技术、射频识别技术）等。此外，VR 眼镜和耳机、AR 系统、云计算、3D 打印机、无人机、区块链技术等先进的数字化技术都可算入其行列。

- **应用程序**。应用程序由各种各样的计算机程序、算法和数据库组成，为业务流程的组织和执行提供服务。例如，计费、企业资源规划、客户关系管理、银行应用、保险应用程序、医疗应用程序、工业应用、工程应用、为数据库决策和分析提供支持、数据挖掘、商业分析、人工智能和机器学习、管理知识和数据共享，以及诸如门户网站、电子邮件、文档管理系统、工作流和业务流程管理系统、社交网络、电子商务应用等工具。其中，一些应用程序可以在组织内进行独立开发，也可以购买现成的软件（make vs. buy）。供应商或组织利用基础设施技术来开发应用程序，并根据需要集成这些技术。

卡尔未给出的区分：卡尔没有突出应用程序在信息技术应用的中心地位。他所举的例子和主题大多来自基础设施领域，并得出关于整个信息技术领域的结论。我们认为不能用相同的方式来看待基础设施和应用程序，特别是涉及它们对组织战略的贡献时。应用程序做出的贡献是直接的，而基础设施是间接的。事实上，就某些基础设施而言，特别是随着云计算概念的发展，信息技术已经（或正在）非常接近一种无差异化商品。应用程序即使在云中运行，也会有每个组织的独特流程。例如，他提出的将电力技术与信息技术进行类比的例子是个错误。电力技术是一项基础设施技术，与构成信息技术的相当一大部分应用程序完全不同。

应用程序为一个组织业务流程的执行提供支持：从产品规划阶段到生产，从取得一个新订单到交付产品给客户，从记录故障到修复，从策划营销活动到衡量成败，从要求报价到商品入库，从雇用员工在组织的整个生命周期到他们离职，从确定组织预算到监督预算的执行等。应用程序将组织与利益相关者（客户、员工、商业伙伴和供应商）联系起来，为业务决策提供支持（称为决策支持），并支持信息的管理和共享。

这些应用程序还为组织的客户、产品、员工、账户、库存、活动、供应商和合作伙伴的**数据库提供支持**，包括图纸、地图、图表、照片、音频、视频、文档、电子邮件等档案。这些数据库是组织至关重要的资产，是组织专有知识的记录，这种资产的价值只增不减。怎样可以将铜线中的电流或火车上的货物与管理和支持组织业务流程、客户关系、客户体验以及组织决策流程的应用程序进行比较呢？

另外，值得注意的是，之前的一些应用程序未来可能成为基础设施。事实上，数字化世界的一个关键挑战是应用程序在基础设施中的商品化。现代云计算是这一趋势的主要助推器。

数字化技术是一种无差异化商品吗

让我们先探讨一下卡尔提出的稀缺性原则。信息技术真的成为一种基础设施技术，被广泛应用并变成实际的生产要素了吗？的确，从基础设施技术出现至今，信息技术与基础设施技术的发展道路极为相似。起初，信息技术也供不应求，使用人数有限，只有少数人有能力购买计算机和开发应用程序。随着时间的推移，处理器和存储成本下降、个人电脑普及、通信和数据库标准被制定、软件工程和开发流程更规范、软件包在各个领域出现，信息技术最终走向了普遍化。如今，我们可以在任何组织中发现信息技术，或大或小，信息技术几乎是每个产品或服务的一部分。问题来了：信息技术由于不再稀缺，所以就已经转化为基础设施技术了吗？在我们看来，答案是**否定**的。

事实上，很难将信息技术与卡尔所列举的铁路、电力、电话和消防车的例子进行比较。所有基础设施技术所执行的任务都超出了人类的能力范围（如举起重物、给机器供电、照明办公室、远距离运输货物和人员、在偏远地区进行通信等）。信息技术则具有不同的性质，事实上，**信息技术是人类大脑认知能力的扩展和完善**，包括人类进行决策所需要的解释、分析、存储和传递信息的功能。信息技术为员工赋能，有利于员工完成更复杂的工作。同样地，信息技术通过展示和分析决策所需的信息也可以赋能管理者。信息技术犹如一个平台，促进了组织人才、创造力、多样性和创新以及管理和组织思维能力的发展。信息技术使每个组织的独特业务流程得以实现，包括关于组织活动、客户、供应商和产品的数据库（智能存储库）。

竞争优势的取得不是通过获取信息技术，而是由组织独特的实现其功能和使用信息技术的方式决定的。在很大程度上，这些技术是其制造者、生产者和创造者的工具。它们在不同组织中呈现出完全不同的形式，使组织与其他组织区别开来。为了说明这些差异，迈克尔·施拉格（Michael Schrage）提出了以下想法⊖：假设我们为信息技术领域的三个竞争组织如耐克、锐步和阿迪达斯提供了1亿美元的投资，这三个组织是否会投资完全相同的技术呢？答案是否定的。我们可以进行合理的假设，某些组织会从新的投资中获得比其他组织更多的收益。也就是说，还有其他因素促进了附加值的增加。事实证明，不同组织在做类似的事情上并不是具有同样的优势。一种资源的可获得性、分布和价格不足以决定它是否具有竞争优势。**竞争优势不是来自获得了信息技术，而是取决于不同的使用方式**。为了更准确地分析，我们可以查看在相同领域竞争并购买了同样软件的组织，它们由于有不同的业务流程，所以实现信息技术的方式截然不同。每个组织在其业务流程的原创性和创造性、管理供应链的特定方式、与供应商和分销商的独特联系、管理风格和组

⊖ Michael Schrage. Why IT Really Does Matter, CIO Magazine, August 2003.

织文化等方面都会有不同的表现。每个组织应对着不同的集成挑战，进而组织在相同的 ERP 系统下的业务流程（如财务、物流、人力资源等）也会有完全不同的技术实现模式。

那么，信息技术应该被称为基础设施还是无差异化商品呢？

卡尔的观点在这种情况下是正确的：特定的组织在一定时期内，**可以通过专有的信息技术将最初的商业想法转变成竞争优势**（如美国航空公司的 SABRE 系统和美国医疗用品供应公司的 ASAP 系统）。这种优势可以持续一段时间，直到其他组织效仿这种商业模式并研发这项业务为止。毫无疑问的是，率先推出市场可以带来优势，即所谓的先发优势。但是问题来了，一个组织有了原始的商业模式或特定技术，能否在长期竞争中始终保持自己一开始的优势呢？答案并不取决于技术，而是取决于其他因素。

随着时间的推移，一些信息技术产品的组件演变为无差异化商品，如个人电脑、智能手机、硬盘、服务器、路由器、打印机等。这些产品的价格不断下降（同步于信息技术的不断发展），而且，由于它们拥有公认的规范和标准，可以即插即用。但我们必须记住的是，系统由部件组成，**即便每一个部件是一种无差异化商品，系统也不一定是无差异化商品**。每一个组织的基础设施技术都是复杂和独特的，以至于将基础设施技术当作无差异化商品来理解是错误的。每一个元素在放入组织技术环境之前必须经过广泛的测试。组件间的集成可能会导致故障，并引发集成、控制与检查、标准化、知识、维护和数据保护等出现问题。

卡尔错误地理解了问题的根源：信息技术的稀缺性不在于其使用方式，而在于相关业务流程的实现以及所涉及的各种技术之间的独特集成。时至今日，每个组织都可以获取信息技术，而这仅仅是开始。在信息技术获取的系统中，组织必须集内容、自己的管理理念、管理风格、商业模式和独特的流程于一体。也就是说，组织使用信息技术的方式成了系统的一部分，而且这些都是买不到的，这区分了不同组织的绩效。信息技术与其实际应用之间的差距实在太大了。

结论：真正稀缺的不是技术，而是正确利用这些技术创造价值的管理人才。

换句话说，信息技术不重要，重要的是你做了什么以及如何利用好信息技术。

一个公司成功的秘诀是什么

吉姆·柯林斯（Jim Collins）在他的两本畅销书——《基业长青》[一]和《从优秀到卓越》[二]中，研究了企业获得持续竞争优势的因素。在《从优秀到卓越》中，他探讨了是什么让一个优秀的组织变得强大。他指出了参与调查的大多数组织共有的六大因素：**领导风格、管理团队、处理困境的能力、理解核心事务并努力成为核心领域领导者的能力、组织文化和规律以及技术助推器**。

这六大因素中，与我们的讨论相关的是**技术助推器**。成功的组织对技术的作用有不同的看法。它们从不把技术作为促使它们从优秀组织向卓越组织转变的原始手段。它们在谨慎选择技术上走在前列。在这些组织中，**技术本身不是成功或者失败的最初因素，也不是最根本的因素**。

正如我们在前面所说，信息技术本身并不是一个长期可持续的竞争因素。组织还要了解其盈利来源和独特之处，拥有一个成功的经营理念、一个强大的品牌、一个优秀的领导和管理团队、组织纪律和决心、一个成熟的愿景、组织文化、创意和创新，并坚持客户导向，提供高水平的用户体验和高质量的产品，不断升级产品、扩大供应、改进生产过程等，这些构成了组织蓬勃发展的基石。

哈佛商学院教授迈克尔·波特是竞争战略领域的著名思想家。他提出，当一个组织能够以较低的价格为客户提供同等价值的商品（成本优势），或者提供竞争对手没有的独特商品（差异化优势）时，竞争优势就会出现。

一个组织通过整合其人才和资源来建立竞争优势。这些资源可以是专利和商业机密、专有知识、客户基础、声誉和品牌。一个组织需要人才来巧妙地开

[一] James C Collins, Jerry I Porras. Built to Last, Harper Business, 1997.
[二] James C Collins. Good to Great, Harper Collins, 2001.

发这些资源，例如人才能够在竞争对手发布产品之前将其产品推向市场。除此之外，组织的才能还表现在业务流程、为实现价值链而进行的活动以及独特的信息技术集成中。波特指出："**战略定位是一种以不同方式竞争的艺术。**"[1]

为了取得长期的成功，组织必须要有一个清晰的战略，这个战略必须与组织所处的动态竞争环境相适应。组织必须检查和采用新的商业模式，构建原始并有效的业务流程，关注客户的需求，并开发一个可以分析和了解客户需求的基础结构。组织必须扩大生产线来适应不同的客户情况，改进服务并为客户提供优于竞争对手的附加值。这种资源和人才的整合创造了竞争优势，而不是由信息技术或任何其他技术创造的。事实上，信息技术不是孤立的技术，而是为业务创新提供必要基础设施的技术。

本书作者之一张晓泉教授的博士导师、麻省理工学院教授埃里克·布莱恩约弗森教授研究过诺贝尔经济学奖得主罗伯特·索洛（Robert Solow）提出的一个著名问题，就是为什么我们在信息技术的投资无法反映在生产力的提高上。当时索洛观察到，在美国，无论是微观的公司还是宏观的经济层面投资信息技术的力度都很大，但是整个经济中并无法测量到生产力的提高。布莱恩约弗森教授的研究有一个重要的结论，就是对信息技术的投资需要有相应的对组织的调整，从而使组织的商业和管理流程更好地适应信息技术的发展。

结论：技术可以推动和加速发展，但就其本身来说，技术从来不是卓越或者失败的根源。

换句话说，信息技术本身并不能给你带来竞争优势，技术和商业结合才是成功的关键。

信息技术可以成为竞争优势吗

让我们从《商业周刊》（*Business Week*）的一个故事开始[2]：墨西哥西麦斯

---

[1] Michael Porter. Competitive Advantage：Techniques for Analyzing Industries and Competitors, Free Press, 1998.

[2] Peter Coy. The 21st Century Corporation, the Creative Economy, Business Week, August 2000.

集团的故事发生在墨西哥蒙特雷。该公司生产水泥和其他建筑材料，并向建筑行业的承包商提供产品，其产品看起来不是什么新鲜事物。在很多人看来，水泥是一种以相同方式生产了很长时间的商品。

墨西哥西麦斯集团一直面临的一个问题是：难以预测其工厂生产的8000种不同水泥和混凝土的需求。大约一半的订单会发生更改，有时仅在交付的前几个小时。订单在最后一刻发生改变给生产主管、送货司机和客户带来了很多不便。

于是，西麦斯集团决定走向数字化。该公司的首席执行官表示："这项技术可以使公司以一种不同于以往的方式来发展业务。我们不仅将数字化运用于产品供应，还运用于销售服务。"卡车装有无线通信终端和GPS系统，因此，管理者可以随时了解到每一辆卡车在什么时候往什么方向行驶（当时，GPS并不是一种嵌入于移动设备的商品）。管理者使用ERP系统来记录订单、管理库存、制作发票和更新数据，并创建了一套为卡车寻找最佳路线的复杂系统。以上这些使公司能够派出最合适的卡车来提取所需的水泥，并以最快的速度运送到目的地，而且，在交通繁忙时，还可以及时改变卡车的路线，有效地应对各种变化直到最后一刻。**该公司设法将订货到交货的时间从三个小时缩短到20分钟**。墨西哥西麦斯集团既提高了客户满意度，又降低了卡车的燃料和维护成本，并缩减了35%的车队规模。

后来，墨西哥西麦斯集团借助互联网，使客户既可以在网上下订单，又可以实时查询到货时间和单据状态，种种这些都无须与客户服务代表商讨就可以进行。这反过来又使该公司将人力资源从简单的服务岗位转移到客户关系处理相关岗位。与此同时，公司和员工更好地了解并满足了客户的需求。在新模式下，管理者能够根据新的数据做出决策，并能对客户需求和竞争对手的发展做出及时反应。墨西哥西麦斯集团成功地将信息技术应用于节省稀缺资源，如卡车、轮船和劳动力。几年之内，该公司成为北美第三大水泥供应商。墨西哥西麦斯集团没有使用专有信息技术，而是采用了一种独特的基于信息技术的商业模式，促进了创新业务流程的执行。公司独创的这种集成模式是无法用钱直接买来的，而是需要针对当时的情境进行发明，并通过成熟的技术去实现，因此，这样的创新其他公司难以模仿。

我们再来说说达美乐比萨、星巴克、戴尔、思科、亚马逊、联邦快递、eBay、沃尔玛、华为、蚂蚁金服、今日头条、航旅纵横等其他公司的故事。这些公司凭借独特的商业模式和信息技术，成功地创造了自己的竞争优势。上述所有组织都将信息技术作为一种改变商业模式的变革机制。尽管竞争对手试图模仿它们的方法，但是它们创造了一种长期可持续发展的竞争优势。这些组织早在数字化变革这个术语出现之前就已经率先领导了数字化变革。

在发表卡尔文章的那一期《哈佛商业评论》中，有一篇描述哈拉娱乐公司（Harrah's Entertainment）的文章。[一]这家公司充分利用大数据技术来创造竞争优势，在美国的13个州经营着26家赌场，并达到40亿美元的年营业额。信息技术提供了一个平台，促进竞争差异化和发挥组织的优势，提高业务流程的效率，并且将专业知识转化为竞争优势。不容置疑的是，信息技术成就了如今的戴尔、思科、星巴克和华为。竞争优势形成的原因是将原有的商业模式、创造性的管理、知识、高质量的产品、组织文化、客户和技术导向融合起来。数字化技术不应该仅仅成为组织业务的推动者，更应该成为创新业务的源泉。

处于领先地位的成功企业非常重视信息技术方面的投资。它们清楚自己的目标（改变商业模式、竞争优势和经营风格等），也正在竭力利用信息技术实现目标。他们会随时判断目标是否达成，如果没有，它们就会迅速采取行动进行补救。它们清楚信息技术对组织文化的影响，并且为了确保投资到位，它们会采取积极的管理政策。经验表明，如果组织不采用创新技术，管理无法推动技术创新，技术创新就变得毫无意义。所有的成功案例都有一个共通点：领导者时刻准备着对业务流程进行必要的更改，以确保新技术可以取得预期的收益。成功的组织都明确一个真理：**数字化技术的应用首先是一个商业项目，而不是技术项目。**

㊀ Gary Loveman. Diamonds in the Data Mine, Harvard Business Review, May 2003.

不幸的是，仍有许多组织的首席执行官和管理团队对信息技术充满恐惧，不懂得将信息技术作为其业务成功的助推器，并将信息技术复杂化、危险化和恐怖化。对于这些管理者来说，卡尔的文章可能提供了一个理由去避免挑战和限制对信息技术的投资，而这也给组织的未来发展埋下了不确定的种子。

结论：信息技术本身并不重要，重要的是领导力、正确的商业模式和信息技术使用方式之间的融合。

换句话说，信息技术不重要，商业模式、领导力和信息技术之间的融合才是重要的。

应该减少对信息技术的投资吗

我们可以使用一种模型来管理项目投资组合，并将信息技术的投资分为两类。

- **商业运行性投资（有时称为持续经营）**。这些投资是业务运行的必要投资，维护了现有系统的良好秩序并促进其持续运行。比如，培训软件人员、维护现有系统和基础设施、培训系统管理人员、延迟软件许可证使用期限、各种组件升级（如 Windows、Oracle 或 SAP 升级为新版本，以及升级服务器、改进通信组件、扩充硬盘容量、增添许可证和用户等）的费用。所有这些投资（费用）都用于维护现有的业务并不断提升业务能力。

- **扩展业务性投资（有时称为转换业务）**。这些投资旨在扩展组织的业务范围。无论是通过功能性扩展现有的系统（增添商业模式、改进现有模式），还是通过引入新技术或转换业务执行方式。

这两种不同类型的投资需要区别对待。就现有业务而言，组织必须注重业务运行的高效与低成本。具体措施如转移至云端、整合服务器和磁盘至虚拟服务器、使用低成本的磁盘技术、从终端服务器转化到精简型电脑、使用可循环墨粉的打印机等。就扩展业务而言，组织必须注重投资于业务战略，即权衡投资的预期费用、使用成本效益分析（ROI 模型或者价值实现模型，尽管很难量化结果）以及风险评估和技术的影响评估。

因此，卡尔的建议需要进行重塑。组织在确定投资之前应该建立一个目标，并且要精简现有的投资，将投资集中到符合组织战略目标和其他经济目标的业务上。有些企业没有意识到这一点，斥巨资购买了不符合自身需求的基础设施，或者为员工配置了最先进的计算机，购买了速度最快的通信网络，到最后却发现，只是在做无用功。它们没有考虑自己的目标，以及扩展业务投资和运行现有业务投资之间的关系。

卡尔忽略了时机与顺序，这也是在确定投资之前需要考虑的重要一点。麦肯锡公司的戴安娜·法雷尔（Diana Farrell）做了一项研究，[⊖]关于何时投资信息技术可以获得成功，最后发现，投资的时机和顺序是重要因素之一。应用程序以某种逻辑顺序组建，而且它们之间有复杂的联系。一些组织铤而走险，在没有完成某些应用程序工作的情况下，投资其他应用程序，结果却大失所望，或者需要再次投资来弥补错误。正确的投资方案是，了解系统之间的联系，并按照严谨的方法来进行投资。

以沃尔玛为例，沃尔玛在 20 世纪 90 年代就开始投资信息技术。最初，它在供应系统中集成了一个物流和库存管理系统，涉及供应商、配送中心、仓库和商店。在完成这项任务后，它着手提高自身业务效率，与其他供应商区别开来。之后，它投资应用程序，以确保每个商店中有正确的产品组合和最佳的库存更新策略。最终，它构建了一个数据库来支持复杂的决策。它在电子商务领域也进行了大量的投资，现在也依然如此。由于它之前忽略了电子商务领域，所以无法与电子商务巨头阿里巴巴和亚马逊进行竞争。沃尔玛收购 Jet.com 是为了促进其电子商务网站的发展。收购之后，其电子商务确实有了显著而持续的改善。相比之下，凯马特（Kmart）犯了几个错误，它在建立公司和供应商之间的物流与管理系统之前，就投资了管理销售活动的应用

⊖ Diana Farrell. IT Investments That Pay Off, Harvard Business Review, October 2003.

程序。因此，销售活动管理系统无法实现预期利益。

结论：在了解的基础上进行投资，并需要有正确的投资顺序，区分哪些投资是扩展业务的，哪些是维持现有业务的。

换句话说，在信息技术方面进行投资，目的是创造竞争优势和利用当前的信息技术系统。

一马当先还是后续发力

柯林斯在书中提到了一些不是第一个采用新技术的组织。[⊖] 这些组织仔细研究了如何利用新技术来优化它们的商业模式。这些组织与技术的关系，就像它们与任何决策的关系一样。也就是说，如果一项技术是恰当的，并且有利于组织核心业务的发展，它们就会积极和持续地使用这项技术。相反，它们会忽视各种杂音和骚动，继续冷静地做自己手上的事情。正如柯林斯所说，"严谨的人进行严谨的思考，然后采取严谨的行动"。

技术创新本身不是目的。当然，要时刻注意潮流和各种口号。不幸的是，信息技术行业以惊人的速度创造了许多口号（每次都有一组新的英文缩写）。组织是否采用一项新技术取决于这项技术的性质，如果它是一项基础设施技术，则组织必须了解这项技术实施的动机、风险和可以节省多少钱；如果它是一项扩展业务性技术，则组织必须了解这项技术的实时市场需求能否成为商业引擎，能否支持一个有价值的业务流程，是不是基于其他应用程序发展起来的，能否助力组织应对竞争对手的挑战等。如果答案是肯定的，则必须立即采用新的技术，哪怕需要创新技术。最终，新技术的应用在很大程度上取决于组织文化。**新技术是一个领先组织为了响应变化在创造性思维的条件下发展的，还是一个跟随者害怕落后于其他组织而发展的呢？**这在很大程度上决定了组织在采用新技术时所愿意承担的风险水平。

值得关注的是，巴诺书店（Barnes & Noble）、美林（Merrill Lynch）和西维斯药店（CVS）为了缩小与亚马逊、嘉信理财（Charles Schwab）和沃尔格林

⊖ James C Collins, Jerry I Porras. Built to Last, Harper Business, 1997.

（Walgreens）之间的差距所做的各种努力。一旦一个组织在信息技术的帮助下取得了领先地位，并改变了商业模式，对于跟随者来说，缩小差距就会变得无比艰难。这些跟随者虽然避免了成为领导者所需要承担的风险，但也失去了市场份额，更糟的是，它的市场地位也岌岌可危。

结论：一马当先还是后续发力，取决于投资的类型以及组织的性质和文化。一个组织是否喜欢挑战、能否将信息技术和其他因素结合起来、是否有领导变革的经验都会影响投资决定。

换句话说，一马当先还是后续发力取决于许多因素。

你应该关注风险和漏洞还是机遇

组织对信息技术的依赖日益增强，导致了许多风险。最初，风险主要来自数据丢失和系统崩溃。为了应对风险，组织将工作重心转移到管理备份和基础设施的适应性方面。当组织接入互联网时，风险急剧加大。病毒、黑客、商业信息泄露、身份和信息盗取、系统宕机、商业间谍等，成了真正的威胁。恐怖袭击让人们深刻地意识到一个组织关闭其信息系统和数据库被破坏所要付出的沉重代价。这促进了组织向云端加速转换、建立备份设施，并开发业务生存方法（专业术语是 DRP 和 BCP）。这个主题已经写进了许多组织的议程，现在大多数组织都拥有一个备用服务器，可以用于数据备份和保留公司根基。如果使用主动网络体系结构，备份可以在中央处理器关机后的几秒钟或几个小时内（这取决于组织类型和信息系统的重要程度）顺利进行。将信息系统转移至云端，组织可以享受云端提供的高水平备份和顽强的生存能力。

组织倾向于将问题和风险最小化，但很少有首席执行官要求他们的信息技术经理进行风险调查，并仔细探讨降低风险的方法。这种漠不关心会引发灾难。恐怖袭击、地震、火灾、洪水、病毒、黑客恶意攻击导致的网络瘫痪、信息泄露，如此种种都是潜在的风险，需要及时做好防范。等到风险发生后才做防范，就会付出沉重的代价。**近年来，我们看到人们对这些问题的认识日益提高，公司董事会也参与进来，要求收到有关信息技术的风险评估报告**

（当然还有其他风险评估）。银行业、金融业、资本市场和保险业的监管机构也紧锣密鼓地开展工作，发布了技术方面的监管规定。

结论：关注风险和漏洞，但不应以错失机遇为代价，应等量齐观。

换句话说，像关注机遇那样关注风险和漏洞。

总结：数字化技术的独特重要性

在过去的几十年里，商业环境发生了巨大的改变。20世纪初，卡内基（Andrew Carnegie）在将自己的钢铁公司卖给新成立的美国钢铁公司（United States Steel Corporation）后，成为世界首富。当时，美国钢铁公司拥有10亿美元的资产和149家钢铁厂。到了21世纪初，尽管微软、苹果、谷歌、亚马逊和Facebook等这些公司雇用的员工远少于美国钢铁公司在20世纪时所雇用的员工，却拥有更高的市值，超过了美国整个钢铁行业。在2000年，拥有5.5万名员工的微软市值是麦当劳的10倍，而麦当劳的员工数是微软的10倍（摘自《商业周刊》[一]）。在这短短的100年里，商业环境发生了非常戏剧性的变化。

在过去的五六十年里，全球经济从工业时代进入了新信息时代，或者更准确地说，是数字化时代。数字化时代的特点是数据、信息和知识的重要性与日俱增，相比于工业产品（汽车、设备、工具、机械等），数字产品（音乐、报纸、新闻娱乐、服务、广告、电子等）发展迅速。从汉堡到软件，或者从原子到比特和字节的转变，象征着经济在过去的几十年里发生的巨大转变。数字化技术是新时代的基石和引擎，犹如其他技术是工业时代的基石一样。

为了了解信息技术和数字化技术的复杂性以及它们带来的机遇，我们自然而然地联想到早期的技术，如铁路、电力、无线电和电话。当然，我们可以了解它们的相似点，如突破阶段、扩展阶段以及变成实用基础设施阶段的发展模式。与其同时，我们必须谨慎分析模式、提取问题和得出结论。新技术的发展和影响是线性的，这一点与其他技术具有相似性。

信息时代还很年轻，我们才刚开始了解如何利用信息和数字化技术。不

㊀ Peter Coy. The 21st Century Corporation, the Creative Economy, Business Week, August 2000.

久以前，信息技术还停留在手工流程的机械化和自动化处理，主要涉及后台支持流程，如簿记、工资和库存管理。但在短短几年之内，数字化技术就取得了惊人的进步，成为我们日常生活和商业环境中不可或缺的一部分。数字化技术变得非常复杂，并渐渐走向全球化。由于竞争压力和动力不断加强、不确定性增加、修复或补救的时间缩短、监管的影响扩大和对特定人力资源的需求增加，因此组织必须提高资源协调的实时性。以上种种扩大了对数字化技术的需求。数字化技术将继续成为一种革命性的商业基础设施，对商业环境、交易和交易方式、组织结构和组织间的关系、工作开展方式以及我们的日常生活产生重大影响。数字化技术在全球范围内快速、轻松地传递信息的能力，可以与卡车、轮船、火车和飞机的运载能力相媲美。

我们必须强调的是，数字化技术与其他技术的关键区别。

- **业务流程和活动的集成**。数字化技术是每一项业务活动、决策和业务管理中不可或缺的一部分。数字化技术代表着组织技能的扩展，并作为创新和业务差异化的基础设施，也是为员工赋能的一种手段。

- **本身是产品的一部分**。越来越多的企业正在转向生产数字化产品，包括处理器、通信产品、数据和软件（例如，汽车、电视、数码相机、手机、MP3 播放器，以及冰箱、烤箱、照明器、恒温器和微波炉等家用电器）。这些产品可以促进交流、报告故障、呼叫技术人员，并进行定位。苹果在 iPod 和 iTunes 的推动下发展成为世界上最大的音乐商店，iPhone 可以与尼康和佳能在相机市场一争高下；微软通过与 Skype 和大型电信商合作，可以与任天堂（Nintendo）和索尼在家庭游戏机市场平分秋色；亚马逊成为世界上最大的商业贸易公司之一，并打入云服务市场，还通过 Echo 智能音箱、Alexa 和语音识别软件等进入智能家居市场，种种这些都是人们没有预料到的。

- **创造新的商业机会**。数字化技术为组织带来了新的机遇。组织可通过提高效率和降低价格，或改变商业模式和市场进入方式，或将目标市场转向全球来寻求新机遇。

- **电子商务的基础**。电子商务的发展是出人意料的。阿里巴巴和亚马逊在"双 11"和"黑色星期五"的销售额是如此的惊人。无论何时何地，只要人们愿意，一切都可以在互联网上实现，如比较价格、读取其他顾客的评分、订购产品、追踪订单或派送情况、接收发票、付款、故障报告和在线升级等。这些都是补充性功能，但如果没有这些功能，组织就无法与其他组织竞争。数字化技术已经成为组织管理与客户和供应商关系的关键部分。未来，我们可以考虑为每一个产品标记一个小 RFID 芯片，这一芯片将成为产品的一部分，有利于我们进行物流监控（或计算库存）、评估产品的地理分散情况和分析产品的软件版本等。

- **移动性的基础**。4G 网络的运用和 5G 的问世，大大提高了高速传输数据的能力。这种改善虽然刚刚开始，发展速度却很惊人。宽带让通过网络看新闻、看电影、了解股市动态、玩游戏、谈生意、接收销售状态提醒、召开视频会议等各种事情成为可能。Wi-Fi 几乎无处不在，遍布各地。无论是家里、咖啡馆、机场、酒店还是会议中心，宽带连接无所不在。万物皆相连，万物皆在线上。用于短距离传输数据的蓝牙技术已经渗透到许多消费品中，如耳机、汽车钥匙、家庭钥匙等。

- **改变游戏规则**。数字化技术使客户、供应商和组织之间能够协同采取行动，并共享库存、产品、价格，以及预估的交付时间等信息，犹如它们是在一个组织之中。在这方面，数字化技术会使许多行业发生巨大的改变（旅行社和房产经纪人就是一个很好的例子）。数字化技术创造了一个全新的产业，改变了我们的工作方式（在家里、车上、国外酒店里），拓宽了我们的视野，改变了我们的购物方式（从自助结账到无须排队结账，就像亚马逊无人商店一样），改变了我们与朋友的交流方式和打发时间的方式，也改变了我们消费娱乐的方式。

- **持续性变化**。融合的时代即将到来，处理器、宽带通信、移动性、数据处理和分析能力与物联网、机器学习和大数据等相对较新的技术相互交融。这种融合将创造难以预估的新机会。

今天，一些数字化技术还是太复杂。对简化、标准化和灵活性的追求便显得至关重要。云计算体系结构、面向服务的体系结构、网络服务、开放资源、事件驱动、网格计算、按需计算、内存计算，这些基础设施在未来的几年可能变得更简单、更灵活、更开放，趋向于成为一种商品。也许这些发展可以使人们做自己想做的事情，而不是改变如何做事情。我们正在见证云计算带来的巨大发展。

尽管卡尔文章的标题是引人注目的，但是我们要明确的是，卡尔的观点不是数字化技术不重要，而是数字化技术已经成为一种无差异化商品，所以在某种程度上促进了竞争优势的实现。因此，卡尔认为，组织应该认真地考虑要在数字化技术上投资多少，同时，还要考虑投资回报率。

谈及这篇文章的重要性，首先在于作者提出了数字化这一主题（将其提到了议事日程上来），并引发了一场关于数字化技术作用的重大讨论。虽然我们不赞成卡尔得出的结论，但我们认可其指出的论据的重要性。尽管对数字化投资的各方面和随之而来的风险需要谨慎关注与对待，但组织也需要持续关注提高竞争优势的商业模式。

显而易见的是，卡尔的"IT 不重要"理论和基本原理还没有得到证实。我们似乎有理由说，从 2003 年他发表文章以来，事实证明情况恰恰相反。**数字化技术已经颠覆了整个世界**。人工智能、机器学习、物联网、机器人、3D 打印机、无人机等技术，持续促进了这一改变。医药行业、银行金融业、农业、工业、交通运输行业、商业、旅游和酒店行业也发生了变化，而且在数字化技术的推动下也将持续发展。

这些技术，以及它们的使用方式并不是无差异化商品。拥有创造力和专门知识的人才能将这些技术集成到组织与信息系统的操作中。特别是，组织的管理层需要制定一个清晰的愿景，明确其自身想要通过技术实现什么目标以及组织未来的发展。单单购买一项技术无法提高竞争优势或组织的运行效率。在新时代下，成功与失败的区别在于组织如何定义其业务目标，以及如何将技术与产品、操作环境和业务流程结合起来。实际上，这就是一个组织的 DNA。正如本书想要表明的，数字化变革是近年来我们在数字领域看到的惊人创新的自然结果。

总之，数字化技术本身并不重要。持久的竞争优势源于组织持续为客户提供增值的能力。创新、原创的商业模式、高质量的产品、对客户的关注，以及持续提供增值的能力和改进业务流程，这些对于一个组织来说是非常重要的，而数字化技术是实现这些目标的必要基础设施。数字化技术不是创造竞争优势的唯一因素，但它是促进持续竞争的基础设施，并以无法预测的方式和形式成为创造力和创新的无穷源泉。加里·哈默（Gary Hamel）是一位颇有影响力的商业方面的教授、顾问，他在管理学著作中写道，"想象和现实之间的距离从未像现在如此接近"，[⊖] 而数字化技术是成因之一。

因此，我们可以从卡尔的文章中得出的结论是：信息技术比以往更重要。

⊖ Gary Hamel. Leading the Revolution, Harvard School Press, 2000.

PART THREE **第三篇　实践篇**

第13章　如何实施数字化变革

成功的数字化变革就像毛毛虫蜕变成美丽的蝴蝶，而一旦数字化变革失败，你所拥有的仅是一条爬得快的毛毛虫。

——乔治·韦斯特曼博士，
麻省理工学院斯隆管理学院数字经济研究中心首席科学家

引言：步骤介绍

在前面几章中，我们讨论了模型、理论和工具，主要包括数字化定义、数字化变革、数字化时代的达尔文主义、数字化旋涡、数字化变革的类型、组织商业战略的关键转型、创新、颠覆性创新和数字化颠覆创新、商业模式和数字化成熟度这些部分。

基于前面的概念介绍，现在介绍实施数字化变革的方法。图 13-1 是实施数字化变革的基本方法，这一方法基于饼状模型（计划、实施与评估）——一种突出开发和执行战略的三个阶段的组织方法。我们将该模型作为数字化变革的概念基础。㊀

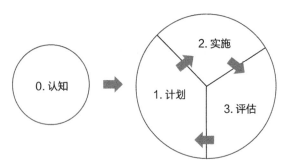

图 13-1　实施数字化变革的基本方法

步骤 0：认知

中国有句古语，"千里之行，始于足下"。在推动数字化变革的过程中，认知阶段是组织必须经历的第一个阶段。这一阶段主要由以下部分构成。

- **高管的认知和承诺**。管理层对组织使命的认知、理解、动员和承诺对数字化成功转型具有关键影响。组织必须意识到依据业务环境变化进行改革转型的重要性，并且清楚将会面临的机遇和风险。许多研究表明，如果没有管理层的承诺，组织将会面临巨大的执行困难。管理层

㊀ Yesha Sivan, Raz Heiferman. The PIE Model：How CIOs Can Plan, Implement, and Evaluate Business-Driven "Innovating Innovating," Cutter Consortium, The Journal of Information Technology Management, Vol. 29, No. 8/9 August/September 2016.

通常是采用一个或多个步骤动员实施数字化变革，在这一过程中，他们会接触到各种概念、理论观点和模式。例如，第四次工业革命、数字化变革类型、数字化变革影响的领域、创新的重要性、数字化颠覆创新和随之而来的风险、数字化商业模式、数据在数字化时代的重要性，以及数据货币化的实现方式、评估组织数字化成熟度的重要性等。当了解足够的信息后，管理层便会做好充足准备，并讨论和制定明确的数字化变革目标。

- **定义数字化商业愿景**。管理层必须制定组织的数字化愿景，其中包括组织在未来数字化环境中的运作模式。这一愿景既是数字化时代组织业务战略的基础，也是组织整体商业战略的组成部分。

- **任命实施数字化的领导层**。为了在数字化变革中取得成功，管理层应指派一名负责领导数字化工作的经理。作为一个长期的组织（内部）和业务（外部）的变革过程，数字化变革需要一名高级经理来领导执行。

- **组建数字化团队**。数字化变革是一项重要任务，因此，不能也不应该只由一名管理者来执行。也就是说，它需要团队的共同努力来协调工作。为此，组织应根据需要，在外部专家的支持下，集结公司各部门经理组建一个跨部门数字化团队。这一团队应进行适当培训，学习设计思维、蓝海战略、商业模式画布等方法，进而共同制订组织相关的数字化计划方案。

步骤1：计划

数字化变革包含一系列具有双重价值的计划方案（一项计划可以包含多个项目），在创造业务价值的同时，也在提升组织能力。这些计划组成组织的数字化路线图，即组织计划实施的数字化方案涵盖的范围、依据优先级和顺序实施计划的时间，以及所需资源等。路线图由数字化团队制定。让我们简单看一下计划阶段的每一个步骤。

（1）**评估组织当前的数字化成熟度**。团队可以选择前面章节中介绍的模式，评估组织的数字化成熟度，并确定其中与组织相关的维度。实施"准确"的评估是必要的，因为这有助于制订一个实际的计划方案。

（2）**分析用户体验图**。团队应比较组织服务的不同客户类型（角色），如第 5 章所述，分析每种类型的用户体验。用户体验图是以下步骤的基础。

（3）**分析当前和未来的商业模式**。团队首先应深入了解组织当前的商业模式，可以使用前面第 5 章中介绍的商业模式画布来记录当前模式，并讨论和开发新的模式。

（4）**数字化计划图**。这一阶段，团队致力于识别和开发组织未来的数字化计划方案。麻省理工学院提出的九大影响领域（也称韦斯特曼模型）给这一阶段提供了有效的检查单。这样的检查单需要保证能调查和分析所有相关与潜在的领域。

（5）**优先将数字化计划转化为数字化路线图**。团队收集实施数字化计划的各种意见，通过可行性研究、成本/效益分析和风险分析，确定计划优先级并制定数字化路线图。路线图可将建议实施的计划方案显示在时间轴上。

图 13-2 来源于《数字化企业转型》[⊖]一书，展示的是实施数字化计划的长期路线图，主要由以客户为中心、运营卓越性、IT 卓越性以及高效的知识工作者这几类构成。值得注意的是：组织可以决定使用不同类别，因为这些类别具有关联性。

对于组织来说，这也是评估路线图中数字化计划组合是否达到平衡的好机会。也就是说，这一数字化计划组合是否包含类似的计划方案：或有助于改善当前状况，或能扩展当前提供的产品和服务类型，或能改变组织的业务运行模式和服务市场。值得注意的是，许多组织倾向于在产品和服务上实施创新，但对与未来可能会破坏当前商业模式的数字化竞争对手抗衡持谨慎态度。

⊖ Axel Uhl, Lars Alexander Gollenia. Digital Enterprise Transformation：A Business-Driven Approach to Leveraging Innovative IT, 2014.

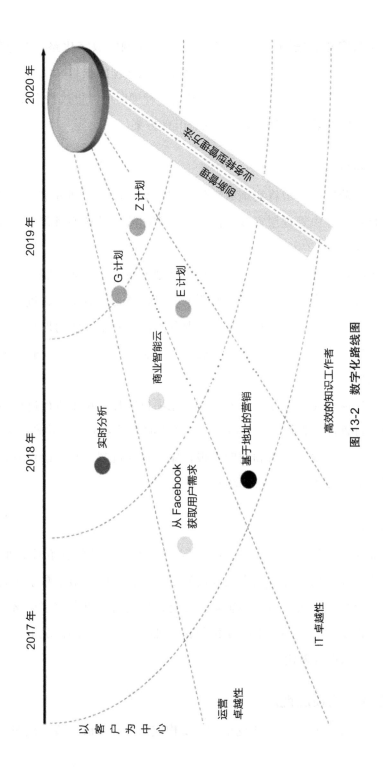

图 13-2　数字化路线图

审核数字化路线图。最后，管理层将对绘制的数字化路线图进行审核。管理层应对提出的建议、所需资源、建议优先处理的项目、实施项目带来的影响及相关风险有充分的了解。如有必要，管理层可以更改数字化变革项目，或退回原计划方案，要求团队考虑实施其他方案。

步骤2：实施

在这一阶段，组织将实施数字化计划方案。这一计划方案在数字化路线图中进行定义并由管理层审核批准确定。实施阶段是转型过程中最复杂和最具挑战性的阶段。

组织必须任命项目负责人并为每个计划方案组建团队，制订详细的工作计划，选择供应商和技术，开发必要的软件，整合所有组件，进行软件开发和验收测试，安装和操作新系统。采取分阶段的实施方法对取得成功是很重要的。使用最小可行产品概念和敏捷开发方法，有助于组织在较短时间内推出交付成果。

组织应明确定义数字化项目（数字化项目管控）并在执行过程中运用管控机制进行管理，必须为每个项目成立特定的指导委员会，并确定决策机构、风险管理机制、报告方法和问题上报程序。管控机制有利于确保复杂和长期的项目（如数字化变革）取得成功。

步骤3：评估

正如我们在前面所提及的，随着新技术的引进、新的竞争对手进入市场、创新的商业模式出现等，数字化环境处于不断变化中。由于数字化时代具备动态性，组织必须实时监测和感知新变化，根据需要更新数字化路线图。这一举措确保了在业务环境不断变化和新的挑战层出不穷的情况下，数字化路线图具备关联度且现代化。

数字化变革的顶层视图

图13-3展示的是数字化变革的主要构成部分和形成阶段。该图由麻省理

工学院与凯捷咨询公司共同合作研究得来,并收录在《数字化变革:十亿美元的企业路线图》⊖这一研究报告中。该图将本书介绍的数字化变革的组成部分联系了起来,在实施数字化变革过程中,组织可以将这一顶层视图作为检查表,同时务必把图中的各组成部分考虑进去。

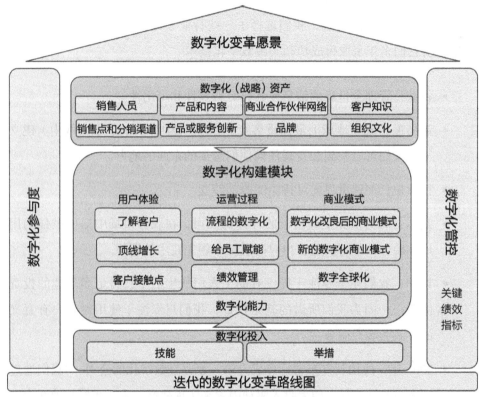

图 13-3 数字化变革的顶层视图

让我们简单地看一下顶层视图的组成部分。

(1)**数字化变革愿景**。数字化变革必须从公司确定数字化时代的目标和愿景开始。这一愿景明确了组织如何运用数字化技术改善顾客关系,进而提高顾客满意度,以及如何增强业务实践达到卓越并实施创新的商业模式。在

⊖ MIT Center for Digital Business, Capgemini Consulting. Digital Transformation: A Roadmap for Billion-Dollar Organizations, 2011.

很大程度上，这指引了数字化变革的方向。实施数字化变革的组织必须明确愿景和长期目标，并重新思考自己在数字化时代的形象和运作方式。明确组织在数字化时代的业务运作模式对愿景的实现至关重要。作为宝贵的沟通工具，愿景能将组织的意图简洁、精练地传递给所有的管理层和员工。那些了解自身优势并能巧妙利用优势的组织，都在数字化变革过程中取得了成功。

为了突出愿景的力量，我们选择了一些行业领先组织的愿景描述。这些愿景指引它们多年来取得成功和实施数字化技术。

- 谷歌：管理全世界的信息使其具有普及性和可用性。
- 亚马逊：成为地球上最注重客户，以客户为中心的公司；（线上）建立一个人们可以找到和发现任何他们想买的东西的地方。
- 特斯拉：加速世界向可持续能源的转变。
- 戴尔：成为世界上最出色的计算机公司，在服务市场中提供最佳的用户体验。戴尔将满足客户对高质量和领先技术的期望。
- 景顺：我们完全专注于提供有助于人们从生活中获得更多乐趣的投资体验……因为我们所做的就是投资，我们只专注于使用对客户有意义的方式为客户服务。
- 2006年，博柏利宣布它打算成为第一家完全数字化的公司。"我们通过六大战略性支柱、四大收入驱动因素来实现战略，重新激发品牌活力并提高奢侈品消费者的参与度（通过沟通、产品、分销和数字化这四种方式），除此之外，还有两大推动因素（卓越运营和激励员工）。这些举措确保我们继续聚焦生产力发展和简化程序，并有能力实现愿景。"

（2）**数字化（战略）资产**。在数字化变革过程开始时，组织必须识别数字化资产。如前所述，数字化变革的目标是在数字化时代充分利用和调整公司的能力与资产。这些是组织的优势和基础，在这个基础上，它可以实现数字化变革。组织必须明确定义那些可通过数字化技术加以利用的资产，以帮助其在数字化时代成功运营。此类资产可包括：

- **销售人员**。利用和赋能销售人员可以显著促进组织在数字化时代取得成功。对于组织来说，在不造成冲突的情况下对不同销售渠道的销售人员赋能颇具重要性。数字化技术可以帮助客户选择青睐的购买渠道，进而增强组织与客户的联系。数字化技术可以为销售人员提供大量信息，使销售人员能够通过数据分析预测客户可能需要的产品类型、需要产品的时间及获得方式等。

- **销售点和分销渠道**。尽管电子商务成为主流和趋势，但销售点和实体经济仍然具有许多优势。客户期望获得线上线下相结合的用户体验。组织应研究其销售线，并决定如何将这一销售线作为数字化时代的资产投入使用。如今，许多组织将销售点作为线上采购商品的取货点。

- **产品和内容**。那些进行内容（报纸、杂志、音乐等）销售的组织应了解到高品质的内容便是资产，并寻求在数字化时代合理运用这些资产。生产电器、电子设备、医疗器械等设备的组织，应当研究如何将设备与互联网相连接推出智能型产品、如何利用收集的数据、如何改进设备的维护程序等。设备数字化，毫无疑问是一个发展潜力巨大的领域。与产品相关的服务如销售服务、维修服务和其他服务，也可以在丰富的数字化资源中获益。

- **产品或服务创新**。正如我们在第 8 章中讨论的一样，数字化时代强调创新。组织必须研究如何促进和利用产品或服务中的创新，以及如何运用数字化技术推动创新。

- **商业合作伙伴网络**。商业合作伙伴是每个组织"生态系统"的关键组成部分。组织应检查合作伙伴关系网络，在数字化时代通过创建组织间的数字化联系，进行协作创新和轻松便捷的业务交易等。

- **品牌**。品牌仍是每个组织最重要的资产之一。数字化时代有助于在许多层面提高品牌知名度,例如创建新的客户渠道、积极参与社交媒体、与客户建立重要联系等。

- **客户知识**。在数字化时代,客户的信息和知识也非常重要。多年来,组织收集了大量客户数据,但不知道如何利用这些数据创造价值。数字化技术提高了数据和数据分析的重要性。数据是新时代的能源,业务分析、技术和大数据已成为现代化组织的主要资产。

- **组织文化**。在进行数字化变革之前,一些组织已经具备良好的组织文化,如鼓励创新和承担风险、协作、不断改进业务流程等。这些都是数字化时代的关键资产。组织应该映射组织文化(如使用工具评估组织的数字化成熟度),并填补发现的任何差距。组织文化是推动和实现数字化变革成功的关键因素。

(3)**数字化构建模块**。这是数字化变革过程的核心。我们在讨论韦斯特曼模型时,已经对这些构建模块做了基本的阐述。这些构建模块分为三大类和九大影响领域。实施数字化变革的组织应将此模型用于分析九大领域与组织的相关度和对组织的重要性。

我们再次强调组织数字化能力的重要性。这是其他所有举措的基础,基于 IT 部门的人力资源,以及软件开发、维护和生命周期管理的方法。

(4)**数字化投入**。数字化变革取决于数字化计划实施和数字化能力发展的情况。这需要大量的投资和努力。像与创新相关的所有事情一样,初期阶段投资回报率并不总是很清晰。组织应采取各种方法来降低风险,例如通过小步快速前进,推出尚未完成的产品(最小可行产品)等。不能因为投资回报率不清晰,就阻止组织进行该类投资。数字化变革过程需要承担风险。预测投资回报率很难,但如果成功的话,带来的好处是显而易见的。有时候不投资的风险比投资的风险要高得多。

在这种情况下,需要注意的是数字化技术和人才相当稀缺。组织应努力招募合适的员工，对他们进行培养并留住他们。数字化变革还依赖于供应商和外部业务合作伙伴，因此组织应该投资于与合作伙伴构建良好的业务关系，这（良好的业务关系）是成功的一项重要因素。组织很难找到分析数据方面的人才，然而，如果没有他们，组织很难对数据进行分析并获得见解。为此，组织必须招募一些这样的人才。原则上，公司可以将分析业务外包出去，但内部培养分析这一技能也尤为重要。

（5）**数字化参与度**。数字化变革能否取得成功，在很大程度上取决于管理层和董事会的参与度与所做出的承诺。自上而下的领导力与自下而上的员工主动性的巧妙融合是数字化变革成功的秘诀。管理层除了参与指导和协调数字化计划方案外，从管理层的角度向组织传递任务也尤为重要。这种持续性交流可以给管理者提供数字化过程的最新进展，并可以使参与任务的管理者和员工加强联系。使用数字化工具（如电子邮件、组织门户和知识管理系统、内部社交网络、定期通信等）可以实现与利益相关者进行轻松、高效和快速的沟通。首席执行官和管理层的数字化领导能力是数字化变革成功的必备条件，它能确保数字化能力和创新价值成为组织 DNA 的一部分。基于此，数字化管理者和员工应更好地了解数字化时代的变化和转型的重要性。

（6）**数字化管控和关键绩效指标**。数字化变革是整个组织的使命，而不仅仅是特定部门的职责。因此，尽早实施先进的管理是非常重要的。数字化变革涉及大量管理者、员工和其他一系列资源，因此需要适当的投资和有序的风险管理。组织应采用现代化管理工具和方法，如指导委员会、团队协作以及有效应对问题和风险的程序；明确定义这些管理工具，并确定负责每个项目的经理以及关键绩效指标。例如，"两年内，40% 的销售额应该通过数字化渠道获得"。组织还必须持续监控各项数字化方案的进程。如果没有这些治理工具，数字化变革可能会延迟甚至失败。

总结

在这一章，我们向大家介绍了数字化变革的实施方法。

（1）起始阶段的**认知**，说服高层意识到数字化变革的重要性，并取得高层人员支持。

（2）**计划**阶段包括制定数字化路线图，该路线图确定了一系列潜在的数字化方案，这些方案主要由组织通过成本效益分析进行评估、确定优先级以及识别和减轻风险制定而成。

（3）**实施**阶段是数字化方案过程中实施数字化变革的核心。

（4）**评估**阶段涉及对技术和商业环境正在发生的情况做持续不断的更新。如有必要，应实时更新数字化路线图。

饼状模型的三个阶段——计划、实施和评估，是没有终点的循环过程，需要持续不断地努力。

我们介绍的方法运用了本书各章中提到的工具和理论，并把这些工具和理论按照数字化变革的各个阶段整理出来。

为了促进数字化变革取得成功，组织需要考虑以下几点。

- **管理层承诺**。这听起来很平常，几乎每本关于企业管理或项目管理的书都会提到管理层承诺的重要性。然而，这对于漫长而富有挑战性的数字化变革能够取得成功至关重要。管理层越早任命越好。组织应确定团队成员，并尽快且尽可能广泛地进行动员。在这一过程中可能会有许多反对者（有时被称为否决者），这使管理层的决心和承诺尤为重要。

- **从小处着手**。如前所述，"千里之行，始于足下"。最初的数字化方案应具有合理的规模和可接受的风险——不太大，但也不至于太小而被忽视，这一点对于数字化变革取得成功尤为重要。最初的成功会激发并带动之后的成功。在组织中进行成功的传递是重要的，这有助于加快数字化进程。

- **快速失败**。失败本身不是目标，却是数字化进程中重要组成部分。组织应该鼓励快速失败，进而继续前进。吸取教训很重要，但对失败做出的惩罚行为则不利于创新发展。

- **步伐只会加快**。数字化技术在不断进步发展,技术能提供的与组织能吸收的发展之间的差距在不断扩大。然而,这不是造成失败的根源。组织应该积极主动地研究技术发展和创新性商业模式,并尽可能地解决过程中出现的问题。

- **变革管理**。数字化变革处于不断变化之中,组织必须合理分配资源以应对变化与随之而来的挑战。大多数经理和员工不喜欢改变,他们更喜欢待在舒适区。一旦组织进入数字化时代,便面临着一项重大挑战——数字化变革的挑战。对于一个建立在数字化时代前的大型组织来说(也被称作"数字移民"),这一挑战令人生畏。技术是数字化变革的推动者,但如果业务流程、组织文化以及管理层和员工的数字能力没有随之改变,转型很容易失败。

第14章 数字化领导力

不要因为你的失败而感到尴尬,要从中吸取教训并且重新开始。

——理查德·布兰森(Richard Branson),维珍集团首席执行官

引言

数字化变革过程的意义和组织所面临的挑战，会自然地体现在管理上和程序上。谁该领导这一战略性数字化使命呢？下面有一些选项可供参考。

- 首席数字官是一个新的高级管理职位，负责引领数字化变革。安盛（AXA）、通用电气、西维斯药店、米其林、卡特彼勒和星巴克都是选择任命首席数字官的领先组织。
- 一些组织选择任命高级管理人员或董事会成员中的一人担任数字化负责人或数字化副总裁（VP Digital）。
- 在一些组织中，首席执行官亲自负责数字化变革工作。

随着数字化变革的不断演变，其他职位开始以"数字化"的名义出现——尽管它们的角色不同。例如，在市场营销部门中，使用"数字化经理"头衔的是营销经理，该营销经理负责数字化渠道（如网站、App、社交媒体、电子邮件等）的营销和推广。数字化渠道如今正在以牺牲已建立的渠道（报纸、广播、电视）为代价吸引更多的关注和资源。营销数字化经理通常负责一个特定领域——数字化渠道的营销和推广，而不全权负责组织的数字化变革。

数字化变革引发了另一种现象：数据量呈指数级快速增长。最近除了主要来自组织自身信息系统的内部数据源外，还出现了新的数据源，包括电子邮件信息、图片、文档和外部数据源（移动设备、全球定位系统、传感器、社交媒体、地图、视频剪辑等）的数据。组织已开始认识到**数据应该被视为一项重要的资产**。数据作为组织和战略资产的重要性与日俱增，促使组织创建了**首席数据官**的这个新职位。

近年来也出现了双重头衔：一些组织选择将数字化领导者和首席数据官的角色结合起来，创建了**首席数字和数据官**（CDDO）的新职位。

领导数字化挑战的不同角色

有点困惑吗？不仅仅是你！在本节中，我们将映射和定义各种管理职位，并探究不同组织如何以不同方式开展它们的数字化活动。

首席数字官

很多组织在认识到数字化变革的复杂性和广度，以及任命一位高级管理人员引导这一过程的重要性之后，创建了首席数字官（CDO）这一创新头衔。首席数字官要解决的主要问题包括：

- 为组织明确阐述针对数字化技术及其如何适应业务战略的总体战略。
- 在各个领域开启创新的数字化措施。
- 不断地评估技术发展、竞争对手和商业模式（保持高度警觉）。
- 在组织中实施创新过程。
- 领导组织的数字化团队。
- 确定和获取实施数字化措施所需的资源。
- 确定关键绩效指标，以监测数字化创新的成功。
- 同步、协调数字化项目，并统筹规划。
- 确定各项措施的优先次序。
- 发展并持续地维护数字化路线图，并按照一个最新的方法实施它。

注意：首席数字官的目标不是制定单独的数字化战略，而是将数字化方案纳入组织的商业战略。如前几章所讲，组织不需要一个单独的数字化相关战略；相反，它需要一个适应数字化时代的商业战略。首席数字官应该是一名具有出色的人际交往能力，能够建立良好伙伴关系并领导变革过程的管理者，以充分发挥他们建立弱连接的作用。首席数字官深刻理解数字化领域和业务运营发展也很重要。首席数字官的过往经验可以在诸多业务领域得到应用，如营销、服务、运营或信息技术。

首席数字营销官

网络、社交媒体和数字化用户渠道（移动应用程序、电子邮件、聊天软件、短信等）的广泛使用使组织将越来越多的预算和资源投入到数字化领域。营销部门将它们的大部分注意力和资金从传统渠道（报纸、广播、电视、广告牌）转移到数字化渠道。

- 公司的网站。
- 电子商务能力。
- 搜索引擎（SEO）。
- 对网站上的用户体验进行分析。
- 移动应用程序。
- 监控社交媒体上公司的品牌和产品效应。
- 对 Twitter 上的推文、Facebook 上的帖子、微博或公众号上的回复以及任何其他社交媒体上的帖子快速做出回应。
- YouTube、B 站、抖音上的推广视频。
- 利用营销自动化工具。
- 与充当内容聚合器的网站（如旅游领域的 TripIt、Trivago、猫途鹰、马蜂窝和 Booking.com）合作。

所有这些领域都需要特别的注意力、专业知识和专用资源。数字营销已成为众多组织中最重要的主题之一，并且需要不同的和相对较新的专业化技能。

组织的营销焦点变化导致了新职位的产生——首席数字营销官，这个头衔经常被简称为首席数字官或 CDO（所以很容易与上述作用更全面的首席数字官相混淆）。在一些组织中，这项功能由一个营销部门内的特殊部门去执行。有时，数字化营销经理会向公司的营销副总裁（通常称为首席营销官或

CMO）汇报，而并不是公司执行管理层的成员。

首席数字营销官应该熟悉数字化渠道、搜索引擎的优化方法，以及如Google Analytics等一些工具。被任命为这个角色的人员应该充分了解如何组建公司的网站和登录页面，使用营销自动化工具，优化数字化渠道中的用户体验，从社交媒体中接收内容和信息，监控社交媒体对品牌的看法，回应社交媒体上所发生的事件，决策分配给社交媒体及数字化频道的广告预算与传统频道的比例等。这些是新的和特殊的能力，并且要基于对营销领域的理解和营销技能。

首席数据官

在前面的第6章中，我们讨论了数据主题，而且**将数据称为数字化时代的石油**。我们注意到数字化环境会生成大量的数据。

在数据管理方面，组织均处于不同的成熟阶段。作为一种由信息技术部门所掌控和管理的来自内部的资源，数据已成为必须妥善安排的一项战略资源。每个组织都已着手进行自己的数据管理之旅。数据范围的扩大和重要性的提升促使一些组织指定一名高级管理人员来引领组织，并利用好数据资源。首席数据官的角色由此产生。在大型组织中，该角色的责任人通常是执行管理团队的成员；在其他情况下，首席数据官要向一位高级管理人员（如首席数字官或首席信息官）汇报。

首席数据官的主要职责包括：

- 明确阐述组织的数据战略和政策。

- 领导并协调组织的所有数据相关措施落地。

- 掌握组织的所有数据和信息资产。

- 制定数据治理的原则。

- 制定与数据相关的各种法规。

- 提升数据库的利用率，改善决策的流程。
- 推动数据产品的研发。
- 识别将数据转化为新收入来源的商机（通过数据盈利）。
- 不断地应用数据。
- 促进对个人隐私等的保护。
- 制定数据保护和风险管理政策，例如欧盟推出的《一般数据保护条例》（GDPR）。
- 使用应用程序编程接口与其他组织的数据库互动交流。
- 增强恒定数据的质量。
- 向其他组织和公众开放组织的数据库，推广开放数据方法，并使用公共和政府的开放数据资源开发新的应用程序。

根据加特纳的预测，到 2021 年，首席数据官办公室将在 75% 的大型组织中具备和财务及运营部门一样的重要性。该管理者拥有一个崭新且独特的职位，这个现象反映出组织对数据资产的重视。数据丰富的数字化环境正在引领组织投入资源来管理和利用这项资产，以便使其实现价值最大化。

加特纳概括了一些针对首席数据官的建议，以确保他们取得成功。

- 聚焦于根据组织的商业战略详细叙述信息管理的组织战略。
- 致力于促进组织中所有利益相关者之间的信任，尤其是与首席信息官之间的信任。
- 投入资源培训高级管理人员，以便他们能理解数据价值和促进组织的业务成功。
- 定义数据管理和盈利的起点，以衡量组织在这些领域的进展情况。

- 定义关联业务指标与数据操作的关键业绩指标。
- 在整个组织中宣传关键绩效指标。

近年来，集成分析能力和数据管理责任的趋势日益加强。一些组织正在将首席分析官与首席数据官的角色整合到一起，并且一个新兴角色正在诞生——首席数据和分析官（CDAO）。人工智能和机器学习的出现以及它们与大数据的联系，都将进一步推动这一趋势。为了获取数据的价值，人们应该掌握其本质。

首席数字和数据官

一些组织已决定将首席数字官和首席数据官的角色结合起来，并定义了一个新的头衔：首席数字和数据官（CDDO）。这些通常是为广大客户群提供服务并且管理着大量有价值数据的组织。它们已经意识到，创新的重要部分将来自利用组织的数据资产以及数字化过程和服务。

实施数字化领导者角色的替代方案

数字化领导者的角色任命是组织数字化变革过程的一部分。出于我们的目的，数字化领导者是负责实施组织的数字化愿景，并使组织的业务战略适应数字化时代的任何管理者。图 14-1 显示了一些可实施的替代方案。

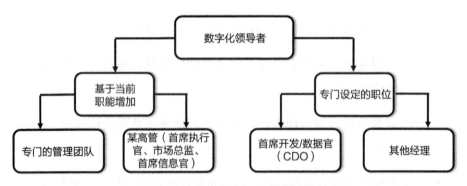

图 14-1　任命数字化领导者的替代方案

我们来看看几种不同的选择。

- 带有数字化领导者或首席数字官头衔的专职职位。一些组织已创建了数字化领导者或首席数字官这样的新职位，它们被赋予对组织数字化变革过程全部职责。这个人通常是一个高级管理人员，并且他将大部分时间用于企划、发展和应用组织的数字化路线图，与执行管理团队的其他成员协作。

- 一个具有另一个头衔的专职职位。一些组织已经决定任命一个具有另一个头衔的人来领导数字化变革，比如首席创新官。这些组织知道当前的大多数创新都是以这种或那种方式与数字化技术相关的，因此决定指派首席创新官担任数字化领导者，以共同促进创新和数字化。

- 首席执行官或执行管理团队的另一名成员。在这种情况下，数字化领导者在他现有的职责之外承担起这一责任。在一些组织中，首席执行官已决定根据其重要性亲自指引数字化变革。首席执行官也可以选择任命该组织的其他高级管理人员来引领这项工作。候选人包括营销副总裁、首席信息官或任何其他高级管理人员，他们的职责、技能和兴趣都在数字化领域。

- 一个专用团队。在一些组织中，首席执行官决定将指引数字化变革的任务安排给由两名高级管理人员组成的团队，他们除了现有的职责外，还要承担额外的职责。这种双重的领导形式有时被称为"两人一盒"（two in a box）。这个团队可能由营销副总裁和首席信息官组成。他们一起制定路线图，然后分别对接近其原始角色的主题负责。例如，营销副总裁负责领导变革流程和新产品的开发，而首席信息官则致力于技术开发和供应商管理，以及发展、部署和维护数字化技术。

数字化领导者的分布

让我们简单了解一下,2017年6月由《商业+策略》发布的"新一类数字化领导者"调查的两项结果。① 此研究基于2500名领导者的反馈,他们是来自众多公司、商业领域和国家的担任数字化工作的领导者。调查显示,在2016年有19%的组织拥有指定的数字化领导者,而一年前只有6%。该研究指出,自2015年以来,大约60%的数字化领导者被任命,也就是说,近年来这一比例迅猛提升。

图14-2显示了数字化领导者的等级和汇报水平:19%的数字化领导者是副总裁级别,40%是"C级"管理者(他们的头衔中有"首席",如首席数字官、首席技术官、首席信息官等),17%是级别较低的主管,他们需要向执行管理团队的一名成员汇报,还有24%是其他级别。大约60%的数字化领导者是组织的执行管理团队成员。

图14-2　数字化领导者的分布情况(按公司职位划分)

① 可能是企业独有的职位,如"全球数字化转型主管""数字化战略总监"或"数字化创新主管"。

图14-3显示了跨业务部门的数字化领导者的分布情况。保险行业位居第一;通信、传媒娱乐排在第二位;银行业紧随其后,位居第三位。

另一项调查显示负责领导数字化变革的高管分布情况。该调查是由《经济学人》为英国电信(British Telecom)做研究的部门于2017年4月进行的,② 其中包括分布在13个国家的跨国公司中的400名首席执行官。调查结果显示:47%的组织首席信息官负责数字化变革;26%的组织数字化变革由首席

---

① Pierre Peladeau, Mathias Herzog, Olaf Acker. The New Class of Digital Leaders, PwC Strategy+Business, June 2017.

② Leading from the Front – CEO Perspectives on Business Transformation, A Survey by Economist Intelligence Unit for British Telecom. April 2017.

数字官负责，22% 的组织数字化变革过程由首席执行官亲自领导。调查结果如图 14-4 所示。

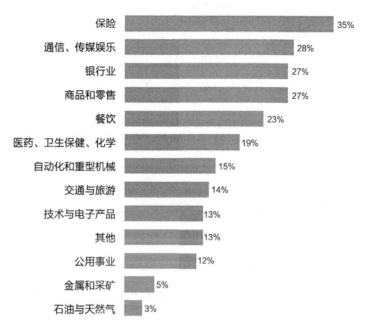

图 14-3　数字化领导者的分布情况（按经济部门划分）

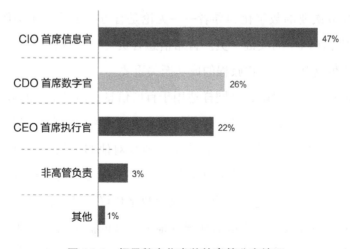

图 14-4　领导数字化变革的高管分布情况

注：因四舍五入原因，数据加总非 100%。

以上我们介绍了组织在安排数字化领导者职位时可选择的几条路径：创建承担这项职责的专职职位，任命一位已有其他头衔和相应职责的管理者，或任命一个小型跨部门的数字化团队。

这里没有正确或错误的答案。每个组织都可以选择最适合其业务目标、组织结构、工作进度、组织文化和人员能力的方式指定数字化领导者。但是，有一件事是明确的：必须有人对数字化变革工作负全部责任，因为这是一项围绕着整个组织的战略性任务。

一个有趣的问题浮现了：数字化领导者的角色与首席信息官的角色是怎样的？这是下一节的侧重点。

首席信息官角色的变化

如上一节所讲，选择一个人来领导组织的数字化变革工作取决于许多因素。无论组织是将首席信息官指定为它的数字化领导者，还是选择另一位高级管理人员来领导数字化变革，有一点是肯定的：数字化变革会极大地影响首席信息官这个角色。

它成为一个双重角色：首席信息官继续领导组织的信息技术部门，同时还担任首要或次要的数字化领导者——无论是官方指定的，还是作为领导组织数字化工作团队中的关键一员。首席信息官负责帮助组织利用数字化技术，并应理解其角色对于数字化旅程的成功至关重要。

变革带来机遇与风险，这同样适用于首席信息官面对组织的数字化变革。这种变化对整个组织，特别是对首席信息官构成了挑战。为了应对新的挑战，现代的首席信息官必须采用不同的方法，改变对他们角色的认知，并且要为工作带来新的技能。最后，由每个首席信息官来决定如何应对新的挑战，如是否要寻找一个领导角色，主动发起规划数字化议事日程；或者是否要采用更应激和被动的方式，等待指示和根据他人定义的需求去执行任务。我们相信，在现代商业环境中，首席信息官必须以一个积极主动的态度来进行自我调整。

多年来，首席信息官的角色经历了很多变化，从计算机化的早期阶段开始到今天，数字化技术发挥着至关重要的作用。图14-5来源于加特纳题为"驯服数字龙：首席信息官议程"的研究，⊖其中呈现了信息技术的三个主要时期，以及在每个时期信息技术所发生的一些变化。

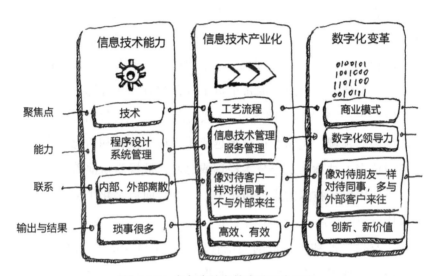

图14-5　多年来信息技术的三个时期

让我们回顾一下这三个时期。

（1）**信息技术能力**。在第一个时期，这些技术主要聚焦于数据处理和相关的简单业务流程（如薪水、人员和会计）的自动化。强调软件开发，先是大型计算机，再是微型计算机。软件开发需要特殊技能，包括编程语言的知识和以相对简单的结构处理应用文件。随着数据通信时代的到来以及基础设施的不断发展，将多个用户和远程用户连接到一台计算机上已经成为可能，它主要用于输入数据和接收报告。在此期间，信息技术经理被称为**数据处理经理**（data processing manager）。这是一个崭新的、有点奇怪的职位，与组织中的其他业务部门相分离。数据处理部门聚焦在一个昂贵资源的使用高效性和最佳利用率上。组织其他业务部门的大多数管理人员都不理解数据处理经理

⊖　Gartner Executive Programs, Taming the Digital Dragon: The 2014 CIO Agenda, 2014.

所说的语言（包括与技术相关的概念和三个字母的首字母缩写词），这使这个新职位看起来更加神秘。在此期间，数据处理经理不是执行管理团队的成员，且通常要向首席财务官或运营经理报告。

（2）**信息技术产业化**。随着计算机化被运用到许多不同的领域，并延伸至组织的核心活动，信息技术经理的工作重点也随之改变。这导致产生了新的职称——管理信息系统经理（MIS manager），这反映出信息系统开始直接支持管理流程这一事实。在20世纪80年代初期，个人计算机问世，这使计算迅速民主化和传播。组织中的每个员工现在都有一台计算机；应用程序扩展变得更加复杂，"客户端—服务器"模型取代了大型计算机。随着计算机进入到越来越多的领域，组织变得越来越依赖于计算机化和信息技术，组织的计算机部门负责人被称为信息技术经理或总监，被视为扮演着更加重要的角色。在广泛使用信息技术的大型组织中，重点转向数字化手动业务流程。数字化技术从组织的幕后向台前迈出了重要的一步，并开始支持客户关系管理、决策分析、与供应商和供应链的关系管理、增强利益相关者之间的沟通等。在这个阶段，出现了一个新的头衔：首席信息官。首席信息官加入了执行管理团队，专注于开发大型信息技术系统，以支持业务流程，集成复杂多样的信息技术系统组件，以及实施创新解决方案。随着组织对数字化技术的依赖性增加，首席信息官还需要关注其部门内部为用户提供服务的质量。信息技术预算飙升，首席信息官被期望像管理组织内部业务一样管理他的部门（"IT作为一项业务"），如通过投资回报模型进行分析和投资，智能地管理该项目和投资组合，管理风险并制定现代化方法。CMMI、COBIT和ITIL的方法论开始发展，现代化的首席信息官在其组织中引入并使用标准的方法论。

（3）**数字化变革**。这是当前所处的阶段，并且我们才刚刚开始。由于数字化技术在客户体验、业务流程和创新领域无所不在，组织对首席信息官的角色也有了新的期望，如开发新的商业模式、确定新的收入来源，以及数字化扩展产品和服务。除了了解数字化技术和管理一个大型复杂化技术阵营外，首席信息官还有望成为组织的数字化领导者或数字化团队成员。

首席信息官的称呼变得广泛且普遍，先是在大型组织内，后是在中型和小型组织内。随着数字化变革的发展，首席信息官（CIO）中的字母"I"开始出现新的解释。首席信息官出现了新的头衔，这些可以被视为同一角色。图 14-6 显示了这些人物，反映出对首席信息官在组织中的角色的期望（有时被夸大）。

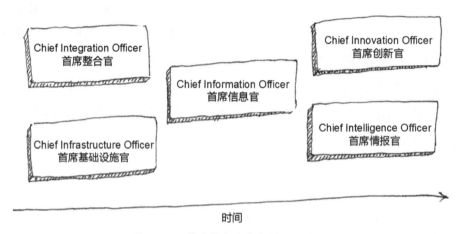

图 14-6　首席信息官角色的不同方面

图 14-6 呈现了多年来对首席信息官这个头衔的各种解释。如果再加上时间维度，我们可以看到从强调技术方面到倾向更多商业思维的发展过程。由于组织的技术基础设施越来越复杂，**首席基础设施官**的角色被加到首席信息官的初始职位描述中。随后，随着数据的激增和系统集成的日益复杂，**首席整合官**的角色也被添加到了首席信息官的职权范围内。

随着数字化变革的发展和崛起，创新题材成为管理层议事日程的核心项目，也是组织业务策略的一个重要组成部分。数字化技术有助于加快创新过程，并成为新商机的一个来源，同时也是一个风险因素。

为了应对创新的挑战，组织意识到需要任命一位高级管理人员来提升创新并帮助组织应对其造成的挑战。因此，**首席创新官**这个新头衔诞生了。一些组织已将此角色添加到首席信息官的职责中，与此同时其他一些组织已决定任命另一位高管来引领组织的创新工作。虽然首席信息官非常熟悉数字化技术和创新过程，但他并不总是那个最适合应对创新挑战的人。

随着商务分析的重要性不断增强，组织开始使用更大的数据库和各种演示及分析工具，首席信息官的个人资料中被添加了另一个方面（和另一个头衔）：**首席情报官**。近年来，随着大数据技术的出现，庞大的数据库（包含文本、视频、图片、地图、音频和其他类型的数据）成为信息技术行业的热门话题，强调了对管理者业务能力的明确需求。组织通常指定专门从事数据分析和统计方法的人员，所以现在我们可以很容易地找到拥有新职位如首席分析官和首席数据官的组织。

图 14-7 概述了信息技术经理角色演变的一些阶段：从数据处理经理（主要需要技术化技能）开始，经过两个中间阶段的发展，到首席信息官阶段（这需要业务知识及数字化领导和创新技能）。

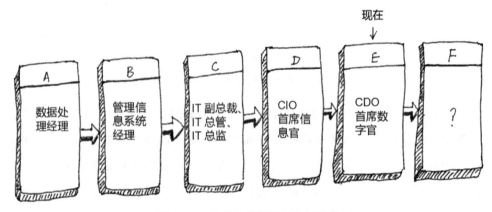

图 14-7　信息技术经理角色的演变

在当今的大多数大型组织中，首席信息官是执行管理团队的成员，具有 VP 级别。首席信息官的使命包括：

- 利用信息技术去帮助组织实现其业务目标。

- 支持组织的业务策略并创造竞争优势。

- 提升盈利能力并使组织与其竞争对手区分开来。

现如今的组织希望首席信息官能够展现管理和业务技能，以便管理拥有大量员工和资源的大型业务部门。首席信息官必须：

- 会说商业语言。

- 通过数字化技术参与制定商业策略，创造差异化并提升竞争优势。

- 开启并领导创新过程，研究和应用创新的数字化商业模式。

首席信息官负责向组织的所有客户提供数字化技术，而不仅仅是为组织的内部运营服务；这些技术是产品本身的一部分。原本，信息技术部门主要服务于内部用户。如今，它开发的应用程序被外部用户用于移动设备、互联网站点和自助服务站，直接为成千上万甚至数百万的客户提供服务。

几乎每一个新的商业理念、组织所寻求采用的每一个创新业务过程、每一个新的商业模式、与客户的每一个沟通渠道，现在都依赖于数字化技术。这要求首席信息官成为首席执行官和执行管理团队所有成员的业务合作伙伴与值得信赖的顾问，并且需要不断地提出创新想法和项目建议。

图14-7中有一个未知的未来阶段F，即很难预测到首席信息官这个角色的未来将如何进一步发展。在当前阶段，数字化技术已集成并牢固地嵌入到组织中，包括在开展业务的过程中以及在组织的产品和服务中。有一件事是清楚的，关于首席信息官角色，"那块奶酪被动过了"。因此，那些希望继续引领数字化时代的首席信息官必须做出改变并让他们自己适应新的环境。如今，我们将着眼于首席信息官这个角色崭新的重要领域——他们是否被指定为组织的数字化领导者，又或者他们是否与数字化领导者及其他高管一起作为组织数字化团队的成员。

首席信息官角色的新重点

国际咨询和技术公司安永（Ernst & Young，EY，前身为安永会计师事务所）发布了一份题为《天生就是数字化：顶级首席信息官如何为数字化变革做准备》[1]的综合性报告。该报告指出，基于数字化技术的新一轮创新浪潮创造了这样一种情形：每个组织都应该专注于创新，寻求新的收入来源，开发创新的商业模式，同时还要努力使其运营合理化。对于那些天生就是数字化的组织（如 eBay、亚马逊、苹果、Google、Facebook 等），这一点很宝贵，它们不知道采取其他额外的行动方法。现如今，数字化的需求已经成为每个组织的需求，包括那些不是数字化的"数字化外来者们"。

安永的研究调查了人们对引领高新信息技术密集型行业的首席信息官（数字化就绪型首席信息官）角色的认知，并将其与首席信息官在非信息技术密集型行业中的角色进行比较。该研究发现了数字化就绪型首席信息官的六个独特特征，如图 14-8 所示。

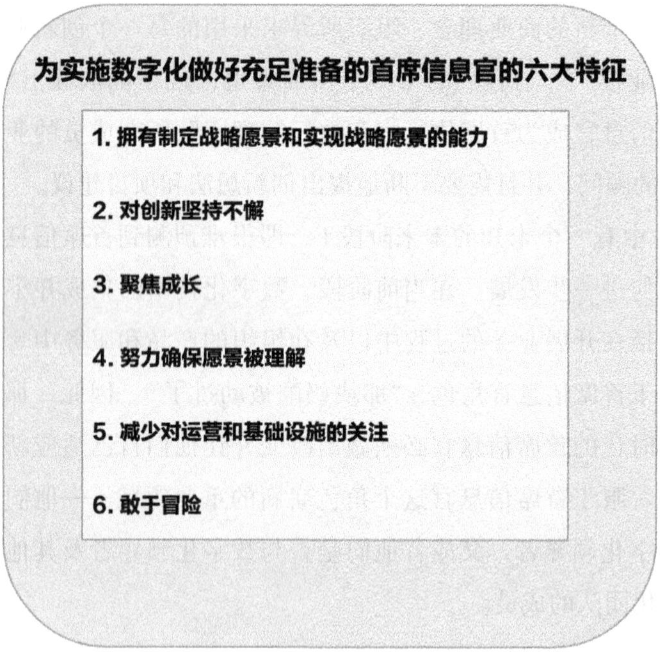

为实施数字化做好充足准备的首席信息官的六大特征

1. 拥有制定战略愿景和实现战略愿景的能力
2. 对创新坚持不懈
3. 聚焦成长
4. 努力确保愿景被理解
5. 减少对运营和基础设施的关注
6. 敢于冒险

图 14-8　数字化就绪型首席信息官的六个主要特征

---

[1] EY. Born to Be Digital : How Leading CIOs Are Preparing for a Digital Transformation, Performance, Volume 6, Issue 1, 2014.

我们来看看这六个不同的特征。

（1）**拥有制定战略愿景和实现战略愿景的能力**。首席信息官必须能够制定愿景并清楚地了解数字化技术会如何影响组织。首席信息官必须了解这些技术可以将一个物理产品转变为一个数字化产品，并了解如何与客户一起扩展数字化渠道、策划数字化解决方案以及明确新的收入来源。首席信息官必须了解组织的愿景和战略，并相应地决策出数字化技术在支持战略和提高组织竞争优势方面的作用。首席信息官必须能够解释执行战略所需投资的经济原因，并能够根据其业务目标确定组织的优先事项。首席信息官应该很好地理解组织当前和未来的商业模式，以及作为商业模式一部分开发的数字化层，或者组织追求发展的崭新数字化商业模式。这需要首席信息官做出巨大的努力和重大的改变，特别是那些习惯于被动接收和满足业务部门要求的人。如今要求首席信息官带着对愿景、战略和创新的理解，做到积极主动。简而言之，首席信息官需要是立大志有野心的人。

与此同时，首席信息官还应该具备以下能力：发展引领复杂项目；评估和选择备选方案；领导复杂的组织变革，影响组织中几乎每一个员工和经理；管理风险；并与业务部门建立全面的合作伙伴关系。完成任务（可以从外部完成）的能力通常是比制定愿景和战略更重要的能力。首席信息官应该熟悉组织运营的市场和行业、组织的产品和服务、组织服务的客户群以及组织的价值链。首席信息官还应该检查创新的商业模式，或许可以在其组织中学习和应用其他行业的模式。他们需要发展自己的财务技能，以便能够权衡备选方案并为管理层提出建议。这还需要熟悉最新的数字化技术，了解它们的潜力，以及这些技术如何帮助组织应对其面临的挑战。在大型和全球性组织中，首席信息官应建立共享技术中心，来增强组织的灵活性和高效性。

（2）**对创新坚持不懈**。首席信息官应该成为创新的催化剂，了解主要的新技术以及这些技术如何为客户创造特别的价值。他们的使命包括研究如何增强客户体验、完善销售、更好地了解客户群，以便使组织能够覆盖到新的客户群。首席信息官应与市场营销经理合作，尝试识别技术或创新商业模式所带来的新机遇和潜在威胁。这意味着首席信息官应该与执行管理团队成为合作伙伴，共同塑造数字化技术在新产品和服务发展中的角色与作用。随着首席信息官参与创新的程度与日俱增，管理层将对他有更高的期望，并将首席信息官视为推动创新的关键合作伙伴和领军人物。

（3）**聚焦成长**。首席信息官应致力于与组织中的各个业务部门建立密切的关系，为它们提供先进的分析工具，开发移动应用程序支持员工（销售人员、技术人员）的决策，同时还能帮助组织的客户购买和接受服务。现如今很明显，大数据领域的高级分析功能可以带来明智的见解并促进销售和服务的效率提升（例如，哪些客户希望购买额外的产品，这些产品信息就可以通过公司网站提供给客户，以防该客户流失给竞争对手等）。这要求首席信息官与组织的前台部门密切合作，如营销和销售人员、场地技术人员等。首席信息官必须了解这些业务流程，知道如何使用数字化技术增强这些业务，以及如何通过各种渠道如交互式语音应答（interactive voice response）、聊天机器人或数字化服务将一些与客户的联系服务转变为自助服务。所以，首席信息官应与营销经理、销售经理和服务经理建立深厚而牢固的关系，并通过拓展数字化维度来帮助他们扩展组织的产品、服务和业务流程。首席信息官必须经历一个重要变革：从思考如何将业务流程计算机化，到思考流程本身，再到关于产品以及创新的商业模式。如今的首席信息官还必须考虑到发展，并与组织中的所有利益相关者合作，将其作为团队的一部分，有时甚至要直接与组织的终端客户合作，而不仅仅与其内部客户合作。

（4）**努力确保愿景被理解**。数字化首席信息官仅仅对数字化技术如何支持其业务策略有清晰的理解和展望是不够的，还必须能够清楚地将这一愿景传达给组织中的所有商务合作伙伴，以及所有信息技术经理和员工。对于首席信息官来说，得到他们的信任并动员他们共同踏上数字化之旅是必要的。首席信息官必须知道如何出现在观众面前才能令他们信服，描绘愿景并确保其能够覆盖组织的所有部分。在数字化时代，首席信息官的沟通和人际交往技巧都至关重要。首席信息官必须知道如何"讲述故事"，说服力的重要性并不亚于故事本身。不是每个人都有能力展望未来,并说服人们了解未来的发展方向;当变革是复杂而痛苦的时候,不是每个人都有能力动员他人实施所需的变革。为了实现这些目标,首席信息官应经常与其他高级管理人员会面,组建跨部门的管理团队,并在各种论坛中进行有说服力的演说。说服力是现如今一个首席信息官必须发展起来的一项能力。随着数字化技术越来越多地推动创新,首席信息官的沟通和说服能力成为他的一个重要工具。这里应该包括了解如何使用内部社交媒体传播他的见解。

(5)**减少对运营和基础设施的关注**。首席信息官面临的主要挑战之一,就是那些持续存在的问题(时不时出现的问题或故障、技术升级、与供应商的商务谈判、项目管理等)占用了他们大量的时间。解决这些持续存在的问题,占用了首席信息官应该投入到考虑战略、发展、创新以及如何将数据和信息转化为竞争优势的时间。首席信息官有时必须就如何分配时间做艰难而大胆的决定,也就是说,决定他将解决哪些问题以及将哪些问题委托给其他经理去解决。经验表明,同时成功地执行这两项任务是不可能的:管理与维持运营和基础设施,同时还要考虑战略、发展、创新和新商务模式。这并不意味着运营问题不那么重要,而是意味着首席信息官必须找到一种方法来减少他参与到这些问题中去,并将权力下放给向他汇报的经理们。换言之,首席信息官应该有意识地花费较少的时间来"持续关注",并将更多的时间花在与"转型业务"相关的问题上。

首席信息官应该将他团队的聚焦点放在带来最大价值的领域,并且鼓励使用外包、云技术等。创新和敏捷的组织已转向云模式,使首席信息官及其部门能够参与价值创造过程。首席信息官应鼓励实施敏捷软件开发的方法并缩短产品发布周期。另外,首席信息官应制定采购合同和工作方案,以便实现更高的灵活性和快速增减人员,以应对意外的需求。对于一些首席信息官而言,这些变化,包括对他们工作的认知,对优先事项的定义以及对时间和注意力的分配,并不容易,并且构成了一个复杂的个人挑战。一些首席信息官在信息技术部门中崛起并存在于他们的舒适区中,他们不习惯管理层的商业语言或考虑收入增长的来源和崭新的数字化商业模式,这些东西通常都存在于他们的舒适区之外。数字化的转变和角色的变化要求他们走出自己的舒适区,进入不太熟悉的领域——商业和金融区域。

(6)**敢于冒险**。不存在无风险的创新,这是许多创新组织学到的教训。创新有时需要采用新技术,并且伴随着客户少、经验少,进入不熟悉的领域。多年以来,首席信息官已经形成了一种"风险厌恶"的态度。他们非常清楚地意识到他们所监督的技术系统需要稳定。评估首席信息官的标准之一就是系统故障的次数和系统恢复的速度,这使他们不愿承担风险。如果他们被要求进入新的领域,他们会非常谨慎地照做。首席信息官最喜欢的表达方式之一,就是"如果它没有坏掉,就不要修理它"。数字化变革,加快创新步伐,以及来自竞争对手所采取的措施,都迫使首席信息官转变他们对待风险的态度。抗拒风险有时可能会使组织在中长期发展阶段内付出惨重代价,例如当竞争对手部署创新技术时,组织陷入困境且无法做出回应。当然,这并不意味着首席信息官应该肆无忌惮地行事并连累组织。结论应该是需要一种全新的、平衡的、更大胆的方法来面对风险。在这个数字化时代,简单讲别无他法。

总结:拥抱变革

随着数字化变革的日益兴起,首席信息官的角色经历了许多变化并将继续逐步演变。希望在数字化时代创造价值的首席信息官,一定要让自己主动适应这个角色以及崭新的商业环境对角色的期望。无论首席信息官是组织的数字化领导者,还是由其他高级管理人员和数字化领导者一起演绎,他们都是数字化变革团队的成员,这一点毋庸置疑。

在这一章中,我们阐述了数字化首席信息官必须了解和具备的六个特征,以便其在数字化时代引领他的组织。他的时间应该更多地用于学习来自全球战略和管理领域(发展策略、商业模式、价值链、颠覆性创新、业务分析、蓝海战略等)的新概念与模式。作为组织的数字化指南针,首席信息官应该接触市场上大量的先进技术。首席信息官还应发展沟通和劝说技巧，以更好地动员其他高级管理人员，去实现新的目标和把握机会，同时，他们也应该做好冒更大的风险和更加开放创新的准备。

我们可以假设，一些首席信息官已成功地改变自己和对其角色的认知，而另一些首席信息官则发现做出必要的改变无比艰难，而无法适应新的挑战。

第 15 章 数字化变革案例研究

现在不再是大鱼吃小鱼,而是以快打慢。

——埃里克·皮尔森(Eric Pearson),洲际酒店集团 CIO

引言：每个组织的独特旅程

本章介绍了以下组织的数字化变革之旅。

- 连锁酒店巨头雅高酒店。
- 领先的比萨连锁公司达美乐比萨。
- 时尚连锁品牌博柏利。
- 以色列最大的零售连锁公司 Shufersal。
- Codelco 矿业公司。
- 皇家马德里俱乐部。
- 星巴克。

我们希望通过这些案例研究，从多角度深入地向读者分享数字化变革之旅。

案例研究：雅高酒店

为了诠释大型企业的数字化变革之旅，我们从酒店业选择一个案例研究，随着 Trivago、Expedia、Booking.com、猫途鹰、爱彼迎等公司的出现，传统酒店行业遭受了巨大冲击。上述这些公司都是数字化竞争者，试图在全球酒店行业价值中分一杯羹。

我们选择的案例是雅高酒店，全球最大的连锁酒店之一。这个案例将证明即便是传统行业中的成型企业也能够应对数字化变革所带来的挑战。一个成型的企业可以利用数字化技术开展革新，与竞争对手竞争从而取得成功。雅高酒店成功展开数字化变革的旅程，实现了销售和利润增长。

2019 年，雅高酒店经营 4500 家不同品牌的酒店（如 Ibis、Novotel、Sofitel、Mercure 等），拥有员工 25 万名，在 100 个国家都有它的身影。在对商业环境以及数字公司所带来的威胁进行研究分析后，雅高酒店在 2014 年决定展开数字化变革之旅。雅高将公司的愿景定位为领军酒店行业，并且以此为开端，将该计划命名为"领军数字化酒店"。㊀该连锁酒店的管理层组建了一个资深团队，从客户决定开始考虑旅行的那一刻开始，便对他们的行程进行深入的研究，包括选择酒店、预订房间、酒店住宿、结束住宿后与朋友分享经历等不同阶段。

雅高酒店的数字化变革专门小组拟定了一个横跨数年的计划，加强客户的数字体验。图 15-1 是该连锁酒店数字旅程的主要阶段概览。专门小组决定，首先从评估酒店行业面临的数字冲击以及在此情况下该连锁酒店的定位入手，并为这一数字化时代制定酒店的愿景。接着，专门小组绘制路线图，调整组织架构，分配资源，以便开展数字化变革和采取各项举措。尤其值得注意的是，他们决定改变企业的思维定式，创造创新文化氛围。

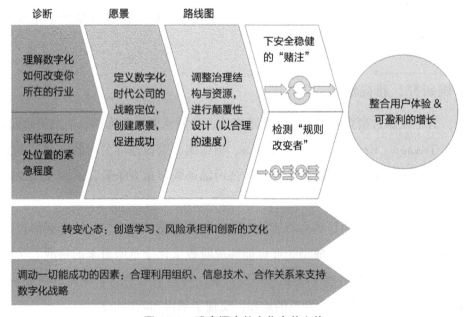

图 15-1 雅高酒店数字化变革之旅

㊀ Hospitalitynet. Accor Launches Its Digital Transformation – Leading Digital Hospitality, October 2014.

该连锁酒店着手为在其生态系统中的所有主要利益相关者开发数字解决方案，包括其客户、员工和商业合作伙伴。雅高酒店从八项数字举措开启这一旅程，每一个领域均有明确的关键绩效指标（KPI）。图 15-2 展示了这八项数字举措；其中四项是客户导向型，一项是员工导向型，一项为合作伙伴导向型，剩余两项是系统和数据导向型，注重基础设施技术和商业分析。

图 15-2　雅高酒店数字化变革之旅的数字化举措

让我们简单看一下，数年来雅高酒店在数字化变革历程中采取的数字举措。

- **AccorHotels.com**。公司网站经过重新设计，能够为客户的整个旅程提供一个统一的平台，包括房间预订、餐厅预约、SPA 预约等。客户的资料在行程的不同阶段均自动可见。网站可根据 32 个国家和语言调整展示内容。

- **照片数据库**。考虑到客户决定预订酒店时视觉体验的重要性，雅高酒店决定重建酒店、餐厅和客房的整个照片数据库。

- **TARS 预约引擎**。预约引擎是雅高酒店数字生态系统的里程碑。雅高酒店升级了引擎，如今每年运用该引擎处理价值 55 亿美元的业务，每月有 2400 万用户使用该引擎。该引擎支持 16 种语言与 24 种不同货币支付。每 1.2 秒就有新的预约产生，酒店全天候更新价格。

- **加强移动端客户体验**。移动端是登录 AccorHotel.com 最为普遍的方式，雅高酒店决定为此开发新的功能，让客户只需要简单点击两次就可预订房间。

- **客户俱乐部和虚拟钱包**。雅高酒店决定开发虚拟钱包，以便让客户方便快捷地支付房费和餐费。只需要点击一次，客户就能办理完入住手续（check-in），享受雅高客户俱乐部 Le Club 服务，营运六年来，俱乐部已发展了 1700 万名会员。

- **预约会议设备**。雅高酒店决定开发一个程序，方便公司和旅游经营者预订房间及会议设备，供大量参会人员召开专业会议。

- **虚拟礼宾**。雅高酒店开发了一个程序，为其客户提供关于酒店及其设备的信息，以及城市中有趣的景点、餐馆推荐、旅行和交通等信息。

- **雅高新闻**。该程序可以让客户在手机上接收报纸上的新闻，提供多种语言。

- **AccorLive**。该服务能够让客户看到地区新闻，接收特殊的服务等。每月有超过 200 万次的页面浏览量。

- **协作**。雅高酒店决定与猫途鹰加强合作，让客户更方便地发布自己的评价、阅读其他客户所写的评价等。

- **个性化**。这是一个新程序，基于对客人具体需求和偏好的了解，它能够让酒店的员工用一种个性化的方式欢迎和接待每一位客人。

- **商业伙伴门户**。门户为雅高酒店及其业务伙伴提供了方便快捷的记账方式，包括提供动态价格更新、特别折扣等。

- **商业分析程序**。雅高酒店决定开发基于大数据平台的高级分析程序，用于数据和趋势分析，同时为每一个酒店以及每一种服务开发仪表板应用程序。

- **Wi-Fi 热点**。雅高酒店决定在旗下所有酒店安装 Wi-Fi 接入点，支持每天 100 万的连接需求。

- **网络角**。雅高酒店决定创建 1800 个电脑站点，全部使用 Mac 或戴尔电脑，客人可以使用这些电脑上网。

- **与微软合作的试点项目**。雅高酒店决定在 310 家酒店中安装 Xbox 游戏机，同时在 120 家酒店中试点 Kinect 系统。

- **扶持创新**。雅高酒店开始与巴黎的创新工厂创业孵化器合作，将企业家、专业人士和学生聚集在一起，讨论新的创意，开发程序，从而加快发展进程。

- **旅程规划**。雅高酒店决定收购 Wipolo，这是一个旅程规划的领军网站。雅高酒店和 Wipolo 共同努力与 Facebook 和 Twitter 融合，让客人方便地分享他们的旅行经历，并快速收到回复。

这些仅仅是一部分！这一系列的活动需要大量资源，而且长期计划远不止这些，它们由一支了解酒店情况的资深管理团队管理实施。这支团队引导了整个数字化变革之旅，设立了这段旅程的日程安排以及优先事项，并且监控全部过程。这不是一个单一的项目，而是一项综合了多个项目的重大工程，旨在几年内完成清晰的目标。雅高酒店明确的目标是"拓展旅游价值产业链并引领行业"。这在每个渠道的方方面面都得到了体现：促进"移动端优先"的方式，提供有关客人的实时和相关信息的解决方案，并促进与社交媒体和旅游行业领先的数字公司合作。

案例研究：达美乐比萨

说到成型的公司展开令人印象深刻、圆满成功的数字化变革之旅，达美乐公司则是另一个例子。你能想到这个制作和配送比萨的在传统领域运作的公司，近年来股票的表现能超越亚马逊、Netflix 和谷歌吗（见图 15-3）？事实上，过去五年来，该公司股价飙升 630%，过去 10 年暴涨 1200%。对于一个非科技类的公司而言，这样的表现非同凡响。国际咨询公司凯捷发布了精彩的报告，讲述了该公司不俗的故事，以及它是如何变成一个数字大师的。⊖

图 15-3　达美乐比萨对比互联网巨头的股票表现

达美乐比萨在经过一段时期的成功以及全球性的扩张后，经历了一段不成功的时期，在 2009 年甚至在一项顾客调查中位居最末，股价大跌，利润陡然下滑。2010 年，公司决定撤换执行总裁，并雇用帕特里克·多伊尔（Patrick Doyle）为新的 CEO，后者开启了重建过程。新上任的 CEO 很快就明白需要

⊖ Capgemini Consulting. Domino's Pizza: Writing the Recipe for Digital Mastery, 2017.

专注在两大方面：比萨质量以及改善公司的配送系统。他改变了食谱和食材，大大改善了比萨的质量。随着质量的改善，他还宣布，达美乐比萨计划将业务扩展到比萨之乡——意大利，以展示公司对品牌以及产品质量的信心。同时，这一比萨连锁巨头通过开发新的顾客下单渠道，改善了比萨派送安排，并加大投入，让公司变得更加数字化、更具有科技性。

多伊尔曾在一个公开场合表示："**我们不仅是一个比萨公司，也同样是一个科技公司。**"该公司 2016 年大约 60% 的销售额是通过数字渠道的订单完成的（其竞争对手大约仅为 20%），如图 15-4 所示。

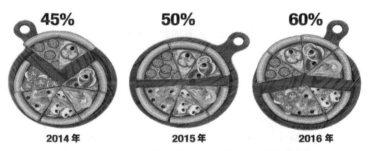

图 15-4　通过数字渠道订购达美乐比萨的占比

2015 年，达美乐比萨发布了新的数字平台——AnyWare，能够让顾客通过一系列渠道下订单，包括 Smart Watch、Twitter、Facebook、Messenger、Google Home、Smart TV 等（见图 15-5）。达美乐比萨的这个 App 在美国的点餐程序评比中获得了第二名。

该公司总部的 800 名员工中大约有一半是数据专家，从事分析研究公司的业务表现以及各个不同渠道的工作。

作为其数字化道路的一部分，达美乐比萨寻求使用非传统的方式改善客户体验，缩短他们订购最喜欢口味比萨的过程。公司为 Apple Watch 开发了一款程序，让顾客在表盘上轻轻一点，就能订购比萨。所有相关的信息，包括顾客最喜欢的口味以及他的地址，公司早已经知道了。为了防止订购的时候出现错误，在表盘上的点击会引发 10 秒的倒计时，在倒计时结束之后订单才会发送出去（见图 15-6）。

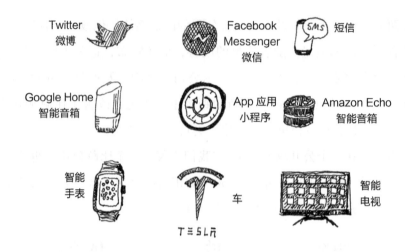

图 15-5　点餐的数字化渠道

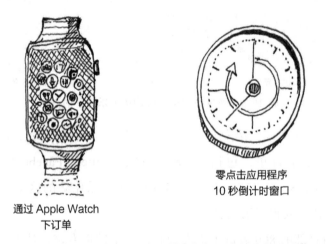

图 15-6　在 Apple Watch 上只需要轻轻一点就能订购比萨

达美乐比萨开始与雪佛兰合作开发并生产一款小型车辆，专门用于运送比萨，以保持比萨热腾腾、新鲜的状态。这种车辆叫作达美乐 DXP（运送专家），只有一个座位（司机），有一个可以加热 80 个比萨托盘的炉子，还有放置饮料和比萨馅料的地方。公司正在使用众包的方式，遴选车辆设计的创意。他们把这种车叫作奶酪爱好者的"蝙蝠战车"。

除了这种车，达美乐比萨还在继续寻求使用创新的方式将比萨运送到顾客的家中——自动配送机器人和无人机,并已经在新西兰开始试点通过无人机运送比萨(见图15-7)。

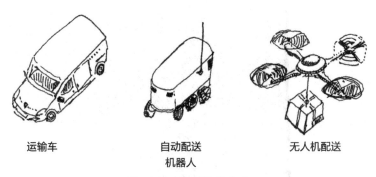

运输车　　　　　　自动配送　　　　　无人机配送
　　　　　　　　　　机器人

图15-7　多种配送方式

正如你所见,即便是在比萨制作和配送这样的传统行业,也是创新无限。达美乐比萨的数字化之旅仍在继续,我们期待看到这家公司继续在数字化浪潮中乘风破浪,改善顾客体验,提升公司业绩。

案例研究:博柏利

这个奢侈品连锁巨头成立于1856年,总部位于伦敦。该公司设计、生产以及销售奢侈时尚产品,包括服饰、香水、包具、眼镜等(见图15-8)。它最为人所熟知的产品之一就是140多年前面世的Gabardiane夹克,后来成为一款众所周知的风衣。该公司在50个国家大约拥有500家门店,年收入达27亿英镑。博柏利曾一度式微,销售额大跌,吸引的年轻顾客相对而言很少,直至安吉拉·阿伦茨(Angela Ahrendts)在2006年被任命为CEO,重振该公司。(阿伦茨2014年离开博柏利,成为苹果公司零售部资深副总裁。)

阿伦茨确立了一项新的战略:成为首家完全数字化的公司,并且通过广泛应用社交媒体与顾客连接,"建立一个社交企业"。专注于数字化是为了吸引相对年轻的受众,如今,博柏利在各大社交媒体上有超过4800万个粉丝。

为了与受众连接,公司确定了其多数受众活跃的数字空间:Instagram、Twitter、Facebook等。这里就是博柏利数字之旅开启和继续的地方。这趟成功的旅程让博柏利再度受到追捧，当然这在市值和股票市场也得到了体现。

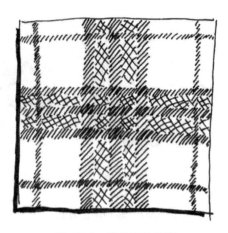

图 15-8　博柏利的产品

让我们看看这个奢侈品连锁巨头在数字化变革之旅中采取了哪些关键的数字化举措。

（1）**风衣的艺术**。公司的风衣艺术市场营销活动于 2009 年展开，是其首次广泛地应用数字社交媒体。公司与时尚领域的知名博主签约，鼓励他们的读者发布穿着博柏利外套的照片，回复 Facebook 和 Twitter 上的照片并且向公司发邮件。一年之后，也就是 2010 年，博柏利在 Facebook 上已经有超过 100 万粉丝了，公司的电子商务网站销量猛增 50%。公司意识到顾客很享受"片刻成名的感受"，那么为什么不好好利用这一点呢？

（2）**使用音乐**。2010 年，公司启动了博柏利原声音乐项目，参与者是一群穿戴该公司产品的年轻英国歌手。这个创意为的是鼓励有才华的年轻人，同时为品牌注入活力，并且向年轻受众推广该品牌。该项目受到了热烈的追捧，在社交媒体上创造了不俗的口碑。

（3）**Tweetwalk**。2011 年公司与 Twitter 合作启动了此次营销活动。在此次营销中，公司发布了服装新生产线产品照片的推文，这些产品当时尚未在店内上架。看到推文的人可以在产品发布前进行预订。

（4）**Kisses**。2013 年公司与 Google 启动了本次营销活动，旨在提高博柏利化妆品的销量，尤其是口红。在此次营销活动中，顾客将唇印的照片以及她们选择的颜色上传到网站，连带着个人信息把虚拟的博柏利之吻发送给朋友。使用 Google 街景视图和 3D 技术，顾客能追踪到她们的信息到达收件人的这段"虚拟旅程"。在这一次有趣而成功的 10 天市场营销活动中，超过 100 万名顾客向世界上超过 1300 个城市的人送出了她们的吻（见图 15-9）。

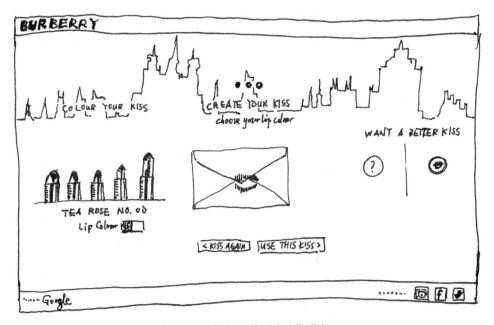

图 15-9　博柏利的"亲吻"营销

（5）Burberry.com。公司发布了改头换面后的网站，该网站被公认为时尚领域最令人印象深刻的网站之一。该网站支持所有类型的设备访问，给顾客提供了一种愉悦且引人入胜的用户体验。当然，网站也支持在线购买公司的产品，包括最新的产品。公司还提供免费送货和 30 天包换的政策。这个网站还集成了聊天功能，以及一个"Call Me"选项，通过它顾客可以要求公司代表给自己致电。

（6）**旗舰店**。博柏利在伦敦摄政街开设了旗舰店，这家店兼具数字化和实体性，令人印象深刻。店内的建筑设计与公司网站的特点一致。店内有 100 个数字显示屏和 500 个音响，售卖的一些产品还有射频识别标签，当顾客在试衣间或站在其中某个屏幕旁的时候，产品相关的视频片段就会播放。公司非常成功地将实体店体验转变为加强版的基于网络的商务体验。正如 CEO 阿伦茨所说："在这些屏幕之间穿梭，就好像走进了我们的网站。"

（7）Burberry Bespoke。公司支持顾客个性化定制某些产品：顾客能依照自己的偏好对那件著名的风衣或围巾进行个性定制，甚至在风衣上或围巾上加上自己的字母印花（见图 15-10）。公司还提供 Burberry Bespoke 高级定制香氛系列。

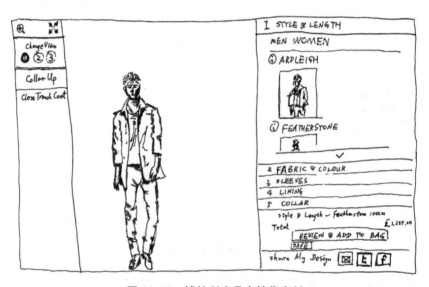

图 15-10　博柏利产品个性化定制

这些数字化举措快速产生了收益。博柏利的销售业绩攀升，公司进入增长最快公司榜单。博柏利将继续投资升级，继续其数字化旅程。这是又一个通过数字化变革实现业务重整的成功案例。

案例研究：Shufersal

Shufersal 是以色列最大的连锁超市巨头，也是采用数字科技改善经营业绩的成功案例。近几年，该公司采取了很多数字化举措，帮助公司在严峻的竞争环境下提升了销售业绩。

- **Shufersal Online**。公司投资开发了一个电子商务网站，能让顾客方便地订购商品，在家等候送货上门。越来越多的消费者倾向于通过该网站来采购食品。

- **个性化礼券**。Shufersal 根据其顾客俱乐部成员的购物情况收集数据，该俱乐部是以色列最大的顾客俱乐部。通过数据分析，公司会将针对顾客个人购物习惯的促销和打折礼券送到顾客手中。

- **自助结账站点**。该公司在多数大型门店中都安装了自助结账站点。这些站点能让顾客自助扫描顾客卡以及他们所要购买的商品，不需要收银员就可以支付账单。

- **自动购物车站点**。Shufersal 在一些门店中为购物车安装了智能数字系统（见图 15-11）。不像其他地方需要在卡槽里投入一枚硬币才能拿到购物车，新的数字系统让顾客在特别的站点扫描一下顾客卡，便可以指引他们前往已经解锁的购物车。归还购物车时，消费者也只需要再次扫描卡片，接着就会收到指示，将车归还到某个购物车队列中即可。整个过程方便、快捷、数字化，还不需要硬币。

- **Shufersal 智能手机程序**。公司为顾客开发了一个方便快捷的程序，顾客可以借助这个程序进行一系列的操作。他们可以下载礼券到这个程序中，使用的时候不需要打印出来。通过输入文字、拍照或扫描某件商品，顾客能在这个程序上创建一个购物清单。这个程序还能让他们创建最喜欢的商品列表、在 Shufersal 网上商店购物、在购物过程中获取指引、寻找门店位置及查看营业时间等。

- **扫描和购买服务**。公司正在开展一个试点项目，让顾客能在购物过程中，通过手机上的扫描仪和购买程序，或者在进店时拿到的一个特殊设备，扫描商品。除了能节约时间外，这个扫描购买服务还能够马上显示顾客需要购买的每个商品的最终价格，以及所有商品的总价。顾客可以用电子秤称重按重量售卖的商品（如水果、蔬菜），这些电子秤就安装在这些商品旁边，然后扫描电子秤贴纸上的条形码。在试点阶段后，公司计划在连锁超市的所有门店都安装这一系统。

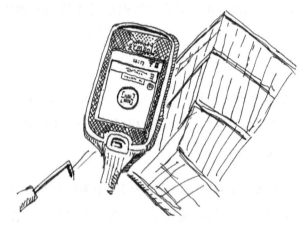

图 15-11　Shufersal 安装在购物车上的数字设备

- **物流中心**。公司投资建设了一个成熟的物流中心。该中心的自动化和机器人简化了从供应商获取货物到派送到各个门店的过程。

案例研究：Codelco

世界上最大的铜矿公司之一 Codelco 的案例说明数字化变革不仅仅适用于 B2C 公司。

Codelco 成立于 1976 年，是一家国有企业，拥有近 2 万名员工。在 21 世纪初，公司面临复杂的商业挑战：在确保员工安全的同时，还需要提升生产力、保护环境。

公司决定为未来发展探索新的战略，其中一项决策就是在采矿过程中引入自动化设备，从人工劳动转向利用技术和信息达成其战略目标。2003 年，该公司启动了 Codelco 数字化项目，旨在促进采矿过程中的自动化倡议实施，帮助 CEO 传达 Codelco 数字化转型的重要意义。采取该战略后，Codelco 开始在部分矿场使用高水平的自动化设备和机器人：公司使用自动卡车，远程监控采矿过程，使用先进的机器人技术，并分析信息以改善其业务流程。

图 15-12 是 Codelco 的一个矿场。

图 15-12　Codelco 的一个矿场

Codelco 的数字化变革是一项科技挑战，同时也是一项人类挑战——在员工中开发新的技能、改变组织的文化等。正如公司的一位经理所说："我们的公司非常保守，组织文化的改变对我们来说是核心挑战。我们设立了鼓励创新的奖项，为的就是明确向员工传达我们注重创新的信息。"

回想起来，Codelco 十多年来一直致力于实施高级的先进过程控制（APC）系统和操作员培训（OPT）系统。公司很清楚身处数字化转型之旅中，不可能明确知道这一趟旅程最终会带领公司走向何处。

2016 年，Codelco 宣布计划使用云技术和大数据技术分析其从传感器及其他设备处接收到的大量信息，期望改善公司的业绩表现。如今公司的业务和操作流程已经实现了自动化和数字化,并且有能力利用分析将生产力提升到新水平。

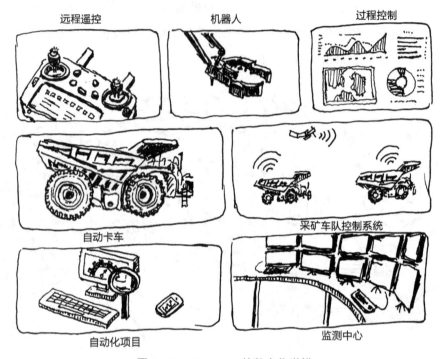

图 15-13 Codelco 的数字化举措

案例研究:皇家马德里俱乐部

在全球范围内拥有五亿球迷的皇家马德里俱乐部是世界上运营顶级体育赛事最成功的俱乐部之一。由于这五亿球迷中只有很小一部分位于西班牙本土,因此俱乐部需要一种有效的方式来密切连接每一个球迷,以保持球迷对俱乐部的热情和忠诚。为了实现这一目标,皇家马德里俱乐部与微软企业服务团队紧密合作,构想、设计、开发并成功地在全球范围内部署了一套基于微软 Azure 的数字化体育平台解决方案,利用微软 Azure 云平台全球化的云服务能力,为全球任何地方的球迷和群体提供一致的数字化体验。

皇家马德里俱乐部可以通过该解决方案和球迷进行一对一的沟通,并提供个性化的数字内容，如赛事视频、球员访谈、球迷活动等，也可以根据数据和分析跟踪球迷的行为，为其推送针对性的促销活动。在成功实施了这一数字化体育平台后，整个俱乐部的数字化内容及基于数字化渠道的服务收入增长了 30%，同时也进一步明确了整个俱乐部进行数字化转型的决心。

展望数字化转型的愿景

数字化转型的第一步是将俱乐部的关键利益干系人集中到起，明确每一个干系人对于数字化如何丰富俱乐部与球迷互动方式的愿景。正如俱乐部主席所指出的，俱乐部想与所有支持它的人建立联系。但大约 97% 的球迷居住在西班牙以外，因此如何了解他们显得至关重要，因为最终俱乐部属于他们。

团队花了大量时间来讨论如何通过与球迷密切沟通来提升潜在商业价值，以及如何通过不同的方式来实现这种密切沟通。在这个技术专家占多数的团队中，业务目标的清晰度和优先级被放在首位，而明晰了业务目标后，下一步是定义一个战略框架，以指导开发一个具有全球影响力的皇家马德里俱乐部数字化体育平台。这一步是至关重要的，因为大部分球迷散布在全球各个地区，这种碎片化的分布使皇家马德里俱乐部无法像通常那样定义一个"典型"的球迷及其行为。因此，数据捕获和分析球迷行为将是成功的关键。

将技术带入体育赛事

皇家马德里俱乐部与微软企业服务部的数字化转型专家紧密合作，基于对微软 Azure 云服务的广泛应用，建立了一个全面的平台即服务（PaaS）解决方案。

皇家马德里俱乐部的核心业务是足球，所以让技术合作伙伴来管理技术基础设施是尤为重要的，Azure 平台将帮助皇家马德里俱乐部可以随时随地为全球五亿球迷提供他们想要的服务，因为 Azure 可以赋予技术基础设施所需的全球可用性和可伸缩性，并解除了俱乐部 IT 员工管理其数字体育平台所需的复杂基础设施的负担。因此，俱乐部不再需要增加 IT 人员来管理技术，而是需要增加数字服务团队来专注于如何为球迷提供数字化的内容和服务。

连接全世界的球迷

今天，这个平台已经成为一个充分运营的、能提供丰富的数字化内容的，并能对球迷行为实现精准洞察的数字化体育平台，它包括球迷沟通平台、扩展视频平台和消费者应用。

皇家马德里俱乐部的数字化转型促进了俱乐部更好地与球迷沟通和联系，皇家马德里俱乐部的数字化体育平台已经与球迷们建立了宝贵的新联系，以充分了解每个球迷，包括他们是谁，他们在哪里，以及他们想要得到什么。可以针对每一位球迷量身定做一个沟通策略，无论他们是谁或在哪里。数字化体育平台的能力正在影响俱乐部运营的方方面面，并为其所有者开辟了新的收入来源，特别是基于数字化内容的收入，复合增长率超过30%。皇家马德里俱乐部相信对数字化平台的投资回报是巨大的，并且有着光明的未来。

案例研究：星巴克

走进世界上任何地方的星巴克商店，你都会看到类似的景象：咖啡豆正在被研磨，咖啡机散发着香气，顾客在咖啡制作时与咖啡师交谈。

这个过程看起来像一个简单的生活场景，但它是精心策划的，为星巴克每周超过1亿的顾客服务。星巴克通过和微软合作，实施从云计算到区块链等先进技术，在门店中打造出更加个性化、无缝的客户体验。

"我们拥有一支世界一流的技术专家团队，他们每天都在进行突破性创新。他们的创造力和好奇心与他们对星巴克体验的执着相得益彰，在这个过程中数字技术无处不在。"星巴克执行副总裁和首席技术官格里·马丁－弗里金格（Gerri Martin-Flickinger）说。

"我们在技术方面所做的一切，都围绕着商店中的顾客：一个人、一杯咖啡、一个社区中的人。"她说。

在微软 Build 2019 大会上，微软首席执行官萨提亚·纳德拉（Satya Nadella）展示了星巴克如何通过新技术提供其标志性的客户体验。

用强化学习提升个性化建议

星巴克一直在使用强化学习技术（一种机器学习技术，系统根据外部反馈进行学习，在复杂、不可预测的环境中做出决策），以使星巴克 App 的用户能够得到更好的个性化建议。

在 App 中，客户会收到由在 Azure 中构建和托管的强化学习平台生成的定制订单的个性化建议。通过这项技术和星巴克数据科学家的工作，App 可以分析当地商店的库存、流行的选择、天气、下订单时间、社区偏好和客户以前的订单，对 1600 万活跃的星巴克会员提出非常周到的食物和饮料的个性化建议。

星巴克负责市场研究的高级副总裁乔恩·弗朗西斯（Jon Francis）表示："就像他们与咖啡师建立的个人关系一样，客户从我们的数字平台获得同样的关怀和个性化建议。"

这种个性化意味着客户更有可能获得有关他们喜欢的项目的建议。例如，如果客户始终订购非乳制品饮料，该平台就可以推断出此类客户的非乳制品偏好，避免推荐含有乳制品的食物。

从本质上讲，强化学习使 App 能够更好地了解每一个客户。虽然建议是由机器驱动的，但最终目标是个性化的互动。

马丁-弗里金格说："作为一个深度应用工程和数字化技术的组织，我们非常兴奋的就是可以利用数据不断改善客户和合作伙伴的体验。使用数据提供个性化服务对我们的 App 至关重要。"

星巴克目前正在西雅图的 Tryer 创新中心测试这些技术，并计划很快推出。强化学习在星巴克的许多其他应用中也将发挥重要作用。

马丁-弗里金格还表示："我们利用机器学习和人工智能来了解与预测客户的个人偏好，从而在店内或 App 中与客户会面。机器学习在我们如何思考商店设计、与合作伙伴互动、优化库存和创建咖啡师时间表方面也起到了一定的作用。此功能最终将广泛应用于我们业务运营的各个方面。"

实施物联网以提供流畅的咖啡体验

星巴克的每家商店都有十几台设备，从咖啡机、研磨机到搅拌机，每天必须运行 16 小时左右。这些设备中的任何一个故障都可能意味着呼叫服务，并会增加维修成本。更重要的是，设备问题可能会干扰星巴克提供始终如一的高品质客户体验的首要目标。

星巴克全球设备副总裁纳塔拉詹·文卡塔克里斯南（Natarajan Venkatakrishnan）说："每当我们能够在合作伙伴和客户之间创造额外的连接时，我们都希望探索无限的可能性。我们从合作伙伴处采购的机器使我们能够生产咖啡这种特殊的饮料，确保机器正常工作至关重要。"

为了减少对高品质体验的中断并安全地将其设备连接到云中，星巴克与微软合作部署了 Azure Sphere，旨在把物联网设备连接在所有店内的重要设备上。

支持物联网的设备每提取一次浓缩咖啡都会收集十多个数据点，从使用的咖啡豆类型到咖啡的温度和水质，在 8 小时的班次中生成超过 5 MB 的数据。微软与星巴克合作开发了一种被称为"守护神模块"的外部设备，用于将公司的各种设备连接到 Azure Sphere，以便安全地聚合数据并主动识别设备的问题。

该解决方案还使星巴克能够将新的咖啡配方直接从云端发送到机器，而之前他们是通过 U 盘每年多次手动将配方送到商店的。现在，只需单击一个按钮，配方即可安全地从云端传递到启用 Azure Sphere 的设备上。

星巴克科技零售和核心技术服务高级副总裁杰夫·威尔（Jeff Wile）表示："想想这件事的复杂性，我们必须在 80 个国家的 3 万家门店更新这些配方。这种云端配方推送节约了大量的成本。"

Azure Sphere 的首要目标是从被动维护转向预测预防，在问题发生之前解决问题。长期而言，星巴克还设想将 Azure Sphere 用于其他用途，例如管理库存和订购耗材,并鼓励设备供应商将这个解决方案构建到它们产品的未来版本中。

使用区块链与客户分享咖啡之旅

星巴克也在对用户体验进行创新——追溯其咖啡从农场到杯子的制作过程,并将饮用咖啡的人与种植咖啡的人联系起来。

它正在开发 App 的一个功能,向客户展示它买的咖啡来自哪里、在哪里种植、什么时候烤制的和品尝笔记,以及星巴克正在做什么来支持这些地方的种植者等。

对于长期致力于道德采购(ethical sourcing)的星巴克来说,知道咖啡的来源并不是新闻。仅 2018 年一年,星巴克就与超过 38 万个咖啡农场合作。数字的实时可追溯性将使客户更多地了解它的咖啡豆。也许更重要的和更与众不同的潜在好处是,咖啡种植者知道了咖啡豆出售后的去向。

这种透明度由微软的 Azure 区块链服务提供支持,该服务允许供应链参与者跟踪咖啡的移动和从咖啡豆到最终产品的转变。每个状态更改都记录到一个共享的不可篡改的分布式账本中,为各方提供了更完整的产品旅程视图。

这样不仅可以让农民获得更多咖啡豆离开农场后的信息,还可以让客户看到他们购买咖啡的行为是怎样给咖啡豆种植者带来真正支持的。

星巴克全球咖啡与茶高级副总裁米歇尔·伯恩斯(Michelle Burns)表示:"虽然高品质的手工饮料非常重要,但正是故事、人、关系、咖啡背后的人性激励着我们所做的一切。这种透明度使客户有机会看到,他们从我们这里享用的咖啡是许多人深切关怀的结果。"

星巴克在 2019 年 3 月的年会上为股东们预示了数字可追溯性。最终,客户将能够使用星巴克的 App 来追踪星巴克咖啡的全部历程。

伯恩斯说:"我们目前在采访哥斯达黎加、哥伦比亚和卢旺达的咖啡种植者,详细了解他们的故事、智慧和需求,以确定数字可追溯性如何给他们带来最大的好处。我们正在开辟新的天地,我们很期待能在未来的一段时间报告更多的情况。"

总结：从案例研究中学习

本章我们列出了几个数字化变革之旅的案例。在这些案例中提到的各个组织，在强大的领导力指引下，确立了适合数字化时代的愿景和战略，取得了非凡的成就。它们变成了数字大师——能够利用数字化技术，在数字化时代调整业务方式，但相对而言它们还属于少数的一批公司。

案例研究清晰地显示，类似的数字化之旅需要数年，并且在未来几年内还将继续。这些组织并不满足于已有的成绩，它们都理解继续这一旅程的必要性，它们承认需要持续监控商业环境中的发展情况，并关注由数字科技带来的不断创新。

第 16 章　数字化旅程启航前：提示和风险

对公司未来成功的最大阻碍是该公司过去的成功。

——丹·舒尔曼（Dan Schulman），PayPal 首席执行官

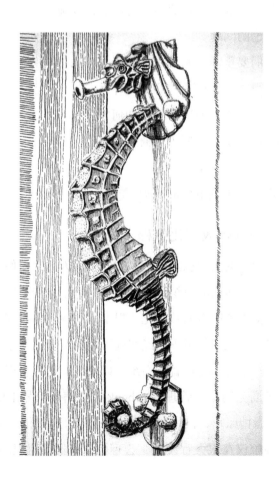

引言

至此你应该像我们一样相信:数字化力量将塑造组织的未来。当然,正在进行的数字化变革过程对每个组织而言都是独一无二的,即使它们专注于相似的产品及服务并运营于同一部门。

每个组织都将经历一个不同的旅程,每个旅程都涉及这样几个层面的问题:当前数字化技术的运用水平、组织投资增强客户体验和渠道的准备、组织的数字成熟水平、创新实施水平,以及其商务运营过程的质量。在大多数情况下,股东价值和管理者的执行能力决定了数字化旅程的节奏与运营。

本章我们将聚焦于准备旅程时组织必须要解决的六个关键问题。组织应该将时间花费在解决并认识到它们的重要性上,以确保最优地解决问题。

以下是我们讨论的问题。

(1)为什么我们要重新开始数字化旅程?
(2)数字化对组织所在行业的意义是什么?
(3)组织对数字化旅程的准备程度如何?
(4)组织是否定义了一个愿景及商业策略?
(5)谁在指引数字化变革?
(6)组织是否定义了董事会的职责?

为什么我们要重新开始数字化旅程

许多经理认为他们的组织已经是数字化的了,因此,他们不能理解为什么他们还必须要为自己和他们的组织带来一个新的数字化变革之旅。从他们的角度来看,组织已经实施了所需的数字化,根本无须额外的步骤。为了支持这种观点,这些经理将谈及他们的组织已经实施了企业资源规划系统、客户关系管理系统、供应链管理系统和商业智能系统,以及维护了一个组织内部的门户网站;拥有一个电子商务网站,管理 Facebook 或微信公众号上的一个最新商业页面和一个活跃的微博账户,使用移动 App,监控社交媒体上的评论等。

事实上,这种争议在很大程度上是合理的——很多组织的确是数字化的。

但是，它们中的大部分仍处于第二个数字化时代的某个阶段，并且可能仍未充分挖掘出第二个数字化时代的潜力。在这个阶段，他们应该开始学习和理解第三个数字化时代，研发创新技术并熟练掌握基于它们的新商业模式。在某些情况下，组织应该开始了解和运用这些技术并发展新型的商业模式。例如，亚马逊推出了一个没有结账柜台或收银机的店铺（Amazon Go）；达美乐比萨正在新西兰的一个试点项目中提供无人机运送比萨服务；工厂正在调动更多的智能机器人；组织正在运用信息对话机器人（聊天机器人），并正在为语音对话（会话式商务）时代做准备；全数字化银行正在进入金融市场，专注于满足客户需求；保险公司正在提供更多基于单次使用付费的高智能保险策略。

小结：大多数组织已经完成了我们所说的"数字化变革 1.0"，现在正处于我们所说的"数字化变革 2.0"之中。它们必须继续提高自身的数字化水平，并在它们的数字化变革之旅中不断研发新的商业模式。此外，它们还应该试着去实验并开始运用一些新的数字化技术。如果管理层声称组织不需要实施数字化变革，因为他们觉得组织已经是数字化的了，那么从业务的角度来看，这会使其组织陷入危机。

数字化对你的组织所在行业的意义是什么

如上所述，每个组织都运营在一个明确的商业环境和独特的商业领域中，并在其数字化旅程中处于不同的位置。数字化维度的中心因行业不同而存在差异。显然，数字化对零售行业组织运营的影响不同于对电池制造等工业行业组织运营的影响。对于组织来说，重要的是必须了解其所在领域正在发生的事，聚焦数字化组件所围绕的一些问题。比如第一个问题：数字化技术是否改变了组织所在行业的商务运营方式？

下面通过三个竞争性行业阐述向数字化技术转型的重大影响。

（1）移动服务。移动服务的供应商在竞争激烈的市场中运营，并且每个移动服务供应商都力求将自己定位为物联网、视频和娱乐供应商。如今它们为客户提供一系列自助式服务选项，包括电子邮件账单、更换蜂窝网络计划、添加订阅账户、使用机器人进行故障检修、监控修复的过程、当修复完成时交给实验室并能及时收到数字化通知、在服务中心进行数字化预约等。

（2）健康管理组织（HMO）。如今，大多数健康管理组织提供丰富的数字化服务，包括设置预约、直接向药房输送处方、通过检测结果与医生进行数字化咨询。

（3）零售连锁店。数字化创新也正在改变零售连锁店，为客户提供更多有价值的服务，而同时客户对这些服务的需求也在不断增长。这里包括在线订购和送货上门、运用管理购物清单的移动应用程序在商店中进行定位导航、为折扣和甩卖提供电子优惠券等。

如果你的组织属于这些行业之一，那么了解你的组织所处的位置是至关重要的——以确保它不落后掉队。此外，组织应检查数字化元素是如何影响供应链的，关注一些问题如：组织如何管理国内和国际供应商以及与商务合作伙伴的关系？这些供应商和合作伙伴是否与物流中心相连，是否使用自动化货仓？货品如何运送到分支机构？如何管理需求？

小结：每个组织都应该针对它现有的竞争对手进行自我审视，并估算出新竞争对手进入该领域的可能性。这些新竞争者可能来自其他行业，例如进入出租车行业的优步和滴滴，进入计算机领域并一举成为全球最大的云服务供应商的亚马逊和阿里云，创造了以电池为家庭能源系统的制造产业的特斯拉，进入了音乐和手表领域的苹果，以及进入了客栈和酒店业的爱彼迎。像这样的新竞争者，不仅熟悉它们的竞争对手，而且它们通过技术和创新商业模式的完美结合，可能扰乱组织甚至行业的运营。前面章节介绍的旋涡模型解释了大多数行业是如何不断向着旋涡中心的方向发展的，也就是说，它们正在变得更加数字化。总而言之，对于组织来说，最重要的一点就是，评估自身所在行业的位置并尽一切努力，不要因为快速发展、转变的数字化创新和扰乱而掉队，即使采取了数字化运营行动，组织也不能满足于现有的赞誉。

组织对数字化旅程的准备程度如何

假设组织已经决定开启数字化旅程,那么它应该先检查自己的准备程度,不仅要检查技术方面,还要检查其他方面的准备情况,例如:

- 关于数字化技术将如何支持商务策略和组织开展业务的方法,组织是否制定了一个明确的策略和愿景?
- 高级管理人员是否了解旅程的重要性,以及他们是否有志在必得的决心?
- 是否清楚谁为数字化旅程负责任?首席执行官、首席数字官、首席信息官、首席营销官,还是一个小型的经理团队?
- 组织的内部文化是否能支持创新和变革的文化?
- 组织的业务流程是不是灵活的?
- 组织中的员工是否具备应对数字化挑战的合适技能?

数字化旅程的成功与否取决于对这些问题的解答,而不仅仅是组织选择实施的数字化技术。

这是因为数字化变革首先是一个商业、管理和组织层面的挑战,而不仅仅是一项技术性的挑战。

通常,数字化旅程中最大的挑战是与人相关的。这包括员工的反对,他们认为自己可能会受到组织即将发生的变化的伤害,或者他们的职位、职责会发生变化,以及组织结构会发生变化和招聘有特殊数字化技能的新员工。组织应使用组织行为领域和变更管理工具的方法来解决其问题所在。

小结:每个开始数字化旅程的组织都应该首先了解,这次旅程与组织中任何其他普通信息技术项目之间的巨大差异。数字化旅程是一个综合项目,包括组织随时间的推移采用的大量数字化措施,它没有提前设定的目标日期或目的地。因此,组织首先必须了解它的起点和数字化成熟度,并努力克服其弱点，强化其优势。这里包括组建一个数字化团队，团队在接受适当培训后指导整个旅程。数字化团队的职责是持续监控外部商业环境，仔细地检查创新商业模式和新型数字化技术，并根据技术和业务创新领域的最新趋势与发展方向制订一个最佳的行动计划。

组织是否定义了一个愿景及商业策略

在数字化旅程开始之前，组织有必要确定一个适合数字化时代的愿景和商业策略。在此期间，组织应解决以下问题：什么是组织的整体目标？什么是它在追求数字化变革方面的主要目的？重要的是，我们需要强调数字化愿景和商业策略不能独立存在，而是必须成为组织整体愿景和商业策略的一部分。因此，组织必须定义这些数字化技术将如何提升组织对其客户的价值感。愿景应规划出路径及方向，并确定优先事项。数字化技术可以通过大量方法被运作起来，与此同时，每个组织必须决定其优先事项和它寻求提升的领域。愿景就好像数字化旅程中的一个指南针。所以，每个组织在开始旅程之前找到"北极星"的方位是重中之重。所有员工都应该明确并理解这个愿景。

定义愿景需要在管理层面进行有见地的思考和深层次的讨论。定义一个不太笼统的清晰愿景是至关重要的。愿景可以用一个句子或多个句子来表达，它的精确度和详细度非常重要。在定义愿景时不应使用捷径，它应该能反映出组织的核心信念和优先事项，并使用组织的语言。也就是说，愿景应该足够清晰，以便每个员工都了解组织的动机和渴望达到的目标。

愿景应表达组织在数字化计划方面的独特性，无论目标是提高客户体验、满足组织对数字化接口的期望、改善业务流程或产品，还是实施创新商业模式。例如，如果一个组织创造了差异化的产品和服务，那它的愿景将表达进一步区分其产品以及提升客户体验的愿望。一个制造消费产品的企业，其愿景可能是改善内部环节，提高效率，为客户降低价格，同时通过提高购买的便利性来提升客户体验。零售连锁店的数字化技术愿景可能是提高供应链的效率，为其客户提供一个优质的在线购物体验。

小结：数字化愿景将定义出组织的独特理念、重点和优先事项。有时，数字化旅程出发前人们会倾向于尝试节省定义愿景所需的时间，但节省这段时间可能会造成一个错误，因为该组织可能会在数字化旅程中迷失方向，同时可能会一直问自己为什么开启这段旅程，到底想要去哪里。

谁在指引数字化变革

或许数字化旅程中最重要的问题是管理者的领导能力。组织应事先选择一位数字化领导者或首席数字官。选择一位能承担这一责任的人非常重要，因为这个角色的职责是与组织的内部决策、组织结构以及组织管理者的个人能力和技能相关的。

小结：为数字化变革确定明确的责任人对于数字化旅程的成功至关重要。选择谁来领导旅程最终由首席执行官来决定。这有很多种可能性：首席执行官自己领导这个过程，或者从组织外部招聘一位首席数字官，或者任命一位组织中适合这类任务的高级管理人员——通常是首席信息官或首席营销官，或者组建一个由高级经理组成的团队。确定和任命适合的领导者是数字化旅程成功的关键。

组织是否定义了董事会的职责

正如本书所讨论的，我们应该清楚的是，数字化变革是一项重要的战略性尝试与探索，因此它必须是组织自上而下的变革。因此，董事会以及执行管理层应该从一开始就引导这一旅程，他们应该明白这是一个战略性的旅程，应了解其机遇和风险，并坚定地致力于组织的这一重要转型。

董事会成员以及执行管理团队的一些成员面临的挑战之一是，他们要从风险的角度探究数字化世界。例如，他们可能会听到网络攻击、数据和身份盗窃、黑客入侵、IT系统宕机，为客户提供服务的组织网站出问题、影响客户的故障和错误等。董事会和执行管理层需要在系统发生严重故障和业务中断时收到首席信息官的报告，并提供有关止损的解决方案。当要求得不到满足的客户对他们收到的产品或服务的体验和问题表达出负面反馈时，他们会反映到社交网络上。负面的反馈、帖子或推文如病毒般传播，有时甚至会传递给上百万客户。董事会和执行管理团队也面临着新进入者和新商业模式颠覆的风险，以及关于组织停业或不得不通过企业破产来恢复的坏消息。但从另一个角度看，他们也探究到一些新的数字化技术所提供的新机会。

董事会和执行管理团队必须为数字化变革的新挑战做决定。我们注意到，董事会和执行经理团队需要采取一些措施来提高他们的准备程度。在此我们提供一些提示并计划一些可行的项目，以提高董事会的准备程度来领导组织应对这一最具挑战性的转型。

- **招聘精通数字化的董事和经理**。董事会成员的教育背景主要是财务、会计、营销和法律。新的挑战需要一些精通数字化的成员，他们具备数字化相关的职业经验和教育背景。这些成员拥有面对新挑战所需的知识和技能。他们可以评估管理层建议的项目，而且有时也会提出大胆的建议。

- **董事会成员的数字化培训**。新的商业环境引入了许多新的概念、术语、模板和工具。董事会成员应该对一些概念有基本的了解，如数字化变革、数字化成熟度、转型种类、数字化商业模式、颠覆性创新、数字化变革旅程的方法、灵活性、蓝海战略、数字化路线图等。最佳方法之一是让董事会和执行管理团队就新主题、新概念与专家们组建一个研讨会来共同探讨。

- **任命一个数字化领导者**。董事会应该参与首席执行官关于如何管理数字化变革的决定，如决定谁将领导这一旅程，数字化领导的责任是什么，数字化领导者与其他高管的工作关系是什么。作为讨论，这里有不同的人选来引领旅程，如首席执行官、首席数字官、首席信息官、团队领导层等。董事会应该有能力提出问题并理解不同的选择。

- **数字化路线图讨论**。董事会成员应该了解组织的数字化路线图和如何将它纳入策略和愿景，分配哪些资源以及不同的新项目的进展。除了有关财务问题、营销和治理的定期讨论之外，季度会议应一如既往地对此类议题进行讨论。

- **来自外部持续不断的思潮**。董事会应与管理层一起强调外部知识的价值。这里有几个可以支持它的活动。

    - 创新实验室（inno lab）。许多组织正在开办创新实验室，去推动一些创新生态系统和内部创业，并深入了解行业发展方向以及正在开发的新技术和商业模式。组织可以为内部创业项目提供基础架构来进行测试和了解其新产品与服务的有效性。这对内部创业项目来说是非常有价值的。董事会成员应该提问并参与其中，并确保管理层采取适当的方法去接近新的发展和预见未来可能遇到的阻碍。

    - 黑客马拉松（hackathon）。在过去几年中一个相对较新的概念横空出世，即黑客马拉松。这是一项集中的短期活动，为组织展示创业者提出的一些新想法和新概念，这些有可能成为新产品和新服务的基础。董事会成员参与此类活动，可以增强他们对未来趋势的了解和探究。

    - 并购活动（M&A）。组织通过并购活动可以获取新技术和新商务理念，以及外部的新人才和新想法，而不是仅仅局限于内部人才和研发活动。董事会应鼓励管理层运用此类方法加快创新速度。

小结：董事会成员和执行管理层对新数字化商务环境的认知与理解，包括对新的机会和风险的了解，在组织数字化变革过程中至关重要。

总结：数字化变革过程中的十大风险

我们将通过阐述可以帮助任何组织进行数字化变革的风险警示标记来结束本章。这些警示标记重点强调这一过程中的主要风险。

（1）**数字化变革将转变你的业务，聚焦在正确的变革水平是关键**。组织应将数字化技术视为**支持**技术，也就是说，它是使企业能够高效且有效地运作，并与数字化时代同步的一项技术。组织只有在认定了它对实现其利益的重要属性之后，才能开始实现数字化变革。组织不应该偏激地抨击每一项新技术或商业创意。一些变化产生的是相对短暂的结果，而另一些变化是意义更为深远的。后者需要更多的时间和资源。能够合理地假设客户体验及完善客户的旅程，将是组织选择投资的首要考虑方面之一。

（2）**投资新技术对成长至关重要，但并不是所有新技术都适合你**。组织应仔细考虑哪些技术适合其商务目标和它所面临的挑战，而不是盲目地追求每一项新技术。另外，大胆和开放是组织所需的两个特点，组织需要更明智地采用可能改变其商务方法的新技术。在创新的过程中，失败有时是无法避免的，所以尽快从失败中恢复并继续前行是关键。

（3）**思考组织在数字化变革之旅中的位置**。在数字化旅程的任何特定时间点上，每个组织都处于数字成熟度的一个特定位置和水平。扩大组织使用的技术池不会自动产生业务的增长。有时，最重要的原则应该是"少即是多"。对于新的可能性，如提供给销售和外包人员的移动应用程序、为自动化仓库开发的网站和移动应用程序、人工智能和机器学习的使用以及大数据应用，它们只有在有助于增强客户体验和提升组织的效率时才有意义。组织必须意识到其数字成熟度和影响数字化变革成功的因素，包括组织文化、管理团队和员工的准备度、运用和鼓励创新的准备度、业务质量流程以及信息技术部门的准备情况。所有这些方面的重要性并不比技术方面小。

（4）**并非组织的每个人都对数字化变革感到满意**。技术变化的速度比组织变化的速度快。从企业资源计划系统到机器学习、大数据、3D打印机等领域的惊人技术，数字化时代正在提供新工具、先进的平台和新的客户渠道。所有这些都在为组织提供创建高质量用户体验和增强业务流程的重要机会。但是，这些机会要求组织保持灵活并时刻准备适应数字化时代。不管怎样，组织的员工队伍都是变革过程中的一个重要组成部分，但并非所有员工都渴望拥抱变化。组织绝不能忽视这一挑战。相反，组织应该将转变企业管理作为数字化旅程的一个组成部分进行投资，尽早推动员工进行转型，并确保他们对变革流程产生的变化持开放态度。

（5）**如果你不知道数据意味着什么，那么使用它并不是件好事**。从事数字化变革的组织将数据放于它们商业模式的中心。它们中的一些人惊讶地发现，如果数据不能及时为组织服务，他们就会被数据淹没。新工具让组织能够从其数据库中获取并创造商机。**通过数据得出深刻见解**，是推动数字化变革的动力，为实时提升决策过程提供了新的方法，甚至能将数据变成新的收入来源。

（6）**数字化变革不会在一夜之间增加利润，通过衡量数字化对组织目标的贡献，拥抱变革实现组织成长**。客户的期望是投资和创新的主要推动力。然而，组织把短期内可实现的变化发展成了合理的期望，这些变化应该被视为数字化变革的长途旅程中的一部分。记住，在当今数字化时代背景下，变化在现实中是持续不断发生的，当积累到一定程度时，变革就可能发生了。本书作者之一张晓泉教授创立的一家金融科技公司[钛锋智能有限公司（techfin.ai）]一直在积累金融市场数据并训练机器学习算法，在团队终于找到适合中国股市的回报最高的算法时，整个基金的业绩有了飞跃式的提升，看上去这是一夜之间做到的，然而在此之前团队用了两年的时间做各种数字化的积累。

（7）**数字化变革应该使业务更具适应性，但并不意味着能使其免受竞争的影响**。数字化技术的实施使组织能够覆盖一群广泛的客户，更容易进入新的领域，并且更高速、灵活地满足客户的需求。所有这些对资源的投资都是很值得的。然而最后，组织的管理者必须确保将其数字化变革的潜力转化为真正的竞争优势——数字化技术可提高其业务灵活性，并增强组织开展业务和建立客户联系的能力。

（8）**鼓励各部门和各部门之间的协作所需要的不仅仅是技术**。组织必须促进其业务部门之间的协作，并利用数字化技术让部门与部门之间的边界更加灵活，即使它们位于不同的地区或国家。有时，对特定部门的投资有可能会成功，但成功是局部的。组织应改善和促进各单位新业务流程的发展，培养合作文化，鼓励和授权知识型员工。这些努力的目的都是增强客户体验并提高组织效率。在数字化时代，员工之间的协作尤为重要。

（9）**客户不会考虑到你的数字化变革，但他们的确希望这种转变发生**。客户在生活中总是迅速而积极地运用数字化技术。组织应该假设客户希望其做出相应的回应，甚至率先引入先进的数字化技术。此外，从组织的角度来看，重要的是要始终认识到数字化变革事实上会影响组织的每一个部分。竞争对手也明白这一点，创业公司对每个组织都构成一种威胁，无论大还是小。

（10）**可以纸上谈兵，但要确保落实行动**。纸上谈兵不足以确保数字化变革渗透到组织中并在组织中扎根。组织必须将这一现象的重要性内化，并准备将必要的资源投入到技术和创新中，从而实现真正的数字化。

结语　融合高端战略和底层战术所带来的挑战

能活下来的物种，并不是最强的，也不是最聪明的，而是最能适应变化的。

——查尔斯·达尔文（Charles Darwin），英国博物学家和地质学家

我们必须了解逐步发展起来的数字化工具，并在全面数字化的竞争中做运营。数字化时代带来了大量的商业机会和风险。"坐那儿什么都不干"的选择不会给你更多的时间。在你不知道的某个地方，已经有人在想新的商业模式、新的数字化技术或两者兼而有之的商业理念了，这些发展会破坏你组织当前的商业运营模式。所以在这种情况下，做个数字化理念的偏执狂是有价值的。

人们有时使用术语"数字化变革"仅仅是因为它时髦并且能唤起一个创新的组织形象。这会使组织陷入一个"**巨大的数字化幻觉**"的陷阱。有些宣称正在追求数字化变革的组织是在自欺欺人，它们的数字项目实际上是在利用和改进现有商业模式范畴下进行的，并且它们还没做好准备从根本上改变。

组织应该认识到，事实上这样的项目不会转变组织的经营方式，它们最多只能实现部分和局部的改善。"**改变只能修复过去，而变革才能创造一个新的未来。**"启动简单项目是开始培养能力的好方法，但不能提供能承受竞争压力或带来组织发展的基础设施。小型项目提高了组织当前的数字化水平，例如增强网站，添加移动应用程序或启动一个新的数字渠道让用户联系服务中心。这些项目当然是值得的，并且可以改进组织当前的商业模式。但是，它们不能被定义为数字化变革项目。

如前面章节所讲，最好将数字化项目通过一个渐变的过程，使现有商业模式从"开发"（exploit）到"探索"（explore）实现组织的多样化。只靠投资"开发"项目将不足以抵挡数字化旋涡给你的组织运营部门带来的冲击。关于商业模式变革的创造性和一致性思考，以及创新的数字解决方案、产品和服务的开发，必须被纳入公司最高的战略思考中。当然，组织还必须做好应对在这个过程中失败的准备。"数字跃迁"的核心目标就是组织能够利用数字化带来的机遇，有意识地对组织本身进行数字化变革，从而在新的轨道上运转。

我们尝试在本书里探讨与数字化变革相关的一些观点和挑战，以确保读者熟悉转型行动所需的背景及理论，并给出了实用的能指导实际战略的框架建议。伴随而来的，这里也存在着一个巨大的挑战：同时掌握数字化时代的高端战略和底层战术。这是进行数字化变革进而实现数字跃迁的关键。

数字航行，一路顺风！

致　　谢

学术界的理论和业界的实践需要结合起来才能产生强大的生产力。这样的合作在数字化转型这个领域尤其重要，因为它一直在变化，这也是数字领域的魔力和挑战。

许多人帮助我们发展和完善了本书的思想，有我们在中国、美国和以色列的合作者，也有探讨数字化变革的其他学者和实践者。我们在写作中也参考了引领业界数字化变革的一些公司所使用的最新的方法和思维框架。

我们要感谢香港中文大学商学院前任院长陈家乐教授和现任院长周林教授，巴伊兰大学工商管理学院院长 Eyal Yaniv 教授，以色列理工学院工业工程与管理学院副院长 Miriam Erez 教授，以及特拉维夫大学科勒管理学院前任院长 Moshe Zviran 教授，他们给笔者提供了非常好的学术环境，并鼓励笔者开启这段历时数年的数字之旅。

我们衷心感谢为本书作序和撰写推荐语的学界与业界的意见领袖：2011年诺贝尔奖得主丹尼尔·舍特曼教授；哈佛大学商学院朱峰教授；百度度小满金融首席财务官葛新；微软（中国）首席技术官韦青；脱单大学校长、百合网联合创始人、壹号资本总裁慕岩；清华大学经管学院副院长徐心教授；北京大学光华管理学院路江涌教授；中国银监会前主席，中国银行前董事长、行长，中国光大（集团）总公司前董事长刘明康；国际货币基金组织货币及资本市场部副主任何东博士；奢侈品服务平台寺库董事长兼 CEO 李日学；蚂蚁金服副总裁、首席 AI 科学家、达摩院金融智能实验室负责人漆远博士；微众银行首席人工智能官、香港科技大学讲座教授、国际人工智能联合会前理事长杨强教授；中国平安集团董事会秘书兼品牌总监盛瑞生；富士康公司副总裁、云智汇科技公司 CEO 蔡力挺；腾讯视频产品技术负责人何毅进；以色列伯尔梅特中国公司总经理文乐；埃森哲（以色列）首席执行官西蒙·艾尔卡贝兹；Filtersafe 首席执行官米彦·达甘。

对本书做出过各种贡献的朋友和同事还包括微软中国的郭洁、陈怡帆、李梦平和杜瑜；寺库公司的两位独立董事王钧、王健，以及陈少军和马静波；爱因互动创始人王守崑；知乎联合创始人李申申；台湾《CIO IT 经理人》杂志的总编辑林振辉；香港中文大学商学院的徐宁教授、刘民教授、杨海仁教授、付子操博士、沈洪川博士、洪红博士、黄雪玲、顾安琪、赫巍、罗惠佩；香港科技大学商学院的谭嘉因院长、吕雪仪主任和王晓露；清华大学的张丽宏教授、程源教授、陈煜波副院长、刘卫东教授、唐平中教授、李婷、王晗、曹晓涌、韩宁、魏运杰；北京大学光华管理学院的刘俏院长、王翀教授、郑小娜教授、任菲教授、邱凌云教授；钛锋智能的卢涛博士、梁满来博士、聂稳、詹卓炀、袁子斌、乔宝琛；以色列的 Ofir Ben Asulin 博士、Ilan Rachimi 博士、Tzipi Hart 博士、Diza Baimel 博士、Nava Pliskin 教授；Direct Insurance 的前首席执行官 Raviv Zoler。

我们当然还要感谢为本书的审阅、翻译、校对和出版做出贡献的 Rami Nissan、Tzafnat Shpak、赵威、潘延凯，以及机械工业出版社的编辑们。

我们谨把此书献给我们和本书所有读者的父母，他们把我们生在了这样一个数字化改变人生的时代。

图表资料来源

图 1-1　Leading from the front - CEO Perspectives on business transformation in the digital age, BT and The Economist Business Inteigence Unit, 2017.

图 1-2　https://chiefmartec.com/2013/06/martecs-law-technology-changes-exponentially-organizations-change-logarithmically/, June 2013.

图 1-3　https://www.innosight.com/insight/creative-destruction/2018 Corporate Longevity Forecast: Creative Destruction is Accelerating, Innosight.

图 1-4　https://www.visualcapitalist.com/most-valuable-companies-100-years/.

图 1-5　https://haifengl.wordpress.com/tag/strategic-inflection-point/.

图 1-6　Bain & Company.

图 1-9　https://www.slideshare.net/PaulaCalvoLopez/digital-transformation-aroadmapforbilliondollarorganizations-34997837.

图 1-11　https://sloanreview.mit.edu/article/is-your-company-ready-for-a-digital-future/.

图 1-12　https://sloanreview.mit.edu/article/is-your-company-ready-for-a-digital-future/.

图 2-1　https://www.goodreads.com/book/show/28570175-the-fourth-industrial-revolution.

图 2-2　https://hitconsultant.net/2015/09/28/how-3d-printing-is-driving-innovation-to-medical-specialties/#.XsZjvWgzaUk.

图 2-7　https://www.pocket-lint.com/smart-home/news/amazon/139677-how-to-use-multiple-amazon-echo-and-dots-setting-up-and-using-multiple-alexa-devices.

图 2-8　https://www.computerworld.com/article/3021908/googles-driverless-cars-still-need-a-human-driver.html.

图 3-1　https://www.cutter.com/article/agilifying-your-digital-organization-6-steps-get-started-500526.

图 3-2　https://www.cutter.com/article/agilifying-your-digital-organization-6-steps-get-started-500526.

图 3-3　https://www.cutter.com/article/agilifying-your-digital-organization-6-steps-get-started-500526.

图 3-4　https://www.cutter.com/article/agilifying-your-digital-organization-6-steps-get-started-500526.

图 4-2　https://www.theverge.com/2018/10/23/18010022/amazon-go-cashier-less-store-san-francisco-location-opens.

图 5-1　https://www.amazon.com/Business-Model-Generation-Visionaries-Challengers/dp/0470876417.

图 5-2　Weill, Woerner, Optimzing your digital business model, SMR, 2013.

图 5-3　http://jimsinur.blogspot.com/2017/10/customer-journey-mapping-vendors-rated.html.

图 5-6　Gassman, Frankenberger, Csik,The Business Model Navigator, Pearson, 2013.

图 6-1　http://managementux.com/will-big-data-be-the-new-oil.

图 6-2　https://www.visualcapitalist.com/what-happens-in-an-internet-minute-in-2019/.

图 6-3　Tom Davenport, Analytics 3.0, Harvard Business Review, 2013.

图 6-4　Ethem Alpaydin, Machine Learning - The New AI, The MIT Press, 2016.

图 6-5　https://www.usoft.com/blog/difference-between-ai-ml-and-deep-learning.

图 6-6　Ethem Alpaydin, Machine Learning - The New AI, The MIT Press, 2016.

图 8-2　https://www.researchgate.net/figure/dealized-S-Curves-for-Technological-Evolution_fig2_228178753.

图 8-3　Everett Rogers, Diffusion of Innovations, Free Press, Thrift Books, Fifth Edition, 1982.

图 8-4　Richard D'aveni, Hyper Competition, Vuibert, 1995.

图 8-5　https://mybroadband.co.za/news/internet/66192-then-and-now-how-the-internet-changed-the-world.html.

图 8-6　Prahalad, Krishnan, The New Age of Innovation, McGraw-Hill Education, 2008.

图 8-7　https://sloanreview.mit.edu/article/it-innovation-brynjolfsson-article/.

图 8-8　Clayton Christensen, The Innovators Dilemmma, Harvard Business Review Press, 2016.

图 8-9　Clayton Christensen, The Innovators Dilemmma, Harvard Business Review Press, 2016.
https://ashleytan.wordpress.com/tag/oren-harari/.

图 8-10　https://go.forrester.com/blogs/13-03-05-so_you_think_you_can_disrupt/.

图 10-1　https://www.managementsolutions.com/sites/default/files/publicaciones/eng/telecommunications-digital-era.pdf.

图 10-2　https://www.slideshare.net/CiscoPublicSector/digital-vortex-how-digital-disruption-

	is-redefining-industries-54402224.
图 10-3	Digital Vortex, How digital disruption is redefining industries, Global Center for Business Digital Transformation, 2015.
图 10-4	https://www.imd.org/research-knowledge/reports/digitalvortex/.
图 11-1	https://www.mckinsey.com/featured-insights/digital-disruption/raise-your-digital-quotient.
图 11-2	https://www.runwaydigital.com/mckinseys-digital-quotient-dq/.
图 11-3	https://delix.inesc-id.pt/2017/images/PDFfiles/IDC-MaturityModel-Information-DX.pdf.
图 11-4	Westerman, Bonnet, McAfee: Leading Digital - Turning Technology into Business Transformation, Hrvard Business Review Press, 2014.
图 11-5	Westerman, Bonnet, McAfee: Leading Digital - Turning Technology into Business Transformation, Hrvard Business Review Press, 2014.
图 11-6	Uhl, Gollenia: Digital Enterprise Transformation - A Business-Driven Approach to Leveraging Innovative IT, Gower, 2014.
图 11-7	Uhl, Gollenia: Digital Enterprise Transformation - A Business-Driven Approach to Leveraging Innovative IT, Gower, 2014.
图 13-1	Yesha, Heiferman: How the Age of "Innovating Innovating" Morphs the CIO into CINO, Cutter Consortium, 2016.
图 13-2	Uhl, Gollenia: Digital Enterprise Transformation - A Business-Driven Approach to Leveraging Innovative IT, Gower, 2014.
图 13-3	https://www.capgemini.com/resources/digital-transformation-a-roadmap-for-billiondollar-organizations/.
图 14-1	The Many Faces of the CDO, Article by Raz, 2017.
图 14-2	https://www.consultancy.uk/news/3195/only-6percent-of-companies-have-a-chief-data-officer.
图 14-3	https://www.consultancy.uk/news/3195/only-6percent-of-companies-have-a-chief-data-officer.
图 14-4	https://www.consultancy.uk/news/3195/only-6percent-of-companies-have-a-chief-data-officer.
图 14-5	https://pdfslide.net/design/gartners-cio-agenda-insights-2014.html.
图 15-1	https://digital.hbs.edu/platform-rctom/submission/accorhotels-battling-against-online-travel-agents/.

图 15-3   https://www.capgemini.com/wp-content/uploads/2017/12/dti_dominos_pizza_masters_series_final.pdf.

图 15-4   https://www.capgemini.com/wp-content/uploads/2017/12/dti_dominos_pizza_masters_series_final.pdf.

图 15-5   https://www.capgemini.com/wp-content/uploads/2017/12/dti_dominos_pizza_masters_series_final.pdf.

图 15-6   https://www.capgemini.com/wp-content/uploads/2017/12/dti_dominos_pizza_masters_series_final.pdf.

图 15-7   https://www.capgemini.com/wp-content/uploads/2017/12/dti_dominos_pizza_masters_series_final.pdf.

图 15-8   https://www.slideshare.net/JaySingh3/a-conceptual-framework-for-digital-business-transformation.

图 15-9   https://www.slideshare.net/Helixa/burberry-the-digital-enterprise.

图 15-10   https://www.slideshare.net/Helixa/burberry-the-digital-enterprise.

图 15-13   https://www.lvb-steinbrink.de/farmsight.

最新版

"日本经营之圣"稻盛和夫经营学系列

任正非、张瑞敏、孙正义、俞敏洪、陈春花、杨国安 联袂推荐

序号	书号	书名	作者
1	9787111635574	干法	【日】稻盛和夫
2	9787111590095	干法（口袋版）	【日】稻盛和夫
3	9787111599531	干法（图解版）	【日】稻盛和夫
4	9787111498247	干法（精装）	【日】稻盛和夫
5	9787111470250	领导者的资质	【日】稻盛和夫
6	9787111634386	领导者的资质（口袋版）	【日】稻盛和夫
7	9787111502197	阿米巴经营（实战篇）	【日】森田直行
8	9787111489146	调动员工积极性的七个关键	【日】稻盛和夫
9	9787111546382	敬天爱人：从零开始的挑战	【日】稻盛和夫
10	9787111542964	匠人匠心：愚直的坚持	【日】稻盛和夫 山中伸弥
11	9787111572121	稻盛和夫谈经营：创造高收益与商业拓展	【日】稻盛和夫
12	9787111572138	稻盛和夫谈经营：人才培养与企业传承	【日】稻盛和夫
13	9787111590934	稻盛和夫经营学	【日】稻盛和夫
14	9787111631576	稻盛和夫经营学（口袋版）	【日】稻盛和夫
15	9787111596363	稻盛和夫哲学精要	【日】稻盛和夫
16	9787111593034	稻盛哲学为什么激励人：擅用脑科学，带出好团队	【日】岩崎一郎
17	9787111510215	拯救人类的哲学	【日】稻盛和夫 梅原猛
18	9787111642619	六项精进实践	【日】村田忠嗣
19	9787111616856	经营十二条实践	【日】村田忠嗣
20	9787111679622	会计七原则实践	【日】村田忠嗣
21	9787111666547	信任员工：用爱经营，构筑信赖的伙伴关系	【日】宫田博文
22	9787111639992	与万物共生：低碳社会的发展观	【日】稻盛和夫
23	9787111660767	与自然和谐：低碳社会的环境观	【日】稻盛和夫
24	9787111705710	稻盛和夫如是说	【日】稻盛和夫

"日本经营之圣"稻盛和夫经营实录
（共6卷）

跨越世纪的演讲实录，见证经营之圣的成功之路

书号	书名	作者
9787111570790	赌在技术开发上	【日】稻盛和夫
9787111570165	利他的经营哲学	【日】稻盛和夫
9787111570813	企业成长战略	【日】稻盛和夫
9787111593256	卓越企业的经营手法	【日】稻盛和夫
9787111591849	企业家精神	【日】稻盛和夫
9787111592389	企业经营的真谛	【日】稻盛和夫